붓다의
영적
돌봄

* Bhikkhu Anālayo did not receive any remuneration for this book and, as an act of Dhammadāna, he has
waived royalty payments.

무착비쿠 아날라요 스님(Bhikkhu Anālayo)은 이 책에 대하여 어떤 형태의 대가도 받지 않았으며,
보시의 일환으로 로열티 지불을 면제하였음을 밝힙니다.

무착비쿠 아날라요
(Bhikkhu Anālayo)
지음
—
이성동
윤희조
옮김

붓다의
영적
돌봄

Mindfully
Facing Disease
and Death

Compassionate
Advice from Early
Buddhist Texts

병과 죽음에 대한 알아차림

씨
아이
알

추천사

스님께서 지난 수십 년 동안 학술적인 작업을 놀랄 만큼 명쾌하고 세심하게 해주신 데 감사드린다. 중요한 불교경전을 명확하게 번역하고 초기불교경전, 특히 알아차림과 연민에 대한 가르침을 통해서 삶을 풍요롭게 해주신 것도 감사드린다. 스님은 명망 있는 학자이자 번역자인 동시에, 수십 년 동안 알아차림 수행을 하고 있는 진지한 수행자이다. 엄격한 승가의 계율을 지키는 스님으로 생활하고 수행한다는 사실이 스님의 놀라운 업적에 진정성, 헌신, 타당성을 더하고 있다. 스님은 수행을 통한 직접적인 경험을 통해서 이러한 결과물을 낳고 있다. 스님께서 처음으로 영어로 번역한 병과 죽음을 주제로 하는 다양한 경전이 붓다와 제자의 명확한 가르침을 어떻게 드러내고 있는지, 인간이 필연적으로 겪게 되는 그 도전에 얼마나 폭넓고 연민적으로 접근하는지를 수행적으로 자세히 설명하고 있다. 이 책은 병과 죽음에 직면하는 개인과 그러한 환경 하에서 타인을 돕고자 하는 사람들을 위한 실천 매뉴얼이다. 수행으로서, 존재방식으로서 알아차림은 지난 40년에 걸쳐서 점점 현대의학, 심리학, 건강관리의 주류로 통합되었다.[1] 그 효과에 대한 과학문헌이 점점 더 다양

---

[1] 스님은 이 현상을 초기불교의 치유와 관련된 논문에서 언급하고 있다. 이 논문에서 만성질환을 가진 사람을 위한 MBSR의 초기 형태의 작업을 언급하고 있다.

해지는 것을 고려하면,[2] 이 주제는 현대에는 지구적인 관심사가 되고 있다.

　나는 스님의 요청으로 추천사를 쓰게 되었다. 이것은 스님의 열린 마음을 보여주는 것이다. 이는 인간과 지구의 괴로움이 커지고 있는 이 상황에서 붓다의 법과 지혜가 세계의 한 부분으로 수용될 수 있도록 촉진하는 계기가 될 것이다. 스님은 초기불교의 가르침을 새롭고 창의적인 방식으로 정교화하는 작업을 하고 있다. 이는 이 글뿐만 아니라 다른 글에서도 분명하다.[3] 경전 자체에 충실하면서도 다수의 사람들이 초기불교의 지혜에 쉽게 접근할 수 있는 새로운 방식을 보여주고 있다. 또한 불교 지혜의 깊이와 정확성은 실제 수행에 있다는 것을 분명하게 인식하고 있다. 불교의 지혜로부터 영감을 받은 수행자들, 심신의 본성과 괴로움의 본질에 대한 붓다의 가르침이 보편성을 가지고 있다는 것에 감동받은 수행자들, 불교의 가르침이 보여주는 윤리적인 토대의 중요성을 인식한 수행자들, 우리가 현대사회에서 끝없이 직면하는 탐진치에 대한 불교의 약속을 인식하는 수행자들은 살아 있는 수행을 하고 있다. 이 책은 인간 존재와 건강이 알아차림과 어떤 연관이 있는지, 알아차림이 지혜와 체화된 연민과 어떤 연관이 있는지에 대해서 깊이 이해하도록 체계적으로 돕는다. 스님께서 이 책에서 쓰고 있듯이, "병과 죽음을 직면하는 것을 스스로 배우고, 이를 통해서 남을 돕도록" 초대한다. 말은 쉬워도 그렇게 살기는 어렵다. 이것이 이 책이 지금 이 시점에 필요한 이유이다.

　Anālayo 2015c를 보라.
2　　Kbat-Zinn 1982, Kabat-Zinn et al. 1985, 1986. Zeidan et al. 2015, 2016.
3　　Anālayo 2014c.

1970년대 후반, 나는 알아차림 수행을 병원이나 메디컬센터와 같은 주류 의료체계에 소개하는 것이 가능할지를 결정해야 했다. 나는 미얀마의 우바킨 전통에 따라서 2주 동안 집중수행을 하며 육체적 괴로움을 직접 경험했다. 참을 수 없을 것 같은 괴로움을 몸을 움직이지 않고 불편을 피하지 않은 채 다루는 수행법이 있다는 것도 직접 발견했다. 내 경우에는 자세를 바꾸면서 심한 육체적 고통과 동반되는 괴로움을 끝낼 수 있었지만, 만성적으로 고통받고, 고통을 쉽게 없앨 수 없는 사람들에게 괴로움에서 벗어날 수 있는 이득을 줄 수 있을 것이라는 생각이 들었다. '알아차림'을 근간으로 사마타와 위빠사나를 체계적으로 함양하면서 고통, 몸, 마음에 대해 배운 것이 이러한 이득을 줄 것으로 생각하였다. 병원과 메디컬센터는 '고통을 끌어 모으는 자석' 역할을 한다. 일단 증상, 고통, 병, 상해가 일정 지점에 다다르면 우리 모두는 이곳으로 끌려간다. 어디가 더 좋은 장소일까? 인간의 모든 조건과 괴로움에도 불구하고 수행으로 이끄는 강력한 동기가 있다면, 붓다가 스스로 열정적으로 탐구해서 발견한 것을 일정 기간 동안 집중적이고 체계적으로 경험하는 것이 좋지 않을까? 물론 고전적인 형태나 언어가 아니라 열린 마음으로 알아차림을 수행을 통해서 기르는 것을 말한다.

시너지효과는 분명하고 강력하다. 스님께서 첫 번째 장에서 지적하듯이 붓다는 종종 세상의 의사로 불리고, 사성제는 그 당시의 전통적인 의학 형태, 즉 진단, 원인, 예후, 처치계획을 정교화한 것이라는 점을 상기해보자. 병원과 같은 주류 의료체계는 '알아차림'을 불교 또는 철학으로 받아들일 수 없고, 받아들여서도 안 된다. 그럼에도 불구하고 나는 불

이론적 선불교 전통으로부터 단서를 얻을 수 있다고 분명하게 생각한다. 법의 보편적 본질과 그것에 대한 설명은 수행 자체를 통해서 드러나게 될 것이라고 분명하게 생각한다.[4] 이러한 통찰은 메사추세츠 바레에 있는 통찰명상회(Insight Meditation Society)에서 개최한 2주간의 집중수행에서 왔다. 이곳은 스님에게도 소중한 곳으로, 정기적으로 법문을 한다. 이곳에서 스님은 일반인 누구나 이해할 수 있는 방식으로 알아차림 수행을 전달한다. 어떤 경전의 틀에 가두기보다는 자신들 안의 능력이나 특질을 함양하고 강화하는 방식으로 전달하고자 한다. 스님은 그 틀이 사성제, 팔정도, 사념처, 칠각지 또는 수행자들의 수행을 도와주고 깊이 있게 해주는 어떤 가르침이라고 할지라도, 그것에 갇히기를 거부하였다. 현대 의학과 건강관리라는 관점에서 '알아차림 지도자'로서 우리는 경전의 권위에 기대거나 권위를 위해서 붓다의 가르침을 가져오기보다는 우리 자신의 경험에 기반해서 가르쳐야 할 것이다. 그럼에도 불구하고 우리는 불법을 잘 지도하는 지도자와 함께 수행하고 배우면서, 다양한 불교 전통의 가르침에 기반한 수행에서 토대를 마련해야 한다. 이것은 우리가 현재까지 우리 삶 속에서 이어지고 있는 전통적인 가르침과 상통하는 보편성 안에서 법과 법에 따른 수행의 전달자라는 것을 의미한다. 수십 년 동안 확산되고 있는 MBSR과 알아차림에 기반한 다른 프로그램들에서 이것은 '자신의 수행과 경험에서 비롯된 가르침'으로 언급되고 있다. 그러나 이것이 자신이 좋아하는 아무것이나, 법을 개인적으로 해석한 것

---

4   Kabat-Zinn 2013.

을 가르치라는 의미는 아니다. 이것은 알아차림 수행을[5] 통해서 깨어 있는 삶을 살도록 자기 자신을 전통적인 가르침에 푹 담그라는 의미이다.

MBSR 초창기에 일인칭 관점에서 알아차림에 대한 이해를 깊게 해주고, 그러한 수행이 전체적인 불법의 틀과 어떻게 맞는지를 가장 잘 보여준 책이 냐냐뽀니까 스님의 『불교명상의 핵심』이었다.[6] 이 책은 「사념처경」을 체계적으로 설명하고 있었고, 그 당시에는 읽을 수 있는 유일한 책이었다. 나는 냐냐뽀니까 스님의 책에서 다른 방식으로 무한한 가치를 발견하였다. 선불교 전통과 상좌부 위빠사나 전통을 모두 공부하고 수년간 이에 기반한 수행을 한 결과, 스트레스, 고통, 병에 매일 직면하고 있는 사람들이 매일 알아차림을 함양하는 것이 얼마나 가치 있는지에 관한 통찰과 경험을 분명하고 깊게 하는 데 이 책이 도움을 주었다. 전통적인 불교의 가르침에 특별한 흥미가 없는 서양인에게, 그리고 지금은 괴로움을 겪고 있지만 진심으로 지속적으로 알아차림 수행을 한다면 이득을 보게 될 사람에게, 어떻게 흥미를 일으킬 것인지는 하나의 도전이었다. 알아차림 수행을 하나의 수행체계로 만들어서, 이것은 완전히 상식적이고 실험 삼아 해볼 만하다고 생각하게 하는 것이 아이디어였다. 건강보험 시스템의 맹점으로 인해서 기존의 치료로부터 원하는 이득을 누리지 못하는 만성적인 질환을 가진 사람들에게 특히 그러하다. 물론 가장 보편적으로 법을 표현하거나 언어화하는 새로운 방식을 탐색하면서도, 그 깊이와 본질을 변형하거나 잃어버리지 않는 것은 항상 도전이

---

5   Kabat-Zinn 1990/2013, 2005, 2010.
6   Nyanaponika 1962.

다. 좋든 나쁘든 알아차림은 전세계적으로 주류사회에 기하급수적으로 편입되면서, 불교에게도, 세계에게도, 법을 사랑하고 법에 따라 살고 법을 가르치는 사람에게도 이러한 점진적인 도전은 지속되고 있다.

냐냐뽀니까 스님이 독일 출신이면서 스리랑카 승가와 깊은 인연을 가진 것처럼, 스님도 독일 출신이면서 스리랑카 승가와 깊은 인연을 가지고 있다. 냐냐뽀니까 스님의 책이 나온 지 50년도 더 지난 시점에서 스님은 이 책을 출판하고 있다. 이 책은 알아차림에 기반한 지혜가 아픔, 고통, 병, 죽음을 어떻게 직면하는지를 보여주는 고해상도의 현미경을 제공한다. 대부분 스님께서 처음으로 번역한 한역초기경전을 구체적인 주제에 따라서 주의 깊게 선별하여 순차적으로 배열하고 있다. 각 장의 서론과 번역과 논의는 깊이 있는 성찰로 우리를 초대한다. 병, 고통, 죽음, 이것이 타인의 것이든 자신의 것이든 24장에 걸쳐서 다루고 있는 가르침은 명확하고 단호하고 실천적인 조언을 수행자들에게 제시한다. 이러한 가르침은 간결하고 정확한 동시에 오랜 기간 수행한 수행자들에게 조차 도전적이지만 직접적이고 접근 가능하다. 그러한 가르침은 수행에서 통찰과 지혜와 치유를 함양하는 심오하면서도 순차적인 가르침이 될 것이다. 무엇보다 이러한 가르침은 깊이 있는 탐구 정신을 통해서 수행과 삶을 통합하도록 이끈다. 헌신적인 수행자들이 직접적으로 알듯이, 세상에는 자기성찰보다 가치 있거나 의미 있는 작업은 없다. 또한 이를 유지하는 것만큼 모든 인류에게 어려운 도전은 없다.

이 책이 전통적인 불교경전에 기반한 용어를 사용한다는 사실이 큰 흥미를 유발하지만 일반 대중에게 실천적으로 유용하지는 않을 것이다.

우리가 매일 보는 사람들이 아무리 괴롭더라도, 이 경전이 실천적으로 유용하지는 않을 것이다. 대부분의 사람들에게 장벽은 너무 높을 것이다. 그러나 이러한 경전에 대한 스님의 주석은 우리들, 예를 들어 MBSR 지도자, 훈련받고 있는 지도자, 다른 알아차림에 기반한 프로그램 지도자들에게 자신의 수행과 이해와 가르침을 뒷받침하는 강력한 자원을 제공할 것이다. 마치 MBSR을 처음 시작할 때 냐냐뽀니까 스님의 책이 나에게 그러했던 것처럼 말이다. 스님의 책은 전통적인 가르침 그리고 펼쳐진 삶 자체의 틀 안에서 경험하는 수행과 괴로움의 관계를 더 깊이 보라는 도전이 될 것이다. 이들은 본질적으로 하나이고 동일하다는 것을 반복해서 인식하게 한다. 자료 자체가 알아차림을 가르치는 데 직접적으로 적용되지 않는다고 할지라도, 그 통찰과 변형은 이 경전과 주석을 공부하는 사람들을 새로운 방식으로 이끌 수 있을 것이다. 환자나 건강이 안 좋은 사람들이 많이 들을 수 있고 적용할 수 있도록, 이러한 깊이 있는 가르침을 토론에서 조명하는 방식으로 말이다.[7]

이러한 일은 물론 기본적으로 불교학자와 불교명상가, 불교명상 지도자들이 광범위하게 환영하고 유행시킬 것이다. 이들은 모든 불교전통에서 자신의 삶과 일 안에서 가르침을 이해하고자 한다. 더 구체적으로

---

7 예를 들어 MBSR에서는 사념처와 관련해서 이러한 것을 가르치지 않는다. 그러나 경험에서 그 본질은 우리가 몸과 관련된 경험, 즐겁고 괴로운 경험, 생각과 감정을 알아차리는 것과 관련한 그룹토론에서 드러난다. 이는 자연스러운 과정이다. 심오한 법의 지혜가 스스로 드러나는 방식으로 가르치는 것처럼 느껴진다. 수행을 통해서 토대를 마련하고 지도자는 참가자가 공식적으로 알아차림을 함양하게 하거나, 매일매일 순간순간 실제 경험에서 이러한 주제를 충분히 끌어낼 만큼 충분히 수행이 될 때, 모임에 참가한 참가자들의 대화 가운데에서 종종 그러한 것이 느껴진다.

는 건강과 치유와 관련된 가르침의 함의, 사범주와의 구성적인 관계, 지속적으로 깨어 있음을 깊이 있게 탐구하고자 한다. 스님은 정통의 권위를 철저히 피하고 있다. 이 경전에 대한 스님의 관점이 유일한 관점이 아니라 하나의 관점일 뿐이라고 분명하게 말씀하시는 것에서 스님의 겸손함은 빛나고 있다.

24개의 경전과 주요 주제를 하나로 통합하기 위해서 스님은 논리적이고 설득력 있는 탐구와 주석을 통해서 마지막 장에서 유용하고 포괄적인 요약을 하고 있다. 마지막 장은 강력한 명상지도와 설명, 권고사항을 포함하고 있다. 「기리마난다경」을 토대로 하고 있는 이 가르침은 선택한 모든 경전의 주제의 핵심을 뽑아서 캡슐에 담고 있다. 이는 이전부터 기본적으로 엄격하고 대단히 중요하고 응축된 커리큘럼을 제시한다.

이 결론 부분은 수행을 통해서 알아차림이 해탈의 영역으로 나아갈 수 있는지, 치유를 위해서 알아차림이 잠재적인 능력을 어떻게 최적화할지에 관한 청사진을 보여준다. 여기에서는 몸과 마음의 차원에서[8] '있는 그대로 받아들이다'라는[9] 의미로 사용되고 있다. 이러한 수행은 자신의 삶에서 주의깊은 연구와 탐구를 요구한다. 스님의 말씀에 의하면 호흡을 알아차리는 것은 "수행의 정점 역할을 한다." 몸을 분명하게 살피고 다른 것, 예를 들어 피부, 살, 뼈와 구분해서 알아차릴 것을 추천하는 것은 의학에서 알아차림에 기반한 접근법과 매우 겹치는 다양한 예 가

---

8   아밍뚜 교수의 후기를 보라. 아밍뚜 교수는 자신의 삶과 죽음과 관련해서 "받아들이다"라는 구절을 사용하고 있다.
9   Kabat-Zinn 2013: 27.

운데 하나이다. 몸을 살필 때, 우리는 깨어 있으면서 삶과 항상 변화하는 몸과 친해지기 위해서[10] 시체 자세로[11] 누운 상태에서 하는 것의 장점을 강조한다. 스님은 또한 몸을 전체적으로 알아차리기를 매우 강조하고, 이를 '자기 수용적 알아차림'으로 적절하게 부른다. 스님은 오온을 설명하면서 궁극적으로 무상을 강조하고자 할 때 이를 요령 있게 잘 사용하고 있다. 스님의 말씀에 의하면 "단지 변화 상태로 연결되어 있는 모든 무더기를 알아차리면서 머문다." 이는 MBSR에서는 '비선택적 알아차림'이라고 부르는 수행과 유사하다. 다른 용어로는 지관타좌,[12] 묵조[13] 또는 현재 생생히 깨어 있음[14]으로 표현한다.

이 경전들이 대승불교의 가르침과 깊은 연관이 있다는 점에 나는 충격을 받았다. 오온, 감각기관, 사성제까지도 극단적인 비이원론으로 다루는 『반야심경』이 우선 떠오른다.[15] 선종의 제3조인 승찬 스님의 『신심명』이 극단적인 비이원론인 것처럼 말이다.[16] 또 다른 전통인 『유마경』에서[17] 붓다는 그와 함께 있는 제자와 보살들에게 차례대로 유마거사의

---

10   이는 특히 만성적인 고통 또는 일정 시간 이상 앉아 있기 힘든 상태의 사람들에게 매우 가치 있다.
11   이 이름 자체가 죽음, 즉 '과거와 미래를 죽이는 것'에 대한 탐구로 초대한다. 예를 들어 어떤 사람이 있다고 생각하는 그를 죽이고, '누가 죽지'라고 탐구하는 그도 죽인다.
12   Kapleau 1967.
13   Sheng Yen 2012.
14   Chokyi Nyima 2002.
15   Tanahashi 2014.
16   Mu Soeng 2004.
17   Thurman 1976.

병문안을 가기를 청한다.[18] 그러나 유마거사는 불이법을 워낙 뛰어나게 다루어서 모든 이들이 병문안을 거절하였고, 마침내 지혜가 가장 뛰어난 문수보살이 붓다를 대신해 병문안을 가게 되었다. 이때 500명의 붓다의 제자와 8,000명의 보살들이 유마거사의 위없는 법에 대한 지혜를 얻기 위해서 함께 하였다. 이후의 일련의 가르침은 스님이 이 책에서 제시하는 초기불교경전과 매우 유사하다. 무상, 공, 평정, 무아 그리고 알아차림의 함양을 통해서 완전한 깨달음으로 나아갈 수 있는 가르침 등이다.

97세의 중국 선사께서 말했다.[19] "인간이 괴로움을 겪는 무수한 방법이 있다. 그러므로 법이 그들을 도울 수 있는 무수한 방법이 있다." 이 책은 모든 이들이 피할 수 없는 스트레스, 고통, 병, 죽어감, 죽음에 대해서 어떻게 접근할지에 대한 붓다의 명확한 가르침을 이해하고 친숙해지는 데 새롭고 환영할 만한 방법을 제공한다. 우리 모두 그러한 유익을 누릴 수 있기를 기원한다. 이 책이 모든 이들에게 더 많은 위안과 평화와 지혜를 가져다주기를 기원한다.

2016년 3월 20일
메사추세츠 노스앰튼에서
메사추세츠 의대 석좌교수
알아차림센터 설립자
존 카밧진

---

18 찟따 장자를 유마거사의 선구자로 볼 수 있다는 것은 22장에서 볼 수 있다.
19 Ven. Ben Huang, Shenzen, China, 2004.

역자 서문

아날라요 스님의 책을 두 번째 번역한다. 『자비와 공』도 지금의 역자 둘이 함께 번역한 것이다. "아날라요 스님 책은 읽고 있으면 공력이 생기는 것 같습니다. 번역하면서도 공부가 많이 됩니다." 언제가 이성동 원장님께서 하신 말씀이다. 이 말이 스님 책을 번역하는 느낌을 일목요연하게 정리한 것일 것이다. 이 책은 존 카밧진 박사가 추천사를 쓰고, 저명한 학술상도 수상한 도서이다. 내용 자체에 대해서는 이미 검증된 책이라고 할 수 있다.

스님은 초기불교를 빠알리어 원전뿐만 아니라 한문, 산스크리트어, 티벳어를 참조하면서 연구하고 있다. 더 나아가서는 위구르어까지도 참조한다. 빠알리어 이외의 원전을 참조하면서 초기불교를 공부하는 경우가 서양에서는 보기 드물다. 스님께서 대만불교와 인연을 맺은 것이 이런 기회가 된 것 같다. 특히 한문 텍스트를 다룬다는 것이 동아시아문화권에서 불교를 연구하는 우리들에게는 큰 도움이 된다고 할 수 있다.

스님은 대만 법고불교대학에서 함께 연구하던 학자인 아밍뚜 박사와의 인연으로 병과 죽음에 대한 책을 쓰게 되었다. 특히 병과 죽음을 어떻게 하면 알아차리면서 맞이할 것인가에 중점을 두고 있다. 불교의 죽음관에 대한 논의는 많지만 스님처럼 붓다와 제자들이 죽음을 어떻게 맞이하는지를 직접적으로 다루고 있는 논의는 많지 않다. 이러한 의미에서 스님의 연구는 현대인들이 직접적으로 죽음과 병을 어떻게 맞이해야 할지를 보여준다고 할 수 있다. 병과 죽음을 맞이하는 태도는 현대적인 의미에서는 상담심리학 가운데 애도상담, 상실상담의 영역이라고 할 수 있다. 병과 죽음으로 인한 상실과 이에 대한 슬픔을 비롯한 다양한 감정을 표현하는 방법에 관한 것이다. 죽음은 삶을 넘어서기에 새로운 의미의 상담의 영역이 열리게 된다.

불교에서는 죽음을 수행의 기회로 본다. 죽음에 직면한 자에게 붓다는 먼저 계를 지켰는지를 묻는다. 이는 두려움없이 죽음을 맞이하는 것인 동시에 악도에 떨어지는 것을 방지하는 것이다. 그 이후에 붓다가 임종자에게 제시하는 질문은 육도 가운데 위쪽으로 나아가게 하는 것 또는 육도를 벗어나게 하는 것에 대한 가르침이다. 죽음은 삶의 마지막 수행기회가 된다. 이러한 의미에서 본서의 제목과 마찬가지로, '영적 돌봄'이다.

불교에서 '영적'이라는 용어는 두 가지 의미를 가지고 있다. '신적'이라는 의미와 '궁극적 가치'라는 의미가 있다. '신적'은 육도 가운데 위쪽을 말하고, '궁극적 가치'는 열반과 해탈을 의미하는 것으로, 육도를 벗어나는 것이다. '영적'이라는 용어에서 죽음을 맞이하는 자가 나아가야 할 곳을 보여준다고 할 수 있다. '돌봄'은 단순히 육체적인 돌봄, 병을 돌봄만을 의미하지 않는다. 붓다가 병든 수행승을 몸소 돌보는 장면이 나오지만, 더 중요한 것은 죽음 이후의 삶에 대한 돌봄이다. 이것에 대한 돌봄이 진정한 돌봄이다. 삶의 마무리이자 결산으로써 돌봄이다. 이 돌봄으로 인해서 임종자는 삶에서의 마지막 기회를 잡을 수도 있고, 그냥

보낼 수도 있다.

이것이 역자가 '영적 돌봄'이라는 제목을 선택한 이유이다. 병과 죽음에 대한 이야기가 아니라 병 이후에 극적으로 바뀌는 삶, 죽음 이후의 삶에 대한 돌봄이 본서가 궁극적으로 드러내고자 한 것이라고 생각한다. 또한 불교에서 '영적'이라는 용어를 과감하게 사용하고 싶은 의도도 있다. 영적, 영성은 서구문화의 산물이 아니라 죽음 이후의 삶에 대해서 그 어떤 종교와 철학보다 진지하고 심도깊은 사유를 펼치고 있는 불교에 어울린다고 생각해서 이를 사용하게 된 것이다. 영적, 영성은 종교의 영역뿐만 아니라 '나는 죽은 이후에 어떻게 될까'라고 자신의 미래와 자신의 마지막을 진지하게 생각해본 모든 이들의 몫이라고 할 수 있다. 영성은 인류 보편적인 문화이지, 어떤 하나의 종교와 문화의 현상으로 국한시킬 필요가 없다.

또한 현대인들에게 '돌봄'을 주고 싶었다. 미래의 불확실성, 실존의 불안, 두려움 등에 대해서 불교적 관점에서 돌보고 싶었다. 미래와 실존의 불확실성과 불안은 모든 존재와 인간의 원래 그대로의 특징이기에 너만 불확실하고 불안한 것이 아니다. 모든 인간과 존재에게 보편적인 불안이고 불확실성이다. 그 불안과 불확실을 인정하고 수순할 때 불안은 안정으로, 불확실은 확실로 나아가게 된다. 모든 두려움의 근원에는 계를 어긴 것이 있기에 나의 행동, 생각, 말을 돌아보게 한다. 이러한 모든 것들에 대한 돌봄의 방법으로 '알아차림'이라는 방법을 제시한다.

이 책이 현대인들의 실생활에서 도움이 되었으면 한다. 병과 죽음이 요원하다고 할지라도, 그 시기가 언제인지는 모르지만 한 번은 찾아오기 마련이다. 그때에 '그런 책이 있었지'라면서 한 번 펼쳐볼 수 있으면, 아니 기억만 할 수 있다면 만족한다. 나보다 먼저 죽음에 대해서 철저히 고민했고, 그 죽음의 때를 가장 의미있고, 가장 소중하게 사용한 사람들이 있었다는 것을 기억했으면 한다. 그러한 책을 우리나라 독자들에게 소개할 수 있어서 기쁘게 생각한다.

이 책이 나오는 데 도움을 주신 많은 분들이 있다. 윤문을 도와준 신소희 원생과 김경오 원생, 참고문헌을 정리해준 황선미 원생에게 먼저 감사를 전한다. 저서와 역서를 낼 때마다 함께 원고를 검토해주는 엄세정 선생에게도 깊은 감사의 마음을 표한다. 도서출판 씨아이알의 김성배 사장님, 박영지 편집장님, 최장미 선생님께 감사드린다.

2021년 1월

역자 일동

각 장에서 소개되는 붓다의 가르침 ────────

차 례

서 론

서 론

　병과 죽음은 삶의 부정할 수 없는 한 부분이다. 그러나 보통은 병과 죽음에 대한 준비를 하지 않는다. 우리는 언젠가 확실히 만나게 될 병과 죽음의 시간을 어떻게 직면할 것인지를 배울 필요가 있다. 이러한 직면의 지혜의 근원을 붓다와 제자들의 가르침을 기록한 초기경전에서 찾을 수 있다.

　초기경전으로부터 병과 죽음을 직면하는 지혜를 선별하여 제시하는 것이 이 책의 주요 목적이다. 이 책에서 선별한 경전은 연민이라는 주제와 연결되어 있다. 연민(karuṇā)은 네 가지 신의 영역[四梵住]의 한 부분으로, 이를 기르는 것에 대해서는 『자비와 공(空)』에서 서술하고 있다.[1] 『자비와 공(空)』은 연민을 함양하는 것에 초점을 맞춘 반면, 이 책은 이타적인 행위의 저변에 깔린 동기인 아누깜빠(anukampā)를 함양하는 것과 연관되어 있다.[2]

1　　Anālayo 2015b.

경전에서는 병든 사람을 돌보는 것을 통해서 아누깜빠를 어떻게 기를지를 기술하고 있다. 이것에 대해서는 나의 다른 연구에서 다루고 있다.[3] 본서에서도 같은 구절을 시작 부분에서 인용하고 있다. 병과 죽음에 대한 본 연구도 유사한 출발점을 가지고 있기 때문이다. 정확하게는 아픈 사람을 보고서 그러한 연민과 공감을 느끼면서 아프거나 죽음에 임박한 사람을 돕고자 하는 동기에서 출발한다. 그러나 그렇게 할 수 있으려면 자신의 병과 죽음을 직면하는 방법을 반드시 배워야 한다. 이 책에서 지속적으로 논의하는 주제도 이에 대한 설명이다.

앞으로 본서에서 번역할 경전에서는 붓다나 제자가 아프거나 죽음에 직면하고 있는 사람을 방문할 때 분명하게 연민, 즉 아누깜빠(anukampā)를 느끼는 것을 볼 수 있다. 붓다나 제자가 시간을 두고 방문할 때도 이러한 의도를 암묵적으로라도 가지고 있다. 또한 승단의 아라한이나 여전히 수행하고 있는 제자나 재가자들도 연민을 동기로 행동한다고 할 수 있다. 초기불교의 가르침에서 아프거나 죽음에 직면한 사람들을 도우려는 연민은 모든 제자들에게 공통적인 것이다.

깨달음을 얻은 직후 붓다가 설한 첫 번째 가르침인 사성제는 병과 죽음에 대한 초기불교의 전망을 제시한다. 첫 번째 가르침에서 붓다는 사성제를 '12행상'의 형태로 제시한다. 이는 사성제 각각을 세 가지 측면에서 실현하는 것을 보여주고 있다. 이 책의 연구도 12라는 숫자를 채택하고 있다.[4] 12개의 장은 병이라는 주제에 할당하고, 나머지 12개의 장은

---

2   연민과 아누깜빠에 대해서는 Anālayo 2015b: 13을 보라.

3   MĀ.25 at T.1.454b20-454b25, Anālayo 2015b: 5f.

죽음이라는 주제에 할애하고 있다. 12개의 장 각각은 사성제에 대한 논의로 시작해 명상 수행에 대한 담론에서 절정을 이룬다. 12개의 각각은 명상 수행에 대한 가르침으로 결론을 맺는다. 이 결론들은 앞의 장에서 탐구한 실제 명상 수행의 주제들을 합한 것이라고 할 수 있다. 따라서 남을 도울 수 있으려면 앞에서 언급한 병과 죽음을 대면하는 법을 배울 필요가 있다.

1장은 사성제를 가르치는 붓다를 의사에 비유하고 있다. 병과 죽음을 직면하는 기본적 틀을 보여주는 붓다의 사유에서, 붓다의 핵심이론이 가지고 있는 실용지향적 특징을 강조한다. 2, 3장은 신체적인 고통으로부터 마음을 보호할 필요성에 대해서 주의를 기울이고 있다. 4장에서는 빠르게 회복하는 환자와 간병인의 특징을 볼 수 있다. 5장은 깨달음을 통해서 마음을 건강하게 하는 특징을 주제로 한다. 6, 7, 8장은 고통을 직면하는 알아차림의 역할에 중점을 맞추고 있다.

9장은 아플 때 두려움 없음으로 이끄는 덕목을 주제로 탐구하고 있다. 10장은 아플 때 집중과 통찰에 의지하는 방법을 보여준다. 11장은 건강에 대해서 묻는 사람들에게 환자들이 주는 가르침을 보여주고 있다. 12장은 아픈 수행자를 위해서 만든 명상 프로그램을 보여준다. 이 책의 결론에서 이를 실천하는 것에 대해서 자세히 탐구하고 있다.

앞의 12개의 장에서 병을 주제로 설명한 이후 나머지 12개의 장은 죽음에 대한 주제로 옮겨간다. 13, 14장은 사랑하는 사람을 잃은 슬픔을 주

---

4   고대 인도에서 12라는 숫자가 일반적으로 가지는 상징적 중요성에 대해서는 다음의 논문을 참조할 수 있다. Spellman 1962.

제로 한다. 15장은 죽음을 평안하게 맞이할 수 있도록 하는 사범주를 다루고 있다. 16장은 병상에서 통찰을 보여준다. 17장은 죽을 때에 가족 관계가 미치는 영향을 다룬다. 18장은 말기환자에 대한 가르침을 주고 있다.

19장은 알아차리면서 죽는 것에 대한 가르침을 보여준다. 20, 21장은 죽음의 순간의 사례를 보여준다. 22장은 재가자의 지혜로운 죽음을 보여준다. 23장은 붓다가 명상하는 가운데 죽음을 맞이하는 것을 보여준다. 24장은 죽음에 대한 수행을 어떻게 하는지에 관한 실천적인 가르침을 보여준다.

이러한 두 세트의 12장, 즉 24장이 끝난 다음에는 12장에서 번역한 경전에 기초해서 명상의 가르침을 자세히 제시한다. 부록에서는 두 종류의 율장에 등장하는 호흡을 알아차리는 16단계에 대한 번역을 싣고 있다. 무상에 대한 지속적인 알아차림을 고취하는 것은 이 책의 중요한 주제이다. 이 책은 또한 아누깜빠(anukampā)에 대한 탐구를 통해서 연민(karuṇā)에 대한 연구를 보완할 뿐만 아니라 알아차림을 확립하는 관점에서 호흡에 대한 알아차림에 대한 탐구를 보완하고 있다.[5]

24개 장 각각은 먼저 서론이 나오고, 경전을 번역하고, 논의가 나오는 일반적인 패턴을 가지고 있다. 서론과 논의는 독자가 자기 자신을 돌아보는 출발점을 제공하는 것이지, 번역한 경전이 가지고 있는 다양한 함의와 뉘앙스를 모두 다루는 것은 아니다. 경전은 대부분 한문 경전을 기본으로 하고, 일부 예외를 제외하고는 이 책에서 처음 번역하고 있다.

---

5   Anālayo 2003: 125-36, 2013b: 227-40.

한문 아함경을 중심으로 경전을 선택한 것은 상응하는 빨리어 경전의 영어번역이 있다는 점도 작용하고 있다. 한문 경전과 이에 상응하는 빨리어 경전을 독자들이 직접 비교할 수 있도록 하였고, 나아가서는 그 사이의 다양한 차이를 볼 수 있도록 하는 것이 나의 의도이다.

병과 죽음이라는 주제에 대한 경전군은 근본설일체유부로 알려진 부파가 전하는『잡아함경』에서 나온다.[6] 근본설일체유부의 율장은 지금도 티벳 전통의 승원에서 전해지고 있다. 티벳불교와 상좌부불교는 때로 매우 다르지만, 병과 죽음이란 주제와 관련해서 두 전통에서 기록한 초기경전의 가르침들은 세밀한 면에서 흥미로운 차이가 있으면서도 아주 유사하다는 것을 보여준다.

본서에서 번역한 경전 원문은 처음에만 원문 전체를 제시하고, 반복해서 나올 때에는 항목만 나오고 자세한 것은 생략한다. 때로는 전체를 생략하기도 한다. 원문을 완전하게 제시하고 있는 다른 경전에서 이 원문이 어떻게 보충되어야 하는지를 볼 수 있다. 나는 본서에서 경전을 생략 없이 완전한 형태로 번역하고 있다. 추가된 부분은 이탤릭체로 표시하고 있다.[7] 이를 통해서 텍스트를 보다 완전하게 읽도록 도움을 주고자 하였고, 각각의 주제에 대한 가르침이 충분히 이해되도록 하였다. 동시에 이탤릭체가 끝나는 곳까지 넘어가면 바로 원문으로 갈 수 있도록 하

6　『잡아함경』은 신수대장경 99번째 경전이다. 이 경에는 인도의 원전에서는 같은 표현인 것을 번역하는 데 변형을 소개하는 중국 역경가의 일반적인 특성을 보여주는 광범위한 자료가 있다. 바로 앞의 문장을 인용할 때조차도 종종 다른 글자를 사용한다. 표준적인 표현이 종종 다양한 방식으로 언급된다.

7　이 때문에 번역문에서 고전어는 이탤릭체로 표시하지 않는다.

였다. 한문 구절을 보다 잘 이해할 수 있게끔 내가 구문을 추가한 경우에는 이탤릭체가 아닌 각괄호[ ]를 사용하고 있다. 교정을 할 경우에는 삼각괄호< >를 사용하였다.

남녀를 구별하는 용어를 피하기 위해서 비구라는 용어를 수행승이라는 표현으로 번역하였다.[8] 본서에서 번역한 경전에 남성적 요소가 많다는 사실을 피할 수는 없을 것이다. 그 당시의 문헌에는 여성이 경전에 나오는 경우가 드물고 가르침을 받는 경우도 드물었다. 초기불교경전에서 병과 죽음과 관련해서는 극히 일부분만이 여성과 관련되어 있다. 상응하는 경전이 다른 전통에 없는 경우에는 본서에서 제외하였다.[9]

병과 죽음에 대한 초기불교의 전망을 특정 불교 전통에 한정하는 것을 넘어서기 위해서, 복수의 계승전통을 가지고 있는 텍스트만을 포함하도록 노력하였다. 1장에서 선택한 경전은 특별한 경우이다. 빠알리 전통에서는 발견되지 않지만 다른 두 전통에서는 분명하게 그 원문을 볼 수 있다. 티벳 전통의 두 경전은 5장, 11장에서 번역하고 있다. 이 두 경전은 근본설일체유부 전통은 아니다. 오히려 빠알리 전통의 경전이 티벳으로 옮겨가서 거기서 번역된 것이다.[10] 두 경전 모두 상응하는 빠알리

---

8   8장의 각주 1, 15장의 각주 11을 보라.

9   AN.6.16 at AN.III.295.12(translated Bodhi 2012: 871)에서 죽어가는 남편을 돌보는 나쿨라마따의 경우는 대응 경전이 없다. Ud.2.8 at Ud.15.6, Ud.8.8 at Ud.91.12(translated Irelnad 1990: 28, 121)의 숩파와사의 오랜 임신에 관한 이야기, 손자의 죽음을 슬퍼하는 위사카의 이야기는 T.212에는 대응 경전이 없다. 빨리어경전 『우다나』의 경우와 비슷하게 산문을 포함하는 한역 『우다나』에만 보존되고 있다. 자세한 것은 Anālayo 2009a를 보라.

10   이러한 텍스트의 전승에 대해서는 Skilling 1993을 보라.

경전과는 부분적으로 차이가 있다. 이는 동일한 상좌부전통 안에서도 다른 계승 전통이 있음을 보여준다.

한문으로 번역된 원래의 언어에 대한 고려 없이, 쉽게 비교할 수 있도록 빠알리 용어를 채택하였다. 다르마, 니르바나와 같이 서구에서도 공통적으로 사용되는 용어는 예외로 하였다.

복잡한 불교이론을 세밀하게 알 필요가 없는 독자들도 쉽게 접근할 수 있도록 주요 용어나 각 장의 경전에서 사용되는 초기불교의 사상에 대해서는 서론에서 간략히 소개하였다. 교차검증을 위해서 용어의 목록과 가르침의 주제를 앞에서 제시하고 있다.

내 친구이자 동료인 법고산의 아밍뚜 교수로부터 이 책의 영감을 받았다. 불교정보학과 교수이면서 선불교수행자인 아밍뚜 교수는 암으로 인해서 몸이 점점 쇠약해질 때, 한문 아함경에서 병과 죽음과 관련된 경전을 광범위하게 찾았다. 아밍뚜 교수는 이 경전이 유용하다는 것을 알고서, 이러한 가르침을 번역하고 설명함으로써 일반 독자들에게 널리 도움이 되기를 바랐다. 나는 흔쾌히 이러한 생각을 공유하고 따랐다. 이 책은 우리가 함께 발전시켜온 기본 계획을 실천에 옮긴 결과물이다. 이 책의 후기에서 아밍뚜 교수는 그의 개인적인 경험을 적고 있다. 한문 아함경에서 발견한 경전이 병과 죽음을 직면하는 데 얼마나 도움이 되었는지를 잘 보여주고 있다.[11]

---

11 아밍뚜의 후기를 보라.

1
최고의 의사 붓다

최고의 의사 붓다

1.1 서 론

1장에서 번역한 경전에서는 붓다를 의사에 비유하고 있다. 이런 관점은 이 책 전체의 출발점이다. 의사에 비유하는 것은 붓다의 핵심 가르침인 사성제를 생각해보면 의미심장하다. 사성제는 둣카(dukkha)에 관한 것이다. 둣카의 의미는 상당히 광범위하다. 명백한 신체적 고통에서부터 무엇인가 불만스러운 것에 이르기까지를 포괄하는 용어이다. 나는 다른 저서에서 둣카의 표준적 영어 번역인 '서퍼링(suffering)'이 오해의 소지가 있는 잘못된 번역이라고 주장한 바가 있다.[1] 내 생각에는 둣카의 영어 번역을 강요하기보다 빨리어 둣카를 그대로 사용하는 편이 낫다.

- 둣카라는 성스러운 진리
- 둣카의 발생에 대한 성스러운 진리

---

1   Anālayo 2003: 243-5.

- 둣카의 소멸에 대한 성스러운 진리
- 둣카의 소멸에 이르는 길에 대한 성스러운 진리

불교 전통에 의하면 이 가르침은 깨달음에 도달한 붓다가 자신의 첫 제자들에게 설법한 것이라고 한다.[2] 사성제라는 가르침은 고대 인도의 의학적 진단 구도에 바탕을 둔 것으로 보인다. 우리는 고대 인도 의학이 정말 이런 구도에 바탕을 두고 있었는지에 대한 확정적인 증거를 갖고 있지는 않다.[3] 그러나 확정적인 증거가 없다고 해도 다음과 같은 점을 고려해야 한다. 바로 현존하는 고대 인도 의학 문헌들은 초기불교경전보다 시기적으로 후대에 형성되었다는 점이다. 이 장에서 번역한 경전 그리고 다른 초기불교경전을 살펴보면 사성제가 제시하는 진단적 구도가 일반적인 수준에서 존재하였을 가능성이 상당히 높다는 것을 알 수 있다.[4] 이런 의학적 진단 구도와 불교의 가장 핵심적 교리인 사성제를 비교하여 그 관계를 정리해보면 다음과 같다.

- 질병: 둣카
- 원인: 둣카의 발생
- 건강: 둣카의 소멸
- 치료: 팔정도

---

2 붓다의 첫 번째 가르침에 대한 다양한 설명에 대한 자세한 연구는 다음을 참조할 수 있다. Anālayo 2012a, 2013a.
3 Har Dayal 1932/1970: 159, Filliozat 1934: 301, Wezler 1984: 312-24.
4 자세한 내용은 다음을 참조할 수 있다. Anālayo 2011b.

네 가지 의학적 진단 구도와 사성제의 연관성 그리고 붓다를 의사에 비유하는 것은 여러 경전에서 볼 수 있다. 다음에 번역한 『잡아함경』의 구절뿐만 아니라 다른 두 개의 한역본에도 현존한다.[5] 산스크리트 경전에는 단편적으로 남아 있고,[6] 티벳 경전에는 그대로 전부 남아 있다.[7] 또한 위구르어와 고대 터키어 번역도 단편적으로 남아 있는데, 아마 한역에서 재번역한 것으로 생각된다.[8] 경전 전승의 관점에서 보면 이런 서로 다른 경전들은 두 개의 주요 그룹으로 나누어진다. 이것은 붓다를 의사에 비유하는 표현이 하나의 경전 전통에만 국한되는 것이 아니라는 것을 명백히 보여주고 있다. 오히려 현재의 경전은 전승 계통이 두 갈래라는 것을 분명히 증명하고 있다.

여기서 번역한 한역 경전에 해당하는 빨리어 경전은 현재 알려져 있지 않다. 그렇지만 다른 여러 빨리어 경전에서는 붓다를 의사에 비유하는 구절이 반복해서 나온다. 예를 들면 『앙굿따라니까야』의 한 경전에서는 붓다의 가르침을 듣고 슬픔과 비통함이 사라진 경우를 언급하고 있는데, 이것을 유능한 의사가 질병을 치료하는 것에 비교하고 있다.[9] 간략하게 말하자면 붓다를 의사에 비유하는 것, 붓다의 가르침과 의학적 치료를 비유하는 것은 초기경전의 공통적 주제이다.

---

5   T.2.462c9. SĀ².254; T.4.802a16. T 219. 두 경전의 번역에 대해서는 출간 예정인 빙엔하이머(Bingenheimer)를 참조할 수 있다.

6   *Abhidharmakośavyākhyā*, Wogihara 1936; 514, 27, Samtani 1971: 159, 6.

7   D 4094 *nyu* 1b1 또는 Q 5595 *thu* 32b6.

8   Kudara and Zieme 1995: 47-52.

9   AN.5.194 at AN.III238.5(translated Bodhi 2012: 811).

붓다의 핵심적인 가르침인 사성제는 질병과 죽음이라는 힘든 문제를 해결해가는 기반이자 뼈대이다. 왜냐하면 사성제는 질병과 삶의 상실에 직면한 타인과 자신에게 도움이 될 뿐만 아니라 질병과 죽을 수밖에 없는 인간의 운명이 주는 비통함을 초월할 수 있다는 전망을 제시해주기 때문이다. 이것은 수행이 지향하는 최종 목적이기도 하고 깨달음을 통해 도달하는 총체적 정신 건강이기도 하다.

다음에서 번역한 경전에서 붓다는 자신을 여래(Tathāgata, 如來)라고 언급한다. 여래라는 용어는 고대 인도에서 완전한 깨달음에 도달한 사람을 지칭하는 공통적인 용어이다.[10] 이 용어 자체는 두 가지 방식으로 이해할 수 있다. 즉 '그러그러하게 가신' 또는 '그러그러하게 오신' 완전히 성취하고 이룬 사람을 말한다. 이런 두 가지 모두가 의미하는 바는 세속의 한계를 철저히 초월한 사람이라는 뜻이다. 말하자면 이런 사람을 여래라고 부른다.

1.2 경전 번역

『아함경』 89. 양의경(良醫經)[11]

이와 같이 나는 들었다. 한때 붓다께서는 바나라국에서 선인들이 머물렀던 녹야원에 계셨다. 그때 세존께서 여러 수행승들에게 말씀하셨다.

---

10 이 용어에 대해서는 다음에서 자세히 볼 수 있다. Anālayo 2008b.
11 SĀ.389 at T2.105a24-105b20. 이 경전은 이미 다음에서 번역하였다. Anālayo 2011b.23f.

"네 가지 법을 성취하면 대의왕이라고 부를 수 있다. 왕의 소유물과 왕의 지위가 마땅하다. 어떤 것이 네 가지인가?

첫째는 병을 잘 아는 것이고, 둘째는 병의 근원을 잘 아는 것이고, 셋째는 병에 대처하는 방법을 잘 아는 것이고, 넷째는 병을 치료하고 미래에 다시 재발하지 않게 하는 것을 잘 아는 것이다.

훌륭한 의사가 병을 잘 안다고 하는 것은 무엇인가? 훌륭한 의사가 이러저러한 갖가지 병을 잘 아는 것을 말한다. 이것을 훌륭한 의사가 병을 잘 안다고 말하는 것이다.

훌륭한 의사가 병의 근원을 잘 안다고 하는 것은 무엇인가? 훌륭한 의사가 이 병은 바람으로 인해서 일어난다, 담즙으로 인해서 일어난다,[12] 점액으로 인해서 일어난다, 다양한 추위로 인해서 일어난다, 실제 일로 인해서 일어난다,[13] 계절로 인해서 일어난다는 것을 잘 아는 것을 말한다. 이것을 훌륭한 의사가 병의 근원을 잘 안다고 말한다.

훌륭한 의사가 병의 치유법을 잘 안다고 하는 것은 무엇인가? 각각의 병에 대해서 약을 발라야 하는지, 토하게 해야 하는지, 배설하게 해야 하는지, 코 안을 씻어야 하는지, 훈증을 해야 하는지, 땀을 내야 하는지 등 이러한 다양한 치유법을 잘 아는 것을 말한다. 이것을 훌륭한 의사가 치유법을 잘 안다고 말한다.

훌륭한 의사가 병을 치료하고 미래에 다시 재발하지 않게 하는 것을 잘 안다고 하는 것은 무엇인가? 훌륭한 의사가 갖가지 병을 잘 치료하여

---

12 '담즙'이라는 번역어는 다음을 참조할 수 있다. Yìnshùn 1983b: 115 note 2.
13 '사고(accident)'를 의미하는 것으로 보인다.

완전히 제거하고 미래에 다시 재발하지 않게 하는 것이다. 이것을 훌륭한 의사가 병을 치료하고 재발하지 않도록 하는 것을 잘 안다고 말한다.[14]

여래, 응공, 정등각은 대의왕이 되어 네 가지 덕을 성취하고, 중생의 병을 치료하는 것이 또한 이와 같다. 무엇이 넷인가?

말하자면 여래는 이것이 둣카의 성스러운 진리[苦聖諦]라고 여실하게 알고, 이것이 둣카의 일어남의 진리[苦集聖諦]라고 여실하게 알고, 이것이 둣카의 소멸의 진리[苦滅聖諦]라고 여실하게 알고, 이것이 둣카의 소멸에 이르는 길의 성스러운 진리[苦滅道跡聖諦]라고 여실하게 안다.

수행승들이여, 세간의 훌륭한 의사는 태어남에 대한 근본적인 치료 방법을 여실하게 알지 못하고, 늙음에 대한 근본적인 치료 방법을 여실하게 알지 못하고, 병에 대한 근본적인 치료 방법을 여실하게 알지 못하고, 죽음에 대한 근본적인 치료 방법을 여실하게 알지 못하고, 근심에 대한 근본적인 치료 방법을 여실하게 알지 못하고, 슬픔에 대한 근본적인 치료 방법을 여실하게 알지 못하고, 고뇌에 대한 근본적인 치료 방법을 여실하게 알지 못하고, 둣카에 대한 근본적인 치료 방법을 여실하게 알지 못한다.[15]

여래, 응공, 정등각은 대의왕이시다. 태어남에 대한 근본적인 치료

---

14 대응하는 경전(SÁ².254)에서는 네 가지 원리를 자세히 설명하고 있지 않다. 대응하는 경전에서는 네 가지 원리를 T.2.462c13에서 짧게 언급하고, 여래로 시작하는 다음 구절로 바로 넘어가고 있다. 이를 인용하고 있는 다음의 두 책에서도 유능한 의사의 네 가지 덕목과 관련해서 자세히 언급하고 있지 않다. *Abhidharmakośavyākhyā*와 *Arthaviniścaya-sūtra*, Wogihara 1936; 514,31; Samtani 1971: 160,3. 그러나 다음에서는 자세히 언급하고 있다. T.4.219.802a26. D 4094 *nyu* 1b5, Q 5595 *thu* 33a2.

15 SÁ².254 at T.2.462c17에 나오는 첫 번째 진리의 괴로움을 독화살에 비유한다. 이 비유는 위구르 버전에서도 볼 수 있다. Kudara and Zieme 1995: 48, Samtani 1971: 160,1.

방법을 여실하게 알고, 늙음에 대한 근본적인 치료 방법을 여실하게 알고, 병에 대한 근본적인 치료 방법을 여실하게 알고, 죽음에 대한 근본적인 치료 방법을 여실하게 알고, 근심에 대한 근본적인 치료 방법을 여실하게 알고, 슬픔에 대한 근본적인 치료 방법을 여실하게 알고, 고뇌에 대한 근본적인 치료 방법을 여실하게 알고, 둣카에 대한 근본적인 치료 방법을 여실하게 안다."[16]

붓다께서 이 경을 말씀하시자 이 경을 들은 모든 수행승들이 환희하며 받들어 행하였다.

1.3 논 의

사성제를 의학적 진단 구도와 관련짓는 것은 불교의 핵심 교리인 사성제가 실용적인 의미를 가진다는 것을 말한다. 사성제의 가르침은 삶에 '불편함(dis-ease)'이 있음을 냉정하게 인정하는 것에서 시작한다. 이런 삶의 불편함은 아프거나 늙어갈 때 아주 분명하게 나타나고, 자신 또는 타인의 죽음에 직면할 때 더 심하게 드러난다.

그러나 우리는 이런 드문드문 느끼는 불편함이 아니라 정말로 지속적인 '불편함'도 있다는 것을 안다. 이런 지속적인 '불편함'은 현재의 경험이 아무리 즐겁더라도 그것이 무한정 계속되지 않는다는 것에서 온다.

---

16 SĀ².254 at T.2.462c26; Uighur version; Kidara and Zieme 1995: 48-52. 여기에서 왕기사 (Vaṅgīsa)라는 승려가 붓다를 예경하는 시를 짓고 있다. 이들은 SĀ.1220 at T.2.332c16과 대응한다.

지속적인 만족감을 줄 수 있는 것은 아무것도 없다. 자신이 원하는 것을 항상 얻을 수 있는 사람도 없다. 그리고 절망스럽지만 원치 않는 경험을 해야만 하는 경우도 종종 있다. 때로는 좋아하는 사람들의 곁을 떠나서 함께 하고 싶지 않은 사람들과 같이 지내야 하는 경우도 있다. 붓다의 초기 가르침인 사성제 가운데 첫 번째 진리는 이런 모든 문제를 '둣카'라는 단어로 마무리 짓고 있다.

사성제의 첫 번째 진리는 둣카라는 사실을 솔직하게 인정하는 것에서 시작한다. 그리고 두 번째 진리는 둣카를 야기하는 것에 초점을 맞추고 있다. 모든 사람은 행복하고 편안하기를 원하지만 거기에 이르는 방법을 모색하는 데에는 그렇게 능숙하지 못하다. 모든 사람은 집착하고 갈망한다. 바로 그 집착과 갈망 때문에 고통을 겪을 수밖에 없다.

자신의 갈망 때문에 실제로 둣카를 경험할 수밖에 없다는 당혹스러운 자각에 이어서 사성제의 세 번째 진리에서는 이러한 고통에 대안을 제시한다. 세 번째 진리는 이런 갈망에서 완전히 자유로운 경지가 있다는 것을 보여주고 있다. 거기에서 마음은 불선한 것의 영향으로부터 완전히 벗어나 모든 점에서 완전히 '건강한' 상태가 된다. 세 번째 진리를 의학과 비교해서 살펴보면 초기불교의 정신 건강 개념이 현대 심리학에서 말하는 마음의 건강함이라는 차원을 뛰어넘었다는 것을 분명하게 알 수 있다.

네 번째 진리는 이런 정신 건강에 이르는 실제적인 길을 제시하고 있다. 이 길은 여덟 가지로 이루어져 있고 이 여덟 가지가 상호보완적으로 작동하고 있음을 알 수 있다.

- 올바른 견해(정견, 正見, right view)
- 올바른 의도(정사유, 正思惟, right intention)
- 올바른 말(정어, 正語, right speech)
- 올바른 행동(정업, 正業, right action)
- 올바른 직업(정명, 正命, right livelihood)
- 올바른 노력(정정진, 正精進, right effort)
- 올바른 알아차림(정념, 正念, right mindfulness)
- 올바른 집중(정정, 正定, right concentration)

사성제를 미리 마음에 잘 새기면 올바른 견해(正見, right view)를 확립할 수 있다. 이것은 자신이나 타인이 곤경에서 빠져나올 수 있는 가능성을 가지고 있는 견해이다. 그래서 이 견해를 '옳은' 또는 '바른' 견해라고 하는 것이다. 이러한 견해의 옳음 또는 바름을 확립하는 것은 타인의 잘못이나 환경의 불공평함을 탓하고 이에 사로잡히는 것과는 반대이다. 대신 정견은 현재 자신이 놓인 상황에서 스스로 할 수 있는 것에 초점을 맞춘다. 특히 자신의 집착과 애착을 줄이는 것에 집중한다.

실제로 정말로 힘들거나 고통스러운 경험에 사성제를 적용하여보자. 우선 이런 경험이 바로 둣카라는 것을 솔직하게 인정하는 것에서 시작한다. 다음으로 이런 힘들고 고통스러운 경험에 자신이 어떤 식으로, 얼마나 기여하고 있는지를 질문한다. 이런 질문을 하기 위해서는 용기와 솔직함이 필요하다. 그러나 이에 대한 보상은 즉각적이다. 왜냐하면 스스로 행한 것 또는 행하고 있는 것에 책임을 지는 것은 이후에 그것을

'하지 않게' 하고 변화를 야기하여, 동일한 상황에서 색다른 접근을 할 수 있도록 힘을 불어넣어 주기 때문이다. 이런 대안적 접근이 현장에서 실제로 영향력을 발휘하기 위해서는 종종 점진적인 방식이 필요할 때가 있다. 이것이 바로 수행의 길이다. 자신이 알게 모르게 둣카 발생의 공범자가 되어 있다는 사실을 인식하면서 둣카에 대한 근본적인 관점을 유지한다면, 내딛는 한 걸음 한 걸음은 모두 올바른 방향으로 나아가고 있는 것이다. 이런 모든 것이 통증과 어떻게 연관되어 있는지는 다음 장에서 자세하게 탐구할 예정이다.

정견의 치료적인 관점을 이렇게 확립하는 것은 사고방식, 말과 행동방식, 심지어 자신의 직업에도 영향을 미친다. 정견은 또한 마음을 체계적으로 계발하는 것을 뒷받침한다. 여기에는 오염된 마음을 드러내고자 하는 올바른 노력, 자신의 마음 상태를 파악하는 알아차림, 평정한 마음에 집중하는 것이 필요하다.

이 가운데 특히 주목할 것은 올바른 알아차림이다. 올바른 알아차림은 수행에서 사념처로 나타나는데, 이것은 질병과 죽음에 직면한 경우 특히 관심을 갖고 연관시켜서 보아야 한다. 이런 점에서 알아차림은 앞으로도 계속 반복해서 강조할 중요한 주제이다. 왜냐하면 초기불교의 사유에서 알아차림 수행은 통증에 직면했을 때 실제적인 치유에 도움을 줄 잠재적인 힘을 갖고 있음을 보여주기 때문이다. 그리고 올바른 알아차림의 기능은 팔정도를 통합적 작용에 멈추지 않고 그것을 넘어서서 나아간다. 올바른 알아차림의 목표는 완전한 깨달음을 통해 마음의 모든 번뇌를 제거하여 총체적인 정신 건강을 확립하는 것이다.

2
병든 몸과 건강한 마음

병든 몸과 건강한 마음

2.1 서 론

병들어 통증에 시달리는 상황을 극복하기 위해 사성제라는 진단적 관점을 기반으로 다양한 접근방법을 사용할 수 있다. 다음에서 번역한 경전은 통증이 있는 몸과 마음을 서로 연관된 것으로 간주하지만, 그렇다고 해서 반드시 몸과 마음을 동일시하여 다룰 필요는 없다. 다음에서 번역한 경전의 맥락에서 보면 붓다는 나이든 재가 제자에게 몸과 마음을 특징적으로 구분할 것을 가르치고 있다. 심지어 이러한 붓다의 가르침에 따르면 몸이 병들었다 해도 마음까지 병들 필요가 없다. 그러므로 마음이 몸과 함께 고통을 겪지 않도록 가능하면 최대한의 노력을 기울여야 한다.

이렇게 해야만 앞 장에서 언급한 올바른 견해를 치유적 관점에서 실제로 적용할 수 있다. 또한 앞으로 이 책에서 논의하게 될 많은 내용들이 올바른 견해의 치유적 관점과 전체적으로 잘 맞아떨어지게 된다. 현대 의학 또는 전통 의학으로 몸을 치료하는 것과 함께 마음을 잘 훈련하여, 비록 몸은 아프지만 마음은 병들지 않도록 하겠다는 의미 있는 전망을 열어나가야 한다. 이런 훈련과 수행은 정신적인 고통을 완화시킬 뿐만 아니라 몸의 회복을 위한 상당한 지원군으로 작용하게 된다.

다음에서 번역한 경전은 『잡아함경』에서 인용한 것이다. 이에 대응되는 경전은 『상윳따니까야』와 『증일아함경』이다.[1] 이 세 경전에서 모두 일치하는 부분은 붓다의 가르침, 즉 몸이 병들었다 해도 마음은 병들지 않아야 한다는 수수께끼 같은 가르침이 있은 다음 붓다의 수제자인 사리뿟따가 그 가르침을 보다 상세하게 설명하고 있다는 것이다.

다른 초기경전에서도 붓다가 굴리기 시작한 법의 바퀴를 사리뿟따가 이어서 굴리는 것을 볼 수 있다.[2] 법의 바퀴를 굴린다는 생각은 앞장에서 언급한 사성제라는 붓다의 첫 가르침까지 거슬러 올라간다. 이 경전은 붓다의 가르침에 따라 법의 바퀴를 계속 굴리는 사리뿟따의 역할을 잘 보여준다. 왜냐하면 사리뿟따는 붓다의 간략한 가르침을 잘 풀이해서 설명하는데, 여기서는 신체의 통증을 어떻게 해결해야 하는지를 잘 보여주고 있기 때문이다. 붓다의 간략한 가르침과 사리뿟따의 자세한 설명을 듣고 있는 사람은 나이든 재가 제자 나꿀라(Nakula)이다. 빨리어 경전에서는 나꿀라삐따(Nakulapita), 즉 '아버지 나꿀라'로 알려져 있다. 빨리어 주석 전통에 따르면 그는 여러 전생에서 붓다의 아버지였다고 한다.[3]

---

1   SN.22.1 at SN.III.1.1(translated Bodhi 2000: 853) 그리고 EĀ.13.4 at T.2.573a1.

2   Sn.557. *Divyāvadāna*에서도 발견된다. Cowell and Neil 1886:394.23.

3   Mp.I.400.16; 좀 더 자세한 것은 다음을 보라. Malalasekera 1938/1998: 3f; Nyanaponika

2.2 경 전

『잡아함경』107. 장자경(長者經)[4]

이와 같이 나는 들었다. 어느 때 부처님께서 바지국 설수바라산의 녹야원 깊은 숲 속에 계셨다. 그때 나꿀라 장자는 120세로 나이가 많아 감각기관이 허물어지고, 파리하고 쇠약하며 병들어 괴로워하였다. 그럼에도 불구하고 그는 세존과 전부터 존경하며 가까이 알았던 수행승들을 뵙고 싶어서[5] 부처님 계신 곳으로 찾아와 발에 예경하고 한쪽에 물러앉아 부처님께 아뢰었다.

"세존이시여, 저는 나이가 많고 쇠약하며 병들어 괴로워하면서도 스스로 애를 써서 세존과 또 전부터 존경하고 가까이 알던 수행승들을 뵈려고 왔습니다. 원하옵건대 저를 위해 설법하시어 오랜 세월 동안 안락하게 하소서."[6]

그때 세존께서는 나꿀라 장자에게 말씀하셨다. "훌륭하군요. 장자여, 그대는 실로 나이가 많아 감각기관이 허물어지고 쇠약하여 병으로 괴로워하면서도 스스로 애를 써서 여래와 또 다른 존경하고 가까이 알던 수행승들을 찾아왔군요.

장자여, 마땅히 아십시오.[7] 그 괴롭고 병든 몸으로 항상 괴롭지도 병

---

and Hecker 1997: 375-8.

4 SĀ.107 at T.2.33a6-33b27. 이미 Anālayo 2014h: 27-31에서 번역하고 있다.

5 SN.22.1과 EĀ.13.4에서는 장자의 나이와 붓다와 제자들을 만나고자 하는 바람에 대해서 설명하고 있지 않다.

6 SN.22.1 at SN.III.1.8에서는 붓다가 항상 방문할 기회가 있다고 말하지는 않는다.

7 SN.22.1 at SN.III.1.14와 EĀ.13.4 at T.2.573a8의 앞에는 한순간이라도 건강하기를

들지도 않는 마음을 수행해야 합니다."[8]

그때 세존께서는 나꿀라 장자를 위해 가르치고[9] 기쁘게 하신 뒤에 잠자코 계셨다. 나꿀라 장자는 부처님의 말씀을 듣고 그 말씀을 따라 기뻐하면서 예경하고 물러갔다. 이때 사리뿟따 존자는 세존에게서 멀지 않은 어떤 나무 밑에 앉아 있었다.[10] 나꿀라 장자는 사리뿟따 존자가 있는 곳으로 가서 머리를 조아려 그 발에 예경하고 한쪽에 물러앉았다.

이때 사리뿟따 존자가 장자에게 물었다. "지금 그대는 모든 감각기관에 기쁨이 넘치고 얼굴빛이 선명합니다. 세존에게서 어떤 깊은 법을 들을 수 있었습니까?"

나꿀라 장자는 사리뿟따 존자에게 아뢰었다. "오늘 세존께서는 저를 위해 설법하고 가르쳐 기쁘게 하시고, 감로법(甘露法)으로 제 몸과 마음을 적셔주셨습니다. 이 때문에 저는 지금 모든 감각기관에 기쁨이 넘치고 얼굴빛이 선명한 것입니다."

사리뿟따 존자는 나꿀라 장자에게 여쭈었다. "세존께서 그대에게 어떤 법을 말씀하시어 가르쳐 기쁘게 하시고, 감로법으로 윤택하게 하셨

바라는 범부들(SN.22.1) 또는 몸에 의존해서 순간이라도 행복하기를 바라는 범부에(EĀ.13.4) 대한 언급이 나온다.

8   여기서 '몸'을 '마음'으로 교정하고 있다. 이 교정은 사리뿟따가 SĀ.107에서 설명하는 표현에 근거하고 있다. SN.22.1 at SN.III.1.16은 아프지 말아야 하는 것은 마음이라는 것을 보여준다. *Vatusaṃgrahaṇī*, T.1579 at T.30.799a7를 보라. SĀ.107, EĀ.13.4에서도 실수로 몸을 이야기하고 있다.

9   이 교정은 Yìnshùn 1983b: 195 note 2를 따르고 있다.

10   SN.22.1은 이러한 설명을 하지 않지만, EĀ.13.4 at T.2.573a13은 사리뿟따가 가까이 앉았다고 한다.

습니까?"

나꿀라 장자는 사리뿟따 존자에게 대답하였다. "저는 좀 전에 세존께서 계시는 곳에 나아가 '저는 나이 많고 쇠약하여 병으로 괴로워하면서도 스스로 애를 써서 세존과 또 존경하고 가까이 알던 수행승들을 뵈러 왔습니다'라고 세존께 아뢰었습니다."

"부처님께서는 제게 '훌륭하군요. 장자여, 그대는 실로 나이가 많고 쇠약하여 병으로 괴로워하면서도 능히 스스로의 힘으로 나와 전부터 존경하던 수행승들을 보러 왔군요. 그대는 지금 그 괴롭고 병든 몸으로 항상 괴롭지도 병들지도 않는 마음을 닦아야 합니다'라고 말씀하셨습니다. 세존께서는 저를 위해 이러한 법을 말씀하시어 가르쳐 기쁘게 하시고 감로로써 윤택하게 하셨습니다."

사리뿟따 존자는 장자에게 여쭈었다. "그대는 왜 '어떤 것이 몸도 병들어 괴롭고 마음도 병들어 괴로운 것이며, 어떤 것이 몸은 병들어 괴롭지만, 마음은 병들지도 괴롭지도 않은 것입니까' 하고 세존께 거듭 여쭈지 않았습니까?"

장자는 대답하였다. "제가 그 때문에 존자께 찾아왔습니다. 원하옵건대 저를 위해 그 법의 요점을 간략히 말씀해주십시오."[11]

---

11 SĀ.107에서 나꿀라는 사리뿟따로부터 더 자세한 설명을 듣기 위해서 온 것처럼 보인다. SN.22.1 at SN.III.3.1에서 그는 처음에는 좀 더 자세한 설명을 들을 가능성이 없다고 생각하다가 사리뿟따가 그 가능성을 언급하자, 그러한 설명을 듣기 위해서는 먼 길이라도 올 것이라고 이야기하면서 다행스럽게 그 기회를 잡았다. 그러나 EĀ.13.4 at T.2.573a12는 분명히 장자가 지금 이 문제에 대해서 묻기 위해서 사리뿟따에게 갈 것이라고 생각한다고 기록하고 있다.

사리뿟따 존자는 장자에게 말하였다. "훌륭합니다. 장자여, 그대는 이제 잘 들으십시오. 그대를 위해 설명하겠습니다.

어리석고 무지한 범부들은 색의 발생과 색의 소멸과 색에 대한 만족과 색의 위험과[12] 색에서 벗어남을[13] 있는 그대로 알지 못합니다. 있는 그대로 알지 못하기 때문에 색을 사랑하고 즐거워하여 '색은 나다. 이것은 내 것이다'라고 말하면서 그것을 거두어 취합니다.

만일 그 색이 무너지거나 달라지면 마음도 그것에 따라 움직여 번민과 괴로움이 생깁니다. 번민과 괴로움이 생긴 뒤에는 두려워하고, 마음이 막히며, 돌아보고, 근심하며, 괴로워하고, 잊지 못합니다.

어리석고 무지한 범부들은 느낌의 발생과 느낌의 소멸과 느낌에 대한 만족과 느낌의 위험과 느낌에서 벗어남을 있는 그대로 알지 못합니다. 있는 그대로 알지 못하기 때문에 느낌을 사랑하고 즐거워하여 '느낌은 나다. 이것은 내 것이다'라고 말하면서 그것을 거두어 취합니다.

만일 그 느낌이 무너지거나 달라지면 마음도 그것에 따라 움직여 번민과 괴로움이 생깁니다. 번민과 괴로움이 생긴 뒤에는 두려워하고, 마음이 막히며, 돌아보고, 근심하며, 괴로워하고, 잊지 못합니다.

어리석고 무지한 범부들은 상의 발생과 상의 소멸과 상에 대한 만족과 상의 위험과 상에서 벗어남을 있는 그대로 알지 못합니다. 있는 그대

---

12 원 텍스트에는 위험이 만족보다 먼저 나온다. SĀ.107에 나오는 많이 들은 성스러운 제자의 경우의 표준적인 형식과 맞추기 위해서 이러한 순서로 배열하였다.

13 SN.22.1 at SN.III.15와 EĀ.13.4 at T.2.573b10에서 통찰이 결여된 것은 자아를 20가지 유신견(sakkāyadiṭṭhi)을 따라서 이해하는 것에서 드러난다. 10장 3절을 보라.

로 알지 못하기 때문에 상을 사랑하고 즐거워하여 '상은 나다. 이것은
내 것이다'라고 말하면서 그것을 거두어 취합니다.

만일 그 상이 무너지거나 달라지면 마음도 그것에 따라 움직여 번민
과 괴로움이 생깁니다. 번민과 괴로움이 생긴 뒤에는 두려워하고, 마음
이 막히며, 돌아보고, 근심하며, 괴로워하고, 잊지 못합니다.

어리석고 무지한 범부들은 행의 발생과 행의 소멸과 행에 대한 만족
과 행의 위험과 행에서 벗어남을 있는 그대로 알지 못합니다. 있는 그대
로 알지 못하기 때문에 행을 사랑하고 즐거워하여 '행은 나다. 이것은
내 것이다'라고 말하면서 그것을 거두어 취합니다.

만일 그 행이 무너지거나 달라지면 마음도 그것에 따라 움직여 번민
과 괴로움이 생깁니다. 번민과 괴로움이 생긴 뒤에는 두려워하고, 마음
이 막히며, 돌아보고, 근심하며, 괴로워하고, 잊지 못합니다.

어리석고 무지한 범부들은 식의 발생과 식의 소멸과 식에 대한 만족
과 식의 위험과 식에서 벗어남을 있는 그대로 알지 못합니다. 있는 그대
로 알지 못하기 때문에 식을 사랑하고 즐거워하여 '식은 나다. 이것은
내 것이다'라고 말하면서 그것을 거두어 취합니다.

만일 그 식이 무너지거나 달라지면 마음도 그것에 따라 움직여 번민
과 괴로움이 생깁니다.[14] 번민과 괴로움이 생긴 뒤에는 두려워하고, 마음
이 막히며, 돌아보고, 근심하며, 괴로워하고, 잊지 못합니다.

이것을 몸과 마음이 괴롭고 병든 것[身心苦患]이라고 합니다. 어떤 것

---

14 현재의 마음이 과거의 의식상태와 연관해서 번민을 경험하는 것이다.

을 몸은 괴롭고 병들었지만 마음은 괴롭지도 병들지도 않은 것이라고 합니까?

많이 들은 성스러운 제자들은 색의 발생과 색의 소멸과 색에 대한 만족과 색의 위험과 색에서 벗어남을 있는 그대로 압니다. 있는 그대로 안 뒤에는 그것을 사랑하거나 즐거워하지 않아 '색은 나다. 이것은 내 것이다'라고 보지 않습니다.

만약 그 색이 변하거나 달라지더라도 마음이 그것을 따라 움직여 번민과 괴로움이 생기지 않습니다. 마음이 따라 움직여 번민과 괴로움이 생기는 일이 없으면, 두려워하거나 마음이 막히거나 돌아보거나 애착하지 않습니다.

많이 들은 성스러운 제자들은 느낌의 발생과 느낌의 소멸과 느낌에 대한 만족과 느낌의 위험과 느낌에서 벗어남을 있는 그대로 압니다. 있는 그대로 안 뒤에는 그것을 사랑하거나 즐거워하지 않아 '느낌은 나다. 이것은 내 것이다'라고 보지 않습니다.

만약 그 느낌이 변하거나 달라지더라도 마음이 그것을 따라 움직여 번민과 괴로움이 생기지 않습니다. 마음이 따라 움직여 번민과 괴로움이 생기는 일이 없으면, 두려워하거나 마음이 막히거나 돌아보거나 애착하지 않습니다.

많이 들은 성스러운 제자들은 상의 발생과 상의 소멸과 상에 대한 만족과 상의 위험과 상에서 벗어남을 있는 그대로 압니다. 있는 그대로 안 뒤에는 그것을 사랑하거나 즐거워하지 않아 '상은 나다. 이것은 내 것이다'라고 보지 않습니다.

만약 그 상이 변하거나 달라지더라도 마음이 그것을 따라 움직여 번민과 괴로움이 생기지 않습니다. 마음이 따라 움직여 번민과 괴로움이 생기는 일이 없으면, 두려워하거나 마음이 막히거나 돌아보거나 애착하지 않습니다.

많이 들은 성스러운 제자들은 행의 발생과 행의 소멸과 행에 대한 만족과 행의 위험과 행에서 벗어남을 있는 그대로 압니다. 있는 그대로 안 뒤에는 그것을 사랑하거나 즐거워하지 않아 '행은 나다. 이것은 내 것이다'라고 보지 않습니다.

만약 그 행이 변하거나 달라지더라도 마음이 그것을 따라 움직여 번민과 괴로움이 생기지 않습니다. 마음이 따라 움직여 번민과 괴로움이 생기는 일이 없으면, 두려워하거나 마음이 막히거나 돌아보거나 애착하지 않습니다.

많이 들은 성스러운 제자들은 식의 발생과 식의 소멸과 식에 대한 만족과 식의 위험과 식에서 벗어남을 있는 그대로 압니다. 있는 그대로 안 뒤에는 그것을 사랑하거나 즐거워하지 않아 '식은 나다. 이것은 내 것이다'라고 보지 않습니다.

만약 그 식이 변하거나 달라지더라도 마음이 그것을 따라 움직여 번민과 괴로움이 생기지 않습니다. 마음이 따라 움직여 번민과 괴로움이 생기는 일이 없으면, 두려워하거나 마음이 막히거나 돌아보거나 애착하지 않습니다.

이것을 몸은 괴롭고 병들었으나 마음은 괴롭지도 병들지도 않은 것 [身苦患·心不苦患]이라고 합니다."

사리뿟따 존자가 이 법을 설명하자 나꿀라 장자는 법안(法眼)이 깨끗해졌다.[15] 그때 나꿀라 장자는 법을 보고 법을 얻고 법을 알고 법에 들어가 모든 의심을 벗어나서, 다른 가르침에 의지하지 않고 바른 법 안에서 마음에 두려움이 없게 되었다.

그는 곧 자리에서 일어나 옷을 여민 뒤에 공경히 합장하고 사리뿟따 존자에게 아뢰었다.

"저는 이미 넘어섰고 이미 건넜습니다. 저는 이제 재가 제자로서 부처님과 법과 승가 삼보에 귀의합니다.[16] 저는 지금부터 목숨이 다할 때까지 삼보에 귀의하겠습니다."

나꿀라 장자는 사리뿟따 존자의 말을 듣고 기뻐하면서 예경하고 물러갔다.

2.3 논 의

붓다의 이런 가르침의 결과에 대해 세 개의 경전은 일치하지 않는다. 위에서 번역한 『잡아함경』에서만 나꿀라가 법안(法眼, the eye of Dharma)을 얻었다고 한다. 이것은 예류과를 증득하였다는 것을 의미한다. 초기 불교의 사유에서 이 단계는 네 가지 성자들의 지위 가운데 첫 번째 지위

---

15 SN.22.1과 EĀ.13.4는 어떠한 성취도 이야기하지 않고 있다.
16 SN.22.1과 EĀ.13.4는 삼보에 귀의한다고 하지 않는다. SĀ.107에서 기술한 것처럼 삼보에 귀의하는 것은 지금의 맥락과 맞지 않다. 이전의 행동을 보면 이미 더 빨리 그렇게 했어야 했다.

에 해당된다. 여기에 대해서는 8장에서 다시 언급할 것이다.

　나꿀라가 붓다의 가르침을 듣고 도달한 성취의 결과가 무엇이든 간에, 이 경전과 대응 경전에 있는 사리뿟따의 설명은 '다섯 가지 집착의 무더기(오취온, 五取蘊)'에 대한 것이다.

- 신체 형태(색, 色, bodily form)
- 느낌(수, 受, feeling)
- 지각(상, 想, perception)
- 형성(행, 行, formation)
- 의식(식, 識, consciousness)

　이런 다섯 가지 집착의 무더기는 '나' 또는 '나 자신'이라고 집착하는 경향의 서로 다른 구성 요소들을 가리킨다. 신체적 몸(body)은 '내가 어디에 있는지(where I am)'라는 위치를 말하고 즐거운, 즐겁지 않은, 중립적인 느낌(feeling)은 '내가 어떤지(how I am)'에 대한 것이다. 여러 가지 인지들로 구성된 지각(perceptions)은 과거 경험과 축적된 지식에 기초한 인식이 유입된 감각 자료와 결합하여 '내가 누구인지(what I am)'의 대부분을 구성한다. 형성(formations)은 의도와 의지를 의미한다. 이것은 과거의 조건에 기초하여 현재 일어나고 있는 것에 반응하는 방식을 말하는데, 어떤 방식으로 행동할 것인지를 결정하는 '내가 왜 그런지(why I am)'에 해당한다. 마지막으로 의식(consciousness)은 경험하고 의식하는 것을 나타내는 것으로 '내가 되는 무엇(whereby I am)'을 이룬다.

'내가 있다(I am)'는 감각에 집착하는 것은 다섯 가지 개별적인 무더기와 연관되어 매우 자연스럽게 일어나는 현상이다. 그것은 자신이 원하는 대로 되지 않으면 바로 절망과 갈등에 이른다. 몸이 건강하고, 느낌이 즐거우며, 지각이 좋고 흥미롭고, 형성이 자신의 뜻대로 되고, 적절히 알맞은 경험을 하는 삶을 의식하게 되면 '내가 있다'는 감각이 즐거움을 줄 것이라는 점을 부정할 수 없다. 이것이 초기경전에서 '달콤한 만족'(앗사다, assāda)으로 간주되는 것이고, 이런 만족은 개별적인 다섯 가지 무더기와 연관되어 일어난다.

하지만 이러한 '달콤한 만족'은 '위험(아디나와, ādīnava)'과 함께 일어난다. 이 위험은 모든 것은 변화한다는 단순한 사실에 기반을 두고 있다. 모든 것은 일어나자마자 바로 다시 소멸한다. 그것들은 영원하지 않고 무상하다. 즐거운 것과 만족스러운 것이 소멸한 뒤 그다음에 다시 일어나는 것은 처음의 즐거움이나 만족과는 다르기 마련이고, 이에 따라 즐거움과 만족의 강도도 점점 더 줄어들 것이다. 자신에게 만족감을 주는 다섯 가지 무더기에 집착하는 그만큼, 이전의 즐거움이 변화하여 즐거움과는 다른 상태가 되어버리면 화가 나고 고통을 받게 된다.

이러한 곤란을 겪게 되면서, 그렇다면 도대체 이 다섯 무더기의 진정한 모습은 무엇인지를 이해하려고 노력하게 된다. 위의 경전에서 언급한 바와 같이 이런 점이 어리석고 무지한 범부와 많이 배운 성스러운 제자 사이에 놓여 있는 기본적인 차이이다. 이 경전이 주는 해탈의 가르침을 접하지 못하는 한 범부들은 무지하다. 이런 가르침, 즉 참다운 지혜를 획득할 수단을 갖지 못해서 범부들은 무지에 잠기고 결국은 삶의 여러 상황에 어리석게 반응한다.

　이런 범부와는 대조적으로, 나꿀라에게 하신 가르침에 비견될만한 설법을 통하여 많이 배운 성스러운 제자들은 지혜를 계발하고 무지에서 오는 어리석음에서 빠져나와 자신을 성스럽게 할 수 있다. 특히 그들은 다섯 무더기, 즉 신체 형태, 느낌, 지각, 형성, 의식이 모두 영원하지 않다는 것, 무상하다는 것을 명확하게 보도록 배운다. 그리하여 다섯 무더기가 주는 달콤한 만족감은 철저하게 집착과 애착에 매여 있기 때문에 상황이 변하게 되면 결국 둣카로 귀착된다. 이런 과정을 거쳐 도달한 깨달음은 비옥한 자양분이 되어 애착에서 자유로워지고, 나와 동일시하는 것이 줄어들어 결국은 애착에서 벗어난 건강한 마음을 지닐 수 있게 된다. 이런 능력은 강한 통증과 심각한 질병을 겪을 때에도 발휘된다.

　그리하여 강한 통증이 일어날 때 이것을 '나의 것'으로 보는 자연스러운 경향에 빠져 이 통증이 현재의 '나'와 미래의 '나'에게 영향을 미치지 않을까 하는 모든 종류의 근심 걱정을 하는 대신, 신체적 통증이 변화하는 모습을 있는 그대로 보는 방법을 배우고자 노력하게 된다. 현재의 고통스러운 감각을 그 순간 알아차리고 그것을 '나의 것'으로 간주하지 않거나, 정신적으로 그것에 반응하지 않게 됨으로써 신체의 통증이 야기하는 정신적 고통의 많은 부분을 피할 수 있게 된다. 이것이 몸으로 인한 고통을 정신적으로 겪지 않는 것을 점차 배워가는 하나의 방법이다.

3
통증의 화살

3

통증의 화살

3.1 서 론

이 장에서는 앞에서 다룬 주제를 계속해서 언급하고자 한다. 이렇게 이어서 언급하는 이유는 몸이 병들어도 마음은 병들지 않을 수 있다는 점을 분명히 하기 위해서이다. 앞 장의 경전에서 언급한 붓다의 간결한 가르침은 사리뿟따가 자세히 설명한 다섯 가지 무더기로 이어지고 있다.

이 다섯 가지 무더기 가운데 두 번째인 느낌(수, 受)은 몸의 통증이 마음에 미치지 않도록 하는 방법을 배우는 데 특히 중요한 요소이다. 이것은 이 장에서 번역한 경전의 주제이기도 하다. 이 주제는 한 개 또는 두 개의 화살에 맞은 비유로 적절하게 표현되고 있다.

다음에서 번역한 경전은 『잡아함경』에 속하는데, 대응되는 내용이 『상윳따니까야』에도 있다.[1] 두 경전은 신체의 통증이 정신적 자유에 이

---

[1]   SN.36.6 at SN.IV.207.22(translated Bodhi 2000: 1263).

르는 길을 방해하는 번뇌(defilement)로 작용하는 방식을 보여주고 있다. 이런 번뇌는 세 가지 잠재성향(아누사야, anusaya)을 통해서 드러난다. 초기불교에서는 일곱 가지 잠재성향을 열거한다. 이들은 대개 의식하지 못하는 사이에 영향력을 발휘하는 마음의 성향이다. 마음에 감추어진 이러한 추동의 힘은 다음에 열거할 오염된 마음의 발생을 자극하게 된다.

- 감각적 욕망(욕탐, 慾貪, sensual passion)
- 분노(악의, 惡意, aversion)
- 사변적 견해(견, 見, speculative views)
- 의심(의, 疑, doubt)
- 자만(만, 慢, conceit)
- 존재에 대한 갈망(유탐, 有貪, craving for existence)
- 무지(무명, 無明, ignorance)

다음에서 번역한 경전에서는 이들 중 세 가지, 즉 감각적 욕망, 분노, 무지를 언급하고 있다. 이 세 가지는 느낌의 세 가지 종류에 직접적으로 대응한다. 즐거운 느낌은 감각적 욕망의 성향을 활성화시킨다. 고통스러운 느낌은 분노의 성향을, 중립적인 느낌은 무지의 성향을 자극한다. 결과적으로 다음과 같이 연관을 맺게 된다.

- 즐거움 - 감각적 욕망(sensual passion)
- 고통 - 분노(aversion)

• 중립 – 무지(ignorance)

그러므로 느낌과 연관된 주요한 임무는 이런 잠재적 성향의 활성화를 피하는 것이다.

3.2 경 전

『잡아함경』 470. 전경(箭經)[2]

이와 같이 나는 들었다. 어느 때 부처님께서 왕사성 가란다죽원에 계셨다.[3] 그때 세존께서 여러 수행승들에게 말씀하셨다. "어리석고 무지한 범부들은 괴롭다는 느낌,[4] 즐겁다는 느낌, 괴롭지도 않고 즐겁지도 않다는 느낌을 낸다. 많이 들은 성스러운 제자들도 또한 괴롭다는 느낌, 즐겁다는 느낌, 괴롭지도 않고 즐겁지도 않다는 느낌을 낸다. 여러 수행승들이여, 범부와 성인은 어떤 차이가 있는가?"

모든 수행승들이 부처님께 아뢰었다. "세존께서는 법의 근본이시고 법의 눈이시며 법의 원천이십니다. 세존께서 자세히 설명하여주신다면 좋을 것 같습니다. 모든 수행승들은 그 법을 듣고 받들어 행할 것입니다."

부처님께서 모든 수행승들에게 말씀하셨다. "어리석고 무지한 범부들은 몸의 접촉에서 여러 느낌이 생겨 고통이 들이닥치고 목숨을 잃을

---

2   SĀ.470 at T.2.119c28-120b14. 이 경전에 관해서는 Anālayo 2013b: 120을 참조하라.
3   SN.36.6은 붓다가 머문 곳을 언급하지 않고 있다.
4   이 번역은 '괴롭다는'에 '느낌'을 추가하고 있다.

지경이 되면, 근심하고 눈물을 흘리고 원망하며 울부짖는다."

부처님께서 모든 수행승들에게 말씀하셨다. "너희들에게 설명하는 것을 잘 듣고 주의를 기울여라.[5] 모든 수행승들이여, 어리석고 무지한 범부들은 몸의 접촉에서 여러 가지 느낌이 생겨 온갖 고통이 증가하고 목숨을 잃을 지경이 되면, 근심하고 원망하고 울부짖으며 마음이 어지러워 혼란스러워진다. 그때 두 가지 느낌, 몸의 느낌과 마음의 느낌이 증장한다.[6]

비유하면 어떤 사람이 몸에 두 개의 독화살을 맞고 아주 고통스러워하는 것과 같다.[7]

어리석고 들은 것이 없는 범부도 또한 그와 같아서 몸의 느낌과 마음의 느낌이라는 두 가지 느낌을 증장하여 아주 고통스러워한다. 왜냐하면 저 어리석고 들은 것이 없는 범부는 분명하게 알지 못하기 때문이다.

다섯 가지 욕망에서 일어나는 즐겁다는 느낌과 접촉하면서 [범부는] 다섯 가지 욕망의 즐거움에 탐착한다. 다섯 가지 욕망에 탐착하기 때문에 [범부는] 탐욕의 번뇌에 부림을 당한다.

괴로움과 접촉하기 때문에 [범부는] 곧 성내게 된다. 성내기 때문에 [범부는] 성냄의 번뇌에 부림을 당한다.[8]

---

5   이하의 번역은 Yinshùn 1983b: 197 각주 4번을 따르고 있다. 텍스트에서 실수로 기입된 추가적인 문장을 지우고 있다.
6   대응되는 SN.36.6 at SN.IV.208.7은 느낌이 억압적이고 죽음으로 이끈다는 언급없이, 단지 느낌이 괴롭다고만 한다. 그렇지만 SN.36.6은 자기 가슴을 치는 범부를 묘사하면서 상황이 가혹하다는 의미를 담고 있다.
7   SN.36.6 at SN.IV.208.11에서 화살은 독이 묻어 있지 않다.
8   SN.36.6에서 이 부분은 순서가 반대이다. 범부가 괴로움을 경험하는 것에서 즐거

이 두 가지 느낌에 대하여 [범부는] 그것의 발생, 그것의 소멸, 그것에 대한 만족, 그것의 위험, 그것에서 벗어남을 있는 그대로 알지 못한다. 있는 그대로 알지 못하기 때문에 괴롭지도 즐겁지도 않은 느낌이 생길 때, [범부는] 어리석음의 번뇌에 부림을 당한다.

[범부는] 즐겁다는 느낌에 묶여 즐겁다는 느낌에서 끝내 벗어나지 못하고, 괴롭다는 느낌에 묶여 괴롭다는 느낌에서 끝내 벗어나지 못하며, 괴롭지도 않고 즐겁지도 않다는 느낌에 묶여 끝내 괴롭지도 않고 즐겁지도 않다는 느낌에서 벗어나지 못한다. 무엇이 [범부를] 묶는가? [범부는] 탐욕, 성냄, 어리석음에 묶이게 되고, 태어남, 늙음, 병듦, 죽음, 근심, 슬픔, 번민, 괴로움에 묶이게 된다.

많이 들은 성스러운 제자에게 몸의 접촉을 통해서 괴로운 느낌이 생겨 큰 괴로움이 들이닥치고 목숨을 잃을 지경이 되더라도 [많이 들은 성스러운 제자는] 근심과 슬픔으로 원망하거나 울부짖거나 마음이 어지러워 혼란스러워하지 않는다. 그때에는 오직 한 가지 느낌, 말하자면 몸의 느낌[身受]만 일으키고 마음의 느낌[心受]은 일으키지 않는다.

비유하면 어떤 사람이 하나의 독화살만 맞고 두 번째 독화살은 맞지 않는 것과 같다. [많이 들은 성스러운 제자는] 그때에 오직 한 가지 느낌, 말하자면 몸의 느낌만 일으키고 마음의 느낌은 일으키지 않는다.

움을 경험하는 것으로 나아간다. 이는 맥락과 잘 맞다. 괴로움을 먼저 시작하는 것이 이전의 설명과 괴로운 경험과 관련된 화살 비유와 직접적으로 연결된다. SN.36.6 at SN.IV.206.20에서 괴로움에서 즐거움으로 나가는 것은 중요한 점을 보여준다. 즉 범부가 괴로움 먼저 겪고 감각적 즐거움을 추구한다. 왜냐하면 괴로움을 체험하는 것을 대신할 어떤 대용품도 찾지 못하기 때문이다.

즐겁다는 느낌과 접촉하더라도 [많이 들은 성스러운 제자는] 탐욕의 즐거움에 물들지 않는다. 탐욕의 즐거움에 물들지 않기 때문에 그 즐겁다는 느낌에 대해서 [많이 들은 성스러운 제자는] 탐욕의 번뇌에 부림을 당하지 않는다.

괴롭다는 느낌과 접촉하더라도 [많이 들은 성스러운 제자는] 성냄을 내지 않는다. 성냄을 내지 않기 때문에 [많이 들은 성스러운 제자는] 성냄의 번뇌에 부림을 당하지 않는다.

그 두 가지 <느낌과>⁹ 관련해서 [많이 들은 성스러운 제자는] 그것의 발생, 소멸, <만족>,¹⁰ 위험, 벗어남을 있는 그대로 안다. 괴롭지도 않고 즐겁지도 않다는 느낌에 대해서 있는 그대로 알기 때문에 [많이 들은 성스러운 제자는] 어리석음의 번뇌에 부림을 당하지 않는다.

[많이 들은 성스러운 제자는] 즐겁다는 느낌에서 해탈하여 묶이지 않고, 괴롭다는 느낌에서 해탈하여 묶이지 않고, 괴롭지도 않고 즐겁지도 않다는 느낌에서 해탈하여 묶이지 않는다. [많이 들은 성스러운 제자는] 무엇에 묶이지 않는가? 이른바 탐욕, 성냄, 어리석음에 묶이지 않고, 태어남, 늙음, 병듦, 죽음, 근심, 슬픔, 번민, 괴로움에 묶이지 않는다."¹¹

세존께서 곧 게송으로 말씀하셨다.¹²

---

9   '잠재적 경향성'과 관련해서 '느낌'으로 교정하고 있다.
10   '만족'이라는 번역어는 씨베타(CBETA edition)에서 제안하는 교정에 근거하고 있다.
11   SN.36.6 at SN.IV.210.6에서 붓다는 범부와 성스러운 제자 사이의 차이점을 정리하고 있다.
12   SN.36.6의 게송은 유사한 주제를 가지고 있다. 그러나 이를 표현하는 방식에서 차이가 있다.

"많이 들은 [성스러운 제자]라 해서 괴로움과 즐거움을
느끼고 지각하지 못하는 것 아니네.
그들은 차라리 저 범부들보다
사실은 <장애를> 더 많이 지각하네.[13]

즐겁다는 느낌에 방일하지 않고
괴로움과 접촉해도 근심을 더하지 않으며
괴로움과 즐거움 둘과 관련해서 평정하며
[성스러운 제자는] 이들을 따르지도 않고 거스르지도 않네.

수행승은 부지런히 노력하고
바른 지혜는 흔들리지 않고
이런 모든 느낌을
지혜로 분명히 알 수 있네.

모든 느낌을 분명히 알기에
[성스러운 제자는] 지금 여기에서 모든 번뇌 다하고
죽은 뒤에도 윤회에 떨어지지 않아
영원히 열반에 머무르네."

---

13   '장애'라는 번역은 Yìnshùn 1983b: 197 각주 5에서 제안하는 교정을 따르고 있다.

부처님께서 이 경을 말씀하시자, 모든 수행승들은 부처님의 말씀을 듣고 기뻐하며 받들어 행하였다.

3.3 논 의

앞에서 번역한 경전과 이에 대응하는 『상윳따니까야』에서는 몸의 통증으로 인해서 마음까지 고통스러워하는 사람을 두 개의 화살에 맞은 것으로 비유하고 있다. 이와는 대조적으로 몸의 통증에 흔들리지 않는 사람은 단지 하나의 화살만 맞은 것으로 설명한다.

앞에서 인용한 『잡아함경』에서는 그 화살에 독이 있다고 부가적으로 언급하고 있다. 만약 그 화살에 독이 있다고 한다면 한 번으로도 치명적인 결과를 초래하기 때문에 두 개의 화살이라는 비유는 다소 적절하지 못하다. 『상윳따니까야』에서 언급하고 있듯이 독이 없는 두 개의 화살일 때, 한 개의 화살 또는 두 개의 화살이라는 측면이 명확하게 드러난다고 할 수 있다. 이런 점에서 보면 『상윳따니까야』가 이 주제에 대한 핵심을 더 잘 표현하고 있는 것으로 생각된다.

두 개의 화살 비유에서 핵심적인 것은 몸의 고통에 대한 슬픔과 저항, 근심과 낙담, 그 외의 여러 부정적인 태도들은 신체적 고통을 악화시킬 뿐이라는 점이다. 이렇게 부정적인 태도에서 벗어난 자세를 확립하는 것은 말로는 쉽지만 실천하기는 어렵다. 다행히 경전은 이론적인 근본 원리에 초점을 맞추는 데 그치지 않고 이것을 어떻게 실천할 것인지에 대해서도 언급하고 있다.

마음의 고통을 겪는 범부와 마음의 고통을 겪지 않는 성자의 결정적인 차이는 범부와 성자가 가지고 있는 이해에 있다고 할 수 있다. 두 번째 화살은 느낌에 대한 적절한 이해를 통해서 피할 수 있다. 여기서 핵심적인 부분은 발생하는 모든 것은 반드시 소멸한다는 점이다. 이런 이해는 마음의 자연스러운 경향성, 즉 느낌은 소멸하지 않고 영원할 것이라는 생각에 대항하는 데 도움을 준다. 특히 몸이 병들어 있을 때에는 이런 이해가 더욱 더 도움이 된다. 참으로 느낌은 계속해서 변화하는 성질을 갖는다.

　　통증에 짜증스럽게 반응할 때마다 마음의 잠재적 경향성, 즉 아누사야는 분노를 불러일으킨다. 이런 잠재적 경향성이 활성화되면 될수록 그것은 점점 더 강해지고 결국 계속해서 분노가 일어나기 더 쉬워진다. 이와는 반대로 통증에 매번 반응하지 않으면 분노에 대한 잠재적 경향성이 약화되고, 그리하여 마음의 해방을 향한 성장은 더욱 촉진된다. 이처럼 통증은 아주 힘든 도전이기도 하지만 자유를 향한 길에서 진전을 이룰 수 있는 강력한 기회이기도 하다.

　　이것은 습관적인 분노 반응을 극복하는 것에만 해당되는 것이 아니다. 통증에 대한 반응은 감각적 즐거움을 추구하는 것으로 쉽게 이어진다. 이 점은 특히 『상윳따니까야』에서 명확하게 지적하고 있다. 이 경전에 의하면 통증에 직면한 범부는 고통의 대안으로 다른 감각적 즐거움을 추구한다. 빨리어 경전이 보여주는 바와 같이, 범부는 감각적 즐거움에 탐닉하는 것 외에는 통증에서 빠져나오는 다른 방법을 알지 못하기 때문이다. 일반적인 대중의 마음에 따르면 병든 몸으로 인한 고통스러운 통증에 대한 유일한 대안은 감각적 쾌락으로 마음을 돌리는 것이다.

이런 전략은 문제를 해결하는 것이 아니라 오히려 감각적 욕망의 잠재적 경향성을 활성화시키고 강화시킬 뿐이다.

느낌이 주는 만족감에 굴복하면 할수록 그것에 내재해 있는 위험에 더욱 더 영향을 받기 마련이다. 이것이 위험한 이유는 즐거운 느낌에 매달리면 매달릴수록 그 즐거운 느낌이 변화하지 않을 수 없다는 사실에 더 영향을 받기 때문이다. 잠깐의 감각적 즐거움을 누리고 난 다음에 오는 통증의 경험, 그것이 바로 즐거운 느낌이 변화하는 순간이다. 이렇듯 고통을 감각적 즐거움으로 대체하는 전략은 순간적인 위안을 줄 수는 있지만 장기적으로는 파멸의 대가를 치르게 된다. 이것은 마치 감염된 상처를 긁을 때 잠깐은 시원하지만, 결국 그 잠깐의 시원함은 변화하여 사라지고 상처는 더욱 악화되는 것과 유사하다. 통증이 있을 때 감각적 즐거움에 의존하여 발생하는 최종적인 결과는, 느낌에 대한 현명하지 못한 반응에 더 굴복하게 되고 결국 잠재적 경향성이 더욱 활성화되는 악순환을 겪게 된다는 것이다.

느낌이 중립적이라 해도 모든 것은 변화한다는 깨달음이 없으면 여전히 문제가 된다. 중립적인 느낌은 아무 맛이 없기 때문에 무시하기 쉽다. 그러나 이런 중립적인 느낌은 무지의 잠재적 경향성을 활성화시킨다. 이런 중립적인 느낌은 또한 지겨운 느낌에서 무엇인가 다른 욕망으로 전환할 때 특히 그 모습이 잘 드러난다.

이와는 반대로 보통의 느낌, 특히 통증을 알아차림으로 접근하면 오히려 그 느낌의 순간이 깨달음의 강력한 원천이 된다. 알아차림의 모든 핵심은 단지 현재의 이 순간, 즉 변화하는 느낌의 순간들에 반응하지 않고 있는 그대로 자각하는 것이다. 위에서 번역한 경전이 보여주는 바와 같이 두 번째 화살을 맞지 않은 사람은 사성제 중 첫 번째 진리인 둣카의 모든 문제를 넘어선 사람과 동일하다. 이렇듯 초기불교적 사유의 관점에서 보면 신체적 통증을 알아차림과 지혜로 대처할 때, 오히려 그 상황이 깨달음을 향한 대단한 가능성을 지니게 된다.

초기불교경전들은 수행의 지혜를 명확하게 부각시키는 한편, 병들었을 때 도움이 되는 그 외의 다른 자질도 고려하고 있다. 통증을 감내하는 것 이외에 다음 장에서 다루게 될 경전은 환자뿐만 아니라 환자의 빠른 회복을 돕는 간병인의 자질에 대해서도 언급한다. 이러한 경전에서 알 수 있는 것은, 병든 상황을 수행의 관점으로 접근하도록 반복해서 강조하지만, 질병 치료의 일반적인 상황도 인정하고 있다는 점이다. 경전에서 암묵적으로 명확히 하고 있는 것은, 질병에 대한 명상적 접근이 적절한 의학적 치료를 대신하는 것이 아니라 오히려 보완한다는 점이다. 두 번째 화살의 비유에서 표현된 바와 같이 질병에 대해 아무것도 하지 않은 채 오로지 통증을 감내해야만 한다고 주장하는 것이 아니다. 오히려 첫 번째 화살이 야기한 질병을 사용 가능하고 합리적인 의학적 방법으로 적절히 치료해야 하며, 이에 더하여 두 번째 화살을 피하기 위해 마음을 적절하게 훈련시켜야만 한다는 것이다.

4
병자와 간병하는 사람의 자질

병자와 간병하는 사람의 자질

4.1 서 론

이 장은 병의 상황에 대한 두 가지 상호 보완적인 관점, 즉 환자와 간병인의 관점으로 접근해보고자 한다. 환자와 간병인에게 요구되는 훌륭한 자질이란 무엇인가? 이런 훌륭한 자질은 다음에 번역한 『증일아함경』의 이어지는 두 개의 경전에 언급되어 있다. 이것에 대응하는 『앙굿따라니까야』의 경전 내용들과 비교해보면 다소간의 변형이 있음을 알수 있다.[1]

『증일아함경』에 따르면 환자의 훌륭한 자질 가운데 하나는 멧따(mettā)이다. 이 멧따는 종종 '자애(loving-kindness)'라고 번역되기도 한다. 그렇지만 나는 영어로 '베네벌런스(benevolence)'라는 단어로 번역하는 것을 더

---

1   AN.5.123 at AN.III.143.19(translated Bodhi 2012: 741), AN.5.124 at AN.III.144.14 (translated Bodhi 2012: 741) *Carakaṃhitā, Suśrutasaṃhitā*와 같은 고대 인도의 의서에 나타난 간병인의 자질에 대해서는 다음을 참조할 수 있다. Leslie and Wujastyk 1991.

선호한다. 듯카라는 용어처럼 빨리어 용어를 그대로 사용하는 것이 가장 적절해 보인다. 멧따는 네 가지 신의 거처(사무량심, 四無量心, brahmavihāra)의 첫 번째 항목이다. 사무량심은 다음과 같다.

- 멧따(자, 慈, mettā)
- 연민(비, 悲, compassion)
- 함께 기뻐함(희, 喜, sympathetic joy)
- 평정(사, 捨, equanimity)

이러한 사무량심은 초기불교적 사유와 명상 수행에서 추천하는, 타인을 위한 이상적인 태도이다.[2] '신의 거처(범주, 梵住, divine abode)'라는 용어는, 성공적인 수행은 천상계에 환생하도록 이끈다는 의미뿐만 아니라 신의 거처들 가운데 하나에 머무르는 것은 지상에서 천상을 경험한다는 의미로도 해석할 수 있다.

사무량심 중 첫 번째인 멧따는 타인에게 친절하고 타인이 잘 되기를 바라는 태도를 말한다. 그러므로 멧따는 그 성질상 분노, 짜증, 악의와 반대된다. 두 번째인 연민은 이 책에서 계속해서 언급할 주제이다. 연민은 특히 이타적인 형태의 바람으로, 타인의 고통을 완화시키고 질병과 죽음에 어떻게 직면하는지에 대한 길잡이를 제공한다. 또 그 성질상 타인에게 해를 끼치고자 하는 의도와 반대된다. 함께 기뻐함은 질투, 시기,

---

2   사무량심에 대한 자세한 설명은 다음을 참조할 수 있다. Anālayo 2015b: 5-49.

불만족과 반대된다. 네 번째 무량심은 앞에서 말한 세 종류의 무량심을 마무리 짓는 것으로, 다른 무량심이 적절하지 않은 상황에서 이 네 번째 무량심인 평정심을 선택지로 취할 수 있다. 15장에서 죽음에 임박할 때 사용할 수 있는 명상 수행으로서 사무량심을 다시 언급할 것이다.

4.2 경전(1)

『증일아함경』 선취품(善聚品) [8][3]

이와 같이 들었다. 어느 때 부처님께서는 사위국 기수급고독원에 계셨다.[4] 그때 세존께서 모든 수행승들에게 말씀하셨다.

"병에 걸린 사람이 이 다섯 가지 법을 성취하면 그 병은 조금도 차도가 없고 항상 병상에 있게 된다.[5] 어떤 것이 그 다섯 가지 법인가?

병든 사람이 먹고 마시는 것을 가리지 않는 것, 때를 맞추어 먹지 않는 것, 의약을 가까이하지 않는 것, 근심과 기쁨과 성냄이 많은 것, 간병하는 사람에게 메타의 마음을 내지 않는 것이다.[6] 수행승들이여, 이를 일

---

3 EĀ.32.8 at T.2.680b19-680c2.

4 AN.5.123은 붓다가 머문 곳에 대해서는 언급하지 않는다.

5 AN.5.123 at AN.III.143.19에서는 대신 그러한 사람을 간호하기 어렵게 만드는 다섯 가지 자질로 소개하고 있다.

6 AN.5.123 at AN.III.143.21에서 다섯 가지 법은 다음과 같다. 1) 적절하지 않은 것을 하는 것, 2) 적절하지 않은 것의 절제를 알지 못하는 것, 3) 의약을 가까이하지 않는 것, 4) 고통이 더하거나 덜한 것을 있는 그대로 드러내지 않는 것, 5) 괴로운 느낌을 참지 못하는 것

러 '병에 걸린 사람이 적절한 때에 회복할 수 없는 다섯 가지 법'이라고
한다.

또 병에 걸린 사람이 다섯 가지 법을 성취하면 병이 곧 낫게 된다.
어떤 것이 그 다섯 가지 법인가?

병이 든 사람이 음식을 가려서 먹는 것, 때를 맞추어 먹는 것, 의약을
가까이하는 것, 근심을 가지지 않는 것, 간병하는 사람에게 완전히 메타
의 마음을 내는 것이다. 수행승들이여, 이를 일러 '병에 걸린 사람이 적
절한 때에 회복할 수 있는 다섯 가지 법'이라고 한다.

수행승들이여, 이와 같이 너희들은 앞의 다섯 가지 법은 반드시 기억
하여 버려야 할 것이요, 뒤의 다섯 가지 법은 반드시 받들어 실천하도록
해야 한다. 수행승들이여, 꼭 이와 같이 공부해야 한다."[7]

이때 모든 수행승들은 부처님의 말씀을 듣고 기뻐하며 받들어 행하
였다.

4.3 경전(2)

『증일아함경』 선취품(善聚品) [9][8]

이와 같이 들었다. 어느 때 부처님께서는 사위국 기수급고독원에 계
셨다.[9] 그때에 세존께서 모든 수행승들에게 말씀하셨다.

---

7 AN.5.123에서 붓다는 수행승들에게 반드시 해야 한다고는 말씀하지 않는다.
8 EĀ.32.9 at T.2.680c3-680c17.
9 AN.5.124는 붓다가 머문 곳에 대한 언급이 없다.

"병든 사람을 간병하는 사람이 이 다섯 가지 법을 성취하면, 그 병은 조금도 차도가 없고 항상 병상에 있게 된다.[10] 어떤 것이 그 다섯 가지 법인가?

간병하는 사람이 좋은 약을 분별하지 못하는 것, 게으르고 활력이 없는 마음의 태도를 가지는 것, 항상 성내기를 좋아하는 것, 잠자기를 좋아하는 것, 다만 먹는 것만을 위해 병든 사람을 간병할 뿐 법으로써 공양하지 않기 때문에 병든 사람과 서로 이야기를 주고받지 않는 것이다.[11] 수행승들이여, 이를 일러 '[병에 걸린 사람이] 적절한 때에 회복할 수 없는 간병하는 사람의 다섯 가지 법'이라고 한다.

또 수행승들이여, 병든 사람을 간병하는 사람이 이 다섯 가지 법을 성취하면, 그 병이 곧 나아 병든 사람이 병상에 눕지 않게 된다. 어떤 것이 그 다섯 가지 법인가? 간병하는 사람이 좋은 의약을 분별할 줄 아는 것, 게으르지 않으며 먼저 일어나고 나중에 자는 것, 이야기하기를 좋아하고 잠을 적게 자는 것, 법으로써 공양하고 음식을 탐하지 않는 것, 병든 사람을 위하여 설법하는 것이다. 수행승들이여, 이를 일러 '[병에 걸린 사람이] 적절한 때에 회복할 수 있는 간병하는 사람의 다섯 가지

---

10 AN.5.124 at AN.III.144.14에서는 환자를 돌보는 사람의 좋지 않은 자질 다섯 가지를 소개하고 있다.
11 AN.5.124 at AN.III.144.16에서는 다섯 가지 자질을 다음과 같이 표현하고 있다. 1) 간병하는 사람이 의약을 준비할 수 없다. 2) 적절한 것과 적절하지 않은 것을 알지 못하기 때문에, 간병하는 사람은 적절한 것을 주지 않고 적절하지 않은 것을 준다. 3) 간병하는 사람이 멧따가 아니라 세속적인 이득을 위해서 병든 사람을 돌본다. 4) 간병하는 사람이 대소변, 토사물, 침을 치울 때 역겨워한다. 5) 간병하는 사람이 때때로 법에 대한 이야기로 병든 사람을 가르치거나 기쁘게 할 수 없다.

법'이라고 한다.

　수행승들이여, 만약 너희들이 간병하는 사람이 되었을 때 이와 같이 앞의 다섯 가지 법은 반드시 버려야 할 것이요, 뒤의 다섯 가지 법은 반드시 성취하도록 해야 한다. 모든 수행승들이여, 꼭 이와 같이 공부해야 한다."[12]

　이때 모든 수행승들은 부처님의 말씀을 듣고 기뻐하며 받들어 행하였다.

4.4 논 의

　첫 번째 『증일아함경』에 의하면 적절한 음식과 마실 것을 구별하지 못하고 이를 취하는 적절한 시간을 파악하지 못하는 환자는 병이 악화되며, 의약을 가까이 하지 않는 경우도 마찬가지다. 『앙굿따라니까야』에서도 이와 동일한 기본적인 충고를 더 일반적인 방식으로 제시하고 있다. 환자가 합당하게 행동하지 않으면 병은 더 악화된다. 여기서 합당하지 않다는 의미는 적절함을 모른다는 의미이다. 또한 환자가 의약을 가까이하지 않는 경우에도 질병은 악화된다.

　『증일아함경』에서는 환자의 회복을 방해하는 또 다른 자질로 짜증을 내거나 간병인에 대한 멧따가 없는 경우라고 지적한다. 『앙굿따라니까야』에서는 병이 악화되거나 호전되지 않는 환자와 통증을 견디지 못

12　AN.5.125에서 붓다는 수행승들에게 반드시 해야 한다고는 말씀하지 않는다.

하는 환자에 대해 언급하고 있다.

『증일아함경』과 이에 대응하는『앙굿따라니까야』에서는 빠른 회복을 위해 위에서 언급한 것과는 반대되는 자질들을 쭉 열거하고 있다. 두 경전을 모두 통틀어 살펴보고 난 뒤 그 결과를 요약하면 환자의 빠른 회복을 초래하는 자질들은 다음과 같다.

- 적절한 음식과 마실 것만을 취한다.
- 이것들을 올바른 때에 맞추어 알맞게 취한다.
- 처방된 약을 먹는다.
- 자신의 상태를 솔직하게 말하고 짜증을 내지 않는다.
- 간병하는 사람에게 멧따를 기르고 인내하면서 통증을 참는다.

위의 경전 가운데 두 번째『증일아함경』에서 말하는 간병인의 자질과 함께『앙굿따라니까야』의 내용을 파악해보면 두 경전 모두 환자에게 약을 줄 때 간병인의 판단력 결여를 언급하고 있다.『앙굿따라니까야』는 이 문제에 대해 두 가지 측면의 자질을 말하고 있다. 즉 약을 준비하는 능력의 결여 그리고 약을 먹여야 할 때와 먹이지 말아야 할 때를 판단하는 능력의 결여이다. 반면『증일아함경』에서 문제시하는 두 번째 자질은 무관심인데 이는 적절한 투약과 치유를 제공하는 데 악영향을 미친다.

『앙굿따라니까야』에는 없고『증일아함경』에서만 언급하는 자질로 간병인의 짜증과 심한 게으름이 있다.『증일아함경』에서는 이 두 가지 자질을 연관 지어서 언급하고 있다. 그다음『증일아함경』과 이에 대응하는 빨리어 경전에서는 오직 물질적인 이득을 위해서만 간병하는 것에 초점을 맞추고 있다. 고대 인도의 전통에서 수행자들은 서로를 돌보아야 했고 그 결과 아픈 사람이 생기면 간병과 치유를 위해서 누군가가 그 일을 맡아야 했다. 그런데 환자와 간병인을 위한 재가자들의 공양이 늘어 풍족해지면 간병을 맡은 사람이 물질적인 이득을 바라고 쉽게 음식을 얻으려는 욕심에 사로잡힐 수 있다. 이런 물질적인 욕심에 사로잡히지 않기 위해서는『앙굿따라니까야』에서 명확하게 언급하고 있는 바와 같이 이타주의적인 멧따의 마음으로 아픈 사람을 보살펴야만 한다.

『증일아함경』에서만 볼 수 있는 간병의 어려움은 대소변, 토사물, 침을 치워야 하는 역겨움이다. 두 경전 모두에서 강조하고 있는 마지막 자질은 환자와 대화하는 것의 중요성이다.『증일아함경』에서는 간병하는 사람이 환자와 대화를 나누지 않는다면 이것은 환자의 회복을 가로막는 것이라고 명확히 언급하고 있다. 이에 대응하는『앙굿따라니까야』에서는 간병인이 환자에게 붓다의 법을 가르치고 그것을 기뻐하게 만들지 못하는 능력에 대해 더 구체적으로 언급하고 있다.

환자의 정신적인 상황을 보살피고 대화와 가르침을 통해 마음을 편안하게 해주어야 한다는 내용은 이후의 모든 장에서 반복되는 주제이다. 이어지는 장에서 우리는 아픈 사람들과 죽어가는 사람들을 방문하는 붓다와 그의 제자들이 연민의 마음으로 법을 설하여 그들을 보살피는 것을 볼 수 있다. 위에서 번역한 경전과 연관하여 드 실바(de Silva)는 다음과 같이 말하고 있다.[13]

---

13   de Silva 1993: 29.

간병하는 사람이 환자에게 적절한 음식과 약을 제공하여 환자의 몸을 효율적으로 잘 돌볼 것이라고 기대하는 것뿐만 아니라 … 환자의 정신적인 면도 잘 돌볼 것이라고 기대하는 것은 주목할 만하다. 의사와 간호사의 친절함이 환자의 사기와 회복에 의약품만큼이나 효과를 발휘한다는 것은 잘 알려져 있다. 누군가가 절망적으로 병에 들어 있거나 또는 낙담하고 있을 때 친절한 말 한마디나 따뜻한 행동 하나가 위안과 희망의 원천이 될 수 있다.

『증일아함경』과 이에 대응하는 『앙굿따라니까야』에서는 환자를 빨리 회복하도록 이끄는 간병인의 다섯 가지 자질을 열거하며 자세한 설명을 이어가고 있다. 다음에서 언급하는 것은 환자의 회복을 촉진하는 주요한 자질이다. 이는 경전에서 언급한 내용을 간단히 요약하여 핵심 요소에 초점을 맞춘 것이다.

- 적절한 의약품의 제공
- 환자가 필요로 하는 것에 주의를 기울이기
- 자신이 겪는 역겨움에 잘 대처하기
- 환자와 기꺼이 대화하기
- 이타적 동기를 유지하고 짜증을 피하기

위에 열거한 자질들을 보면, 질병과 연관된 초기불교의 가르침이 깨달음으로 나아가는 길에만 관심을 보이는 것이 아님을 알 수 있다. 전반적으로 깨달음으로 나아가는 지향성이 주요한 관심사이기는 하지만 병든 환자를 돌보는 일상적인 상황도 적절하게 고려하는 것을 볼 수 있다.

이런 일상적인 상황을 고려하는 것은 단순히 말로만 하는 가르침으로 끝나지 않는다. 사실 율장(Vinaya)을 보면 붓다 자신이 병든 사람을 기꺼이 돌보는 모범적인 실례가 기록되어 있다. 율장에서 언급된 자질은 위에서 번역한 두 경전이 지적한 것과 직접적으로 연관되어 있다. 왜냐하면 환자와 간병하는 사람의 다섯 가지 자질에 대하여 빨리어 율장에서 언급하고 있는 바로 그 장면이 『앙굿따라니까야』의 가르침과 동일하게 언급되기 때문이다. 다른 율장에서도 이에 비견할 만한 자질의 항목들을 열거하고 있다.

빨리어 율장에 기록된 이야기의 배경에 의하면 붓다는 우연히 동료들의 보살핌을 받지 못하고 자신의 배설물과 함께 누워있는 병든 수행승을 만났다고 한다. 붓다는 시자인 아난다의 도움을 받으면서 몸소 그 수행승을 씻겨 주었다고 한다. 그 후 다른 수행승들을 책망하고 난 다음 병든 동료 수행승을 돌보는 것은 의무이고 그렇게 하는 것이 붓다 자신을 돌보는 것과 같다고 말씀하였다.[14] 드 실바는 다음과 같이 말하였다.

> 붓다는 병든 사람을 보살피는 것이 중요하다는 것을 가르치셨
> 을 뿐만 아니라 붓다 자신이 절망적인 환자를 보살피는 고귀한
> 모범을 보이셨다.

---

14   Vin.I.302.3(translated Horner 1951/1982: 431). 이에 대한 연구로는 다음이 있다. Demiéville 1974: 236-8.

여기서 주목해야 할 점은 붓다 자신이 제자 중 한 사람을 깨끗이 씻겨 주었을 정도로 붓다의 연민이 두드러지게 나타났다는 점이다. 이외에도 눈에 띄는 것은 동료 수행승들의 무관심이다. 그 당시 다른 동료 수행승을 돌보는 것이 자명한 의무는 아니었다는 인상을 이 장면에서 받게 된다. 그렇지 않다면 수행승들은 동료를 반드시 돌보아야만 한다는 붓다의 가르침을 받을 필요가 없었을 것이다. 붓다는 분명히 다른 동료들을 보살피는 것을 당연시하는 연민의 태도를 제자들에게 몸소 실천하는 모범을 보였다. 이것은 보살핌을 받은 수행승이 그 보살핌에 대해 붓다에게 보답하는 것과는 아무런 상관이 없다. 이런 연민에 가득 찬 보살핌의 태도는 붓다의 가르침에서 빼놓을 수 없는 점이면서도 특징적인 점이다.

간병하는 사람과 환자의 자질을 열거하는 데에서도 연민의 중요성을 알 수 있다. 여기에서는 짜증, 부주의에서 벗어난 멧따와 공감이 유익한 영향을 끼친다. 이 점은 아마도 이 장에서 언급한 것 가운데 가장 두드러진 점일 것이다. 진지한 이타주의와 선한 행동은 환자의 빠른 회복을 돕는다. 이런 태도는 환자와 환자를 돌보는 사람이 함양하여야 하는 자질이다.

환자의 회복에 해롭거나 유익한 자질은 깨달음의 길, 건강한 정신에 이르고자 하는 수행자에게 해롭거나 유익한 자질과 일치한다. 이런 자질이 다음 장의 주제가 될 깨달음의 요소와 이를 방해하는 요소이다.

5

깨달음의 요소들이 갖는
잠재적인 치유력

5

깨달음의 요소들이 갖는 잠재적인 치유력

5.1 서 론

초기경전에서 붓다는 아픈 사람을 어떻게 간병해야 하는지에 대한 전형적인 모범을 반복적으로 보여주고 있다. 특히 앞 장의『앙굿따라니까야』에서 인용한 마지막 자질, 즉 붓다의 법에 대해 이야기하여 환자를 가르치고 기쁘게 해주는 자질을 보여주고 있다. 병든 사람을 도와주겠다는 연민 어린 동기는 대개 붓다의 법이라는 적절한 의약을 제공하는 형태로 드러나기 마련이다. 이런 형태의 보살핌은 이 장과 다음 장들의 지속적인 주제가 될 것이다. 이 장의 경전에서 붓다는 자신의 뛰어난 제자들 가운데 한 명인 마하깟사빠(마하가섭, mahākassapa)와 연관하여 이런 보살핌의 가르침을 펴고 있다.

초기경전에서 마하깟사빠는 붓다의 제자들 중에서 엄격과 금욕 제일로 묘사되고 있다.[1] 다음에서 인용한 경전은 이런 점에서 의미가 있다.

---

1   뛰어난 제자의 이름을 거론하고 있는 AN.1.14 at AN.I.23.19(translated bodhi 2012:

왜냐하면 엄격하고 금욕적인 마하깟사빠가 자신이 심하게 아프다고 인정한다는 것은 단순히 몸이 조금 아프거나 비위가 약해진 것이 아니라 정말로 아프다는 것을 보여주는 것이기 때문이다.

마하깟사빠가 붓다에게서 받은 가르침은 일곱 가지 깨달음의 요소, 즉 초기불교 명상 이론에서 마음의 깨달음을 위해 선별한 일곱 가지 정신적인 자질이다. 이런 일곱 가지 깨달음의 요소는 다섯 가지 마음의 장애 요소와 대비되어 자주 강조되고 있다. 앞 장에서 언급한 환자와 간병하는 사람의 자질과 유사하게, 초기불교 명상 이론에서는 환자의 정신 건강에 해가 되는 다섯 가지 장애 요소와 정신 건강에 도움이 되는 일곱 가지 깨달음의 요소를 열거하면서 정신적으로 병든 상황에 대처하고 있다.[2] 다섯 가지 장애 요소는 다음과 같다.

- 감각적 욕망(sensual desire)
- 분노(aversion)
- 나태와 무기력(sloth-and-torpor)
- 불안과 걱정(restlessness-and-worry)

---

109), EĀ.4.2 at T.2.557b8에서는 마하깟사빠를 두타행에 뛰어난 제자로 보고 있다. 또한 다음을 보라. Divyāvadāna, Cowell and Neil 1886: 395.23; Mahāvastu, Senart 1882: 64.14(the translation in Jones 1949/1973: 53은 원본을 완전히 번역하지 않고 있다.) 마하깟사빠의 전기에 관해서는 다음을 보라. Malalasekera 1938/1998: 476-83; Nyanaponika and Hecker 1997: 109-36.

2   다섯 가지 장애에 대해서 자세한 것은 다음을 보라. Anālayo 2003: 186-200; 2013b: 177-94. 일곱 가지 깨달음을 돕는 요소에 대해서는 다음을 보라. Anālayo 2003: 233-42; 2013b: 195-226.

- 의심(doubt)

이런 다섯 가지 요소는 말 그대로 마음의 적절한 기능에 '장애'를 일으킨다. 이것들은 깨달음과는 정반대 방향을 향하여 갈 뿐만 아니라 학습과 같은 세상의 일에도 결국 방해가 된다. 다섯 가지 장애 요소는 나태와 무기력, 불안과 걱정을 따로 분리하면 사실상 일곱 가지가 되는 셈이다. 그러나 나태와 무기력, 불안과 걱정은 서로 유사한 특성과 결과를 보이므로 묶어서 결국은 전체적으로 다섯 가지 요소가 된다.

다섯 가지 장애 요소는 실제로는 일곱 가지 정신적인 상태를 반영하고 있기 때문에, 어떤 면에서는 건전한 영향을 미치는 마음의 일곱 가지 깨달음의 요소에 대응한다고 할 수 있다. 앞 장에서 간병하는 사람과 환자의 다섯 가지 자애로운 마음의 특성과 이에 대비되는 다섯 가지 해로운 마음의 특성을 열거한 것처럼, 여기에서는 일곱 가지 해로운 자질과 일곱 가지 유익한 자질을 대비시켜 언급하고 있다. 장애와 반대되는 일곱 가지 깨달음의 요소는 다음과 같다.

- 알아차림(염, 念, mindfulness)
- 법에 대한 탐구(택법, 擇法, investigation-of-dharma)
- 에너지(정진, 精進, energy)
- 기쁨(희, 喜, joy)
- 평온(경안, 輕安, tranquility)
- 집중(정, 定, concentration)

• 평정(사, 捨, equanimity)

이런 깨달음의 요소들이 갖는 잠재적인 가능성은 정신적인 건강에
만 국한되지 않고 신체적인 회복에까지 영향을 미칠 수 있다. 이것은
『상윳따니까야』의 이어지는 세 경전의 주제이다. 이 세 가지 경전 중 하
나를 보면 어떤 수행승이 일곱 가지 깨달음의 요소를 암송하는 것을 듣
고 붓다 자신이 질병에서 회복한 사실을 보여주고 있다. 이에 대응하는
경전은 『잡아함경』이다.[3] 다음의 논의에서 이 경전을 다시 언급할 예정
이다. 또 다른 두 경전에서는 마하목갈라나(mahāmoggallāna)와 마하깟사
빠가 병들었을 때 붓다가 암송하는 깨달음의 요소들을 듣고 병에서 나
았다는 것을 보여주고 있다. 마하목갈라나에 대해 언급하고 있는 경전
의 경우 이에 대응하는 경전이 없는 반면[4] 마하깟사빠가 주인공으로 등
장하는 경전은 티벳어판이 남아 있다.[5] 다음에서 번역한 경전이 바로 이
경전이다. 원전은 상좌부 계통의 스리랑카 스님이 티벳으로 가져온 것
이 분명하다.[6] 그러나 이에 대응하는 빨리어 경전과 비교해보면 다소 변
형이 보인다.

---

3   SĀ.727 at T.2.195b29-196a11(부분 번역 Anālayo 2013b: 212-14) 이에 대응하는 경전
     인 SN.46.16 at SN.V.81.1(translated Bodhi 2000: 1581).

4   SN.46.15 at SN.V.80.19(translated Bodhi 2000: 1581). 다른 관련되는 예는 EĀ.39.6 at
     T.2.731a22에서 볼 수 있다. 그곳에서는 붓다가 병든 수행승을 방문하여 수행승
     스스로 일곱 가지 깨달음의 요소를 암송하기를 권한다. 이 병든 수행승은 일곱
     가지 깨달음의 요소를 암송하고 회복한다.

5   빨리어 경전은 SN.46.14 at SN.V.79.17(translated bodhi 2000: 1580).

6   자세한 내용은 다음을 참조할 수 있다. Skilling 1993.

5.2 경 전

데르게판⁷

이와 같이 나는 들었다. 어느 때 부처님께서 왕사성 가란다죽원에 계셨다. 그때 삐팔리 동굴에 머물고 있던 마하깟사빠 존자는 중병으로 괴로워하고 있었다.

[명상에] 앉아 계시던 세존은 이를 알고⁸ 저녁에 마하깟사빠 존자가 있는 곳으로 나아가셨다. 세존은 존자에게로 다가가⁹ 준비된 자리에 앉으셨다. 앉으시고는 마하깟사빠 존자에게 말씀하셨다.

"깟사빠여, 음식에 대한 욕구는 어떠한가?¹⁰ 괴로운가, 편안한가? [병을] 완화시키는 방법들이 완화시키는가, 그렇지 않는가?"¹¹

마하깟사빠 존자가 말하였다. "세존이시여, 음식에 대한 욕구가 없습니다. 심한 병으로 괴롭습니다. 완화시키는 방법들이 완화시키지 못합니다. 부디 완화시키는 방법을 설해주십시오."¹²

---

7 여기서 번역한 부분은 D 40 *ka* 281b2-282a6, 또는 Q 756 *tsi* 298b1-299a8이다. 이 부분은 "마하깟사빠의 대화"라는 제목으로 이전에 번역하였다. 이 부분에 대한 프랑스어 번역이 이미 존재한다. Feer 1883: 150-2.

8 대응하는 경전인 SN.46.14 at SN.V.79.22에서는 단지 붓다가 홀로, 아마도 명상하면서 계셨다고만 한다. SN.46.14는 붓다가 이를 알았다고는 언급하지 않는다. 마하깟사빠의 병의 상태를 의미하는 것으로 생각된다.

9 Q 756 *tsi* 298b3은 붓다가 존자에게로 다가간다는 언급을 하지 않고 있다.

10 SN.46.14 at SN.V.79.26에서는 음식에 대한 욕구를 언급하지는 않는다. 따라서 마하깟사빠의 언급에도 이러한 언급은 없다.

11 SN.46.14는 고통을 경감시키는 방법에 대한 언급에 상응하는 부분이 없다. 결과적으로 마하깟사빠의 대답에서도 상응하는 부분을 찾을 수 없다.

12 SN.46.14에서 마하깟사빠는 어떤 요구를 말하지 않고, 매우 심한 고통이 있다는

[세존께서 말씀하셨다.] "나는 일곱 가지 깨달음의 요소를 설명하였다. 이를 수행하면 직접적으로 알고 깨닫고 열반으로 나아가는 데 많은 도움이 된다. 무엇이 일곱인가?

깟사빠여, 알아차림이라는 깨달음의 요소를 설하였다. 이를 수행하면 직접적으로 알고 깨닫고 열반으로 나아가는 데 많은 도움이 된다.

깟사빠여, 법에 대한 탐구라는 깨달음의 요소를 설하였다. 이를 수행하면 직접적으로 알고 깨닫고 열반으로 나아가는 데 많은 도움이 된다.

깟사빠여, 에너지라는 깨달음의 요소를 설하였다. 이를 수행하면 직접적으로 알고 깨닫고 열반으로 나아가는 데 많은 도움이 된다.

깟사빠여, 기쁨이라는 깨달음의 요소를 설하였다. 이를 수행하면 직접적으로 알고 깨닫고 열반으로 나아가는 데 많은 도움이 된다.

깟사빠여, 평온이라는 깨달음의 요소를 설하였다. 이를 수행하면 직접적으로 알고 깨닫고 열반으로 나아가는 데 많은 도움이 된다.

깟사빠여, 집중이라는 깨달음의 요소를 설하였다. 이를 수행하면 직접적으로 알고 깨닫고 열반으로 나아가는 데 많은 도움이 된다.

깟사빠여, 평정이라는 깨달음의 요소를 설하였다. 이를 수행하면 직접적으로 알고 깨닫고 열반으로 나아가는 데 많은 도움이 된다.

깟사빠여, 일곱 가지 깨달음의 요소를 설하였다. 이를 수행하면 직접적으로 알고 깨닫고 열반으로 나아가는 데 많은 도움이 된다."

[마하깟사빠 존자가 대답하였다.] "세존이시여, 선서께서는 수행해야

것을 말하고 있다.

할 깨달음의 일곱 가지 요소를 [참으로] 설명하셨습니다.”[13]

이것은 세존께서 설하신 것이다. 마하깟사빠 존자는 세존께서 설하는 것을 듣고 기뻐하였다. 마하깟사빠 존자는 곧바로 병에서 회복되었다. 회복하고서 마하깟사빠 존자는 일어났다.[14]

5.3 논 의

깨달음의 요소가 갖는 잠재적인 치유력을 보여주는 다른 경전들처럼 위에서 번역한 티벳어 경전 역시 이런 일곱 가지 자질이 질병으로 인해서 힘든 마음에 상당히 도움이 된다는 것을 보여주고 있다. 위의 서론에서 언급한 『잡아함경』에서는 붓다 자신이 일곱 가지 깨달음의 요소를 암송하는 것을 듣고 스스로 치유가 되었다는 것을 보여주고 있다. 그 내용에 이어서 이름 없는 수행승의 경구가 나온다. 이 경구 가운데 하나를 보면 수행승이 암송하는 일곱 가지 깨달음의 요소를 붓다가 들었을 때, 붓다는 이전에 도달한 완전한 깨달음의 맛을 다시 체험하였다고 한다.[15]

그런 치유력을 갖는 깨달음의 요소의 암송을 단순히 듣는 것만으로도 일곱 가지 깨달음의 요소들이 갖는 잠재력을 충분하게 활용하는 환

---

13 SN.46.14 at SN.V.80.14에서 마하깟사빠는 깨달음의 요소에서 수행의 필요성을 언급하지는 않는다. 그러나 대신 이들이 참으로 깨달음의 요소라는 것을 반복한다.

14 SN.46.14는 마하깟사빠가 일어났다고는 이야기하지 않는다.

15 SĀ.727 at T.2.195c23; 산스크리트어 대응 경전은 다음을 보라. Waldschmidt 1967: 244. 위구르어 대응 경전은 다음을 보라. von Gabain 1954: 13.

자가 되는 것은 이상적인 모습이다. 이런 이상적인 모습을 우리는 붓다 자신과 두 명의 아라한, 즉 마하목갈라나와 마하깟사빠에게서 볼 수 있다. 그러나 이 경전은 아라한들에게만 해당되는 것이 아니다. 지금 여기에서 말하는 경전을 암송하는 것과 이전에 들은 경전 내용을 기억하는 것은 깨달음에 이르고자 하는 열망을 갖고 있는 사람들에게, 아니 더 정확하게 말하면 붓다의 깨달음과 해방의 길로 나아가는 붓다의 가르침을 열망하는 모든 사람들에게 기쁨의 원천이다. 사실 위에서 인용한 이 경전은 전통적으로 상좌부불교에서 빠릿따(보호주, 護呪, paritta)로 사용하는 여러 경전 가운데 하나이다. 이 경전들을 암송하면 보호와 치유의 힘을 갖는다고 믿어지고 있다.[16] 위에서 번역한 경전의 가르침을 암송하거나 회상하면 이것은 영감의 원천이 된다. 이것이 주는 효과는 명상 수행에 능숙한 사람들에게만 국한되는 것이 아니다.

붓다가 회복되는 것을 보여주는 『잡아함경』은 깨달음의 요소 가운데 하나인 에너지(정진, 精進)를 강조하고 있다. 이 에너지의 요소를 함양하여 붓다는 완전한 깨달음에 이르렀다.[17] 이런 내용은 『잡아함경』에 대응하는 빨리어 경전에서는 보이지 않지만, 깨달음을 지속적으로 추구해 왔던 붓다에 대한 전통적인 설명과 잘 부합한다. 일곱 가지 요소 가운데 하나인 에너지에 초점을 맞춘다는 사실이 함축하는 것은, 수행자의 개인적 성향과 특성에 따라 깨달음의 요소들 가운데 하나의 특정 요소가 깨달음으로 나아가는 과정에서 다른 요소들보다 더 중요한 의미를

---

16   다음을 보라. Suvimalee 2012.

17   SĀ.727 at T.2.195c14.

띨 수도 있다는 점이다. 이런 사실과 함께 위에서 번역한 티벳어 경전뿐만 아니라 세 개의 빨리어 경전에서는 성공적인 치유를 위하여 일곱 가지 깨달음의 요소 전부가 필요하다고 언급하고 있다. 말하자면 잠재적인 치유력이 에너지에만 국한되지 않는다는 점을 분명히 하고 있다는 것이다.

이런 일곱 가지 깨달음의 요소가 갖는 치유력을 잘 평가하고 발휘하기 위해서는 깨달음의 요소를 어떻게 함양해야 하는지 보다 더 잘 살펴보아야 한다. 초기경전에서는 일곱 가지 깨달음의 요소를 함양하는 두 가지 주요한 역동적 과정을 설명하고 있다.[18] 첫 번째는 일곱 가지 요소를 순차적으로 확립하는 과정이고, 두 번째는 일곱 가지 요소들 사이에 균형을 잡는 과정이다.

두 가지 중 첫 번째, 즉 순차적으로 확립하는 경우 그 기반이 되는 것은 알아차림이다. 알아차림이 잘 형성된 기반 위에서 두 번째 깨달음의 요소에 해당되는 법의 탐구로 들어간다. 그리고 탐구에서 산만함을 피하려면 에너지를 사용해서 노력해야 한다. 또한 법의 탐구는 다시 더 많은 에너지를 일으키는 지렛대 역할을 한다. 이런 방식으로 요소들이 결합하여 결국은 세 번째 깨달음의 요소인 에너지가 완전히 확립된다.

이렇게 형성된 에너지로 가득 찬 법의 탐구는 곧 그다음 깨달음의 요소인 전면적인 기쁨으로 이어진다. 이런 기쁨이 일어나기 위해서는 에너지와 탐구가 긴장과 불안으로 이어지지 않도록 잘 살피면서 수행해야 한다. 수행을 너무 무리하게 하면 이런 긴장과 불안이 종종 발생한

---

18   보다 자세한 것은 다음을 보라. Anālayo 2013b: 201-5, 215-17.

다. 오직 바로 지금 이 순간에 지속적이고 꾸준한 주의를 기울일 때 탐구와 정진은 최고조에 도달한다. 이렇게 지속적으로 주의를 기울임으로써 기쁨이 일어날 수 있고, 이런 기쁨은 다시 몸과 마음의 고요함을 야기하는 그런 기쁨이 된다. 몸과 마음의 고요함은 깨달음의 요소인 평온의 일부분이 될 수 있다.

신체적 평온과 정신적 평온에 머물게 된 사람은 그다음 깨달음의 요소인 집중이 일어난다. 이때 마음은 한 곳으로 모여 산만함에서 벗어난다. 이렇게 마음이 균형을 잘 이루면 깨달음의 일곱 번째 요소인 평정에 도달한다.

초기경전에서 언급하는 두 번째 주요한 방식은 깨달음의 요소들 간에 균형을 잡는 것이다. 말하자면 활발함을 주는 요소와 고요함을 주는 요소 간의 균형을 잡는 것이다. 탐구, 에너지, 기쁨은 활발함을 주는 요소인 반면, 평온, 집중, 평정은 고요함을 주는 요소이다. 알아차림을 제외한 나머지 여섯 요소는 균형을 필요로 하지만 알아차림은 어떤 상황에서도 유익한 요소이다.

실제 수행에 들어가서는 알아차림을 기반으로 하여 나머지 요소들을 순차적으로 확립한다. 명상 수행을 하는 도중 마음이 조금 느슨해지면 탐구, 에너지, 기쁨에 좀 더 비중을 늘려서 에너지를 불어넣는다. 만약 마음이 다소 불안하고 초조해지면 평온, 집중, 평정에 좀 더 힘을 불어넣는다. 이런 식으로 마음의 흔들림을 잘 헤쳐나가면 깨달음의 일곱 가지 요소들은 점차 마음에서 잘 확립되고 결국 깨달음이라는 정신적 상태에 도달하여 목적을 성취하게 된다.

일곱 가지 깨달음의 요소를 함양하는 두 가지 주요한 과정에서, 알아차림은 순차적인 확립과 균형이라는 측면에서 가장 근본적인 요소로 작동한다. 알아차림의 탁월한 역할은 이미 깨달음을 성취한 사람에게도 발휘될 뿐만 아니라 이런 깨달음을 진지하게 성취하고자 하는 누구에게도 잠재적인 가능성을 열어준다. 알아차림이 갖는 이런 잠재력은 신체적인 차원의 치료뿐만 아니라 신체적 통증에 대처하는 훌륭한 태도이다. 다음의 세 개 장에서 알아차림의 역할에 대한 설명을 계속할 것이다. 그리고 이 책의 후반부에서 죽음에 직면한 경우 알아차림이 갖는 역할에 대해서 다시 언급하고자 한다.

6

알아차림을 통한 통증 감소

6

알아차림을 통한 통증 감소

6.1 서 론

이 장에서 인용하는 경전의 주인공은 붓다의 또 다른 뛰어난 제자 아누룻다(anuruddha)이다. 초기경전에서 아누룻다는 높은 경지에 도달한 수행자로 나온다. 특히 붓다의 제자 중 천안(天眼)이라는 신통력을 발휘하는 데 걸출한 인물로 알려져 있다.[1] 높은 경지의 선정에 바탕을 둔 천안은 멀리 있는 것을 보는 능력을 말한다. 여기에는 불교 우주론에서 말하는 다른 존재계까지도 포함한다.

「날라까빠나경(Naḷakapāna sutta)」과 이에 대응하는 경전에는 갓 수계를 받은 아누룻다가 동료인 난디야(Nandiya), 낌빌라(Kimbila)와 함께 있는 장면이 나온다.[2] 이런 장면은 「우빳낄레사경(Upakkilesa sutta)」에도 나

---

1   AN.1.14 at AN.I.23.20(translated bodhi 2012: 109), EĀ.4.2 at T.2.557b9; 아누룻다의 전기에 관해서는 다음을 보라. Malalasekera 1938/1995: 85-90; Nyanaponika and Hecker 1997: 185-210.

2   MN.68 at MN.I.462.26(translated Ñaṇamoli 1995/2005: 566) 그리고 이에 대응하는

온다. 거기에서 그들은 선정을 깊게 하는 방법에 대해 붓다로부터 자세한 가르침을 받는다.[3] 이런 사실을 보면 아누룻다는 막 출가했을 때 동료 난디야, 낌빌라와 같이 머물렀다는 것을 알 수 있다.

「쭐라고싱가경(Cūlagosinga sutta)」과 이에 대응하는 경전에 이 세 사람이 함께 머무는 또 다른 장면이 나온다. 이 경전에서 아누룻다는 붓다 앞에서 자기 셋이 "지각과 느낌이 끊어진 상태(상수멸, 想受滅)"로 나아가는 깊은 선정을 획득하였다고 말하고 있다.[4] 이 상태는 모든 느낌이 완전히 사라진 상태에 머무르는 능력을 얻었다는 것을 의미한다.[5]

그러나 다음에서 번역한 경전에서 아누룻다는 더 이상 난디야와 낌빌라의 동료가 아니다. 더구나 그는 많은 수행승들의 방문을 받고 있으며 그렇게 방문을 받을만하다는 인상을 준다. 이 경전에서 언급하고 있는 사실은 아누룻다의 인생 후반에 일어났을 가능성이 높다. 그때 아누룻다는 이미 「쭐라고싱가경」과 이에 대응하는 경전에서 언급한 선정의 능력을 획득하였던 것이다.[6]

상수멸의 경지에 머물 수 있는 아누룻다의 능력은 다음에서 언급할

경전 MĀ.77 at T.I.544b24.

3 MN.128 at MN.III.157.20(translated Ñaṇamoli 1995/2005: 1012) 그리고 이에 대응하는 경전 MĀ.72 at T.I.536c11; D 4094 *ju* 275b7 또는 Q 5595 *thu* 19b8.

4 MN.31 at MN.I.209.22(translated Ñaṇamoli 1995/2005: 304) 그리고 이에 대응하는 경전 EĀ.24.8 at T.2.629b25. 다른 대응하는 경전 MĀ.185 at T.I.730b28은 대신 여섯 가지 비일상적인 앎을 제시한다.

5 상수멸의 성취와 관련해서는 다음을 보라. Griffiths 1986/1991.

6 아누룻다가 출가하여 곧 선정의 힘을 계발했다는 것은 Mp.I.191.22에도 나온다. 아누룻다는 천안을 계발했다. 천안은 사선정을 성취할 때 얻을 수 있는 능력이다. 그가 계를 받고 첫 번째 우기의 집중수행 기간 동안에 이미 이를 성취하였다.

경전이 보여주는 바를 생각하면 참으로 의미심장하다. 왜냐하면 아누룻다가 신체적으로 심한 통증에 시달리면서도 상수멸의 경지에 들어갈 수 있는 능력에 기대지 않았기 때문이다. 아누룻다는 상수멸의 경지에 들어가서 통증을 없애려고 하지 않았다. 그 대신 아누룻다는 알아차림으로 통증에 대처하고 있다.

이것은 통증에 대한 적절한 태도, 즉 알아차림으로 통증을 직면하는 것이 적절하다는 것을 보여주는 모범적인 사례이다. 알아차림으로 통증을 직면하는 것은 약간의 수행 경험을 갖고 있다면 누구나 가능하다. 앞에서 언급한 것과 같은 깊은 선정을 필요로 하지 않는다. 그러므로 이 경전에서 언급한 통증을 대하는 모범적인 사례는 일반적으로 누구에게나 적용 가능한 것이지, 반드시 높은 단계를 성취한 수행자에게만 해당되는 영역은 아니다.

알아차림으로 통증을 견디는 아누룻다에 대한 기록은『상윳따니까야』에서도 발견할 수 있다.[7] 이것에 대응하는『잡아함경』에는 두 개의 이어지는 이야기가 있다. 그중 하나는 아누룻다가 병에 걸렸을 때의 이야기이고 또 다른 하나는 병에서 회복되었을 때의 이야기이다.[8] 다음에서는 이 둘 가운데 첫 번째를 번역하였다.

다음에서 번역한 경전에서 아누룻다가 묘사하는 질병은 심각한 병에 대한 경전의 표준적인 언급이다.『잡아함경』에서는 11장에서 번역한 경전에 나오는 케마까(Khemaka)라는 수행자와 관련된 질병을 묘사하는

---

7   SN.52.10 at SN.V.302.11(translated Bodhi 2000: 1757).
8   SĀ.541 at T.2.140c13(translated Anālayo 2015c: 26f).

것에서 딱 한 번 나온다. 그 외 다른 경우에서는 단순히 축약하거나, 내용을 보충하기 위해 이 경우를 다시 언급하고 있다.

이런 표준적인 질병 묘사에서 볼 수 있는 생생한 비유는 질병의 상태를 언급한 것이지 환자의 입장에서 비통함을 언급하고 있는 것은 아니다. 여기에서 아누룻다의 경우를 이렇게 언급하고 있는 이유는 아누룻다가 질병의 통증에 굴복하지 않았다는 점 때문이다. 이것이 경전 전체 내용의 핵심이다.

6.2 경 전

『잡아함경』 540. 소환경(所患經) ① [9]

이와 같이 나는 들었다. 어느 때 부처님께서는 사위국 기수급고독원에 계셨다.[10] 그 무렵 아누룻다 존자는 사위국 송림정사에 있으면서 병을 앓고 있었다.

많은 수행승들이 아누룻다 존자의 처소로 찾아가 문병하고 위로한 뒤에 한쪽에 앉아 아누룻다 존자에게 말했다. "아누룻다 존자시여, 병환의 차도는 좀 어떠하며 참을 만하십니까? 병세가 점점 줄어들고 더하지는 않습니까?"[11]

---

9   SĀ.540 at T.2.140b26-140c12.
10   SN.52.10 at SN.V.302.11은 붓다가 어디에 계신지에 대해서는 언급하지 않고 있다. 아누룻다가 사와티의 맹인의 숲에 머물고 있다고 언급하고 있다.
11   SN.52.10 at SN.V.302.15에서는 방문하고 있는 수행승들이 직접적으로 그의 명상

아누룻다 존자가 말했다. "내 병은 예사롭지 않아 참고 견디기 어려우며, 몸의 고통은 갈수록 더하여 덜하질 않습니다.[12] 비유하면 힘센 사람이 연약한 사람을 붙잡아 끈으로 머리를 동여매고 두 손으로 세게 조른다면 매우 고통스러울 것입니다. 지금 나의 고통은 그보다 더합니다.

또 비유하면 예리한 칼로 살아 있는 소의 배를 가르고 내장을 끄집어낸다면 그 소의 고통이 어떻겠습니까? 그러나 지금 내 배의 고통은 그 소보다 더합니다.

또 비유하면 마치 두 힘센 사람이 연약한 한 사람을 붙들어 불 위에 매달아놓고 두 발을 태우는 것과 같습니다. 지금 내 두 발의 열은 그보다 더합니다.

비록 내 몸이 이미 이런 고통을 겪고 있지만, 단지 참으면서 바르게 알아차리고[正念], 분명하게 알고[正知] 있습니다."

여러 수행승들은 아누룻다 존자에게 물었다. "마음을 어디에 두기에 이와 같이 큰 괴로움을 참을 수 있고 바르게 알아차리고 분명하게 알 수 있습니까?"

아누룻다 존자가 여러 수행승들에게 말했다. "사념처(四念處)에 머무르므로 내 몸에 일어나는 모든 고통을 스스로 참을 수 있고 편안해할

에 대해서 묻는다. 명상은 마음이 고통에 의해서 괴롭지 않은 채 머물도록 하기 때문이다. 현재 상태 이전에는 어떠했는지 묻지 않는다. 따라서 이 버전에서는 그가 아픈 상태에 대해서는 기술하지 않는다.

12 SĀ.540은 다음의 구절을 생략하고 있다. 이것은 케마까(Khemaka)와의 대화에 의해서 보충되어야 한다는 것을 보여준다. 이것이 SĀ.103, 11장이다. 보충해야 할 부분은 T.II29c15에서 찾을 수 있다. 케마까의 대화는 다음을 참조할 수 있다. Anālayo 2010b: 6 note 10.

수 있으며, 바르게 알아차리고 분명하게 알 수 있습니다.[13] 어떤 것을 사념처(四念處)라 하겠습니까?

말하자면 몸 안[內身]에서 몸을 관찰하는 알아차림의 확립에 머물면서 열심히 노력하며 바르게 알아차리고 분명하게 알아서 세상의 탐욕과 근심을 극복하였습니다.[14] 또 몸 바깥[外身]에서 몸을 관찰하는 알아차림의 확립에 머물면서 열심히 노력하며 바르게 알아차리고 분명하게 알아서 세상의 탐욕과 근심을 극복하였습니다. 또 몸 안팎[內外身]에서 몸을 관찰하는 알아차림의 확립에 머물면서 열심히 노력하며 바르게 알아차리고 분명하게 알아서 세상의 탐욕과 근심을 극복하였습니다.

안의 느낌[內受]에서 느낌을 관찰하는 알아차림의 확립에 머물면서 열심히 노력하며 바르게 알아차리고 분명하게 알아서 세상의 탐욕과 근심을 극복하였습니다. 또 바깥의 느낌[外受]에서 느낌을 관찰하는 알아차림의 확립에 머물면서 열심히 노력하며 바르게 알아차리고 분명하게 알아서 세상의 탐욕과 근심을 극복하였습니다. 또 안팎의 느낌[內外受]에서 느낌을 관찰하는 알아차림의 확립에 머물면서 열심히 노력하며 바르게 알아차리고 분명하게 알아서 세상의 탐욕과 근심을 극복하였습니다.

마음 안[內心]에서 마음을 관찰하는 알아차림의 확립에 머물면서 열심히 노력하며 바르게 알아차리고 분명하게 알아서 세상의 탐욕과 근심

---

13 SN.52.10 at SN.V.302.18은 아누룻다 존자가 사념처에 머무는 방식은 그것에 대해서 '마음을 잘 확립하고' 머문다고 구체적으로 말한다. 이것은 육체적인 고통이 마음을 휩쓸지 못하도록 한다.

14 SN.47.30 at SN.V.178.7은 안과 밖으로 알아차림을 확립하는 수행을 구분하지 않고 있다.

을 극복하였습니다. 또 마음의 바깥[外心]에서 마음을 관찰하는 알아차림의 확립에 머물면서 열심히 노력하며 바르게 알아차리고 분명하게 알아서 세상의 탐욕과 근심을 극복하였습니다. 또 마음 안팎[內外心]에서 마음을 관찰하는 알아차림의 확립에 머물면서 열심히 노력하며 바르게 알아차리고 분명하게 알아서 세상의 탐욕과 근심을 극복하였습니다.

안의 법[內法]에서 법을 관찰하는 알아차림의 확립에 머물면서 열심히 노력하며 바르게 알아차리고 분명하게 알아서 세상의 탐욕과 근심을 극복하였습니다. 또 바깥의 법[外法]에서 법을 관찰하는 알아차림의 확립에 머물면서 열심히 노력하며 바르게 알아차리고 분명하게 알아서 세상의 탐욕과 근심을 극복하였습니다. 또 안팎의 법[內外法]에서 법을 관찰하는 알아차림의 확립에 머물면서 열심히 노력하며 바르게 알아차리고 분명하게 알아서 세상의 탐욕과 근심을 극복하였습니다.

이것을 사념처에 머물면서 몸의 모든 고통을 스스로 참을 수 있고 바르게 알아차리고 분명하게 아는 것이라고 합니다."

이때 서로 논의를 마치고 함께 기뻐하면서, 제각기 자리에서 일어나 떠나갔다.

6.3 논 의

대응하는 빨리어 경전은 위에서 번역한 한역 경전과 마찬가지로 네 가지 알아차림에 대한 아누룻다의 수행에 초점을 맞추고 있다. 즉 알아차림의 확립(사띠빳타나, satipaṭṭhāna)에 대한 것이다.

- 몸에 대한 알아차림(신념처, 身念處, contemplation of the body)

- 느낌에 대한 알아차림(수념처, 受念處, contemplation of the feelings)

- 마음에 대한 알아차림(심념처, 心念處, contemplation of the mind)

- 법에 대한 알아차림(법념처, 法念處, conetemplation of the dharmas)

여기서 말하는 법은 여러 가지 의미를 내포한다. 그중에서 두 가지 중요한 의미를 보면 첫 번째는 붓다의 가르침인 법(Dharma)을 말하고, 두 번째는 일반적인 현상들(dharmas)을 말한다. 두 가지 의미 모두 법에 대한 알아차림의 확립과 연관성을 지니고 있으므로 나는 산스크리트 용어 그대로 사용하는 것을 선호한다.

네 번째 알아차림 확립의 맥락에서 법이 갖는 의미를 더 잘 이해하고 평가하기 위해 「사띠빳타나경(satipaṭṭhāna-sutta)」과 이에 대응하는 한역 아함경을 함께 살펴보는 것이 도움이 될 것이다. 이 네 번째 알아차림 확립의 핵심적인 취지는 이런 비교를 통해서 깨달음이 일어날 수 있는 마음의 조건을 함양하고자 하는 것임을 알 수 있다.[15] 네 번째 알아차림 확립은 이렇게 해서 앞 장에서 언급한 주제와 직접 연결된다. 사실 깨달음의 요소들은 「사띠빳타나경」과 이에 대응하는 경전에서 말하는 법에 대한 알아차림 가운데 하나이다.

「사띠빳타나경」과 이에 대응하는 한역 아함경의 비교 연구는 첫 번째 알아차림의 확립에도 같은 관점을 제공한다. 이런 관점에 의하면 몸

---

15   Anālayo 2013b: 176.

에 대한 알아차림은 몸의 진정한 성질, 특히 몸은 원천적으로 아름답지 않다는 것, 몸의 물질적 특성은 비어 있다는 것, 결국은 사라지고 해체되어 버릴 것이라는 이해와 연관성을 갖는다.[16]

이렇게 몸의 진정한 성질을 이해하는 것, 느낌과 마음의 성질을 인식하는 것 그리고 깨달음이 일어날 수 있는 마음의 상태를 갖추는 것이 네 가지 알아차림을 확립하는 데 바탕을 이루는 중요 주제라고 할 수 있다. 여기서 인용한 경전에 따르면 이런 네 가지 알아차림의 확립은 알아차림과 분명한 이해를 갖고 통증을 직면하는 틀을 제공한다. 네 가지 알아차림의 확립의 핵심 주제라는 관점에서 보면, 알아차림으로 질병에 대처한다는 것은 몸이 갖는 내재적인 한계, 즉 몸은 병들 수밖에 없다는 것을 잘 보여준다. 이와 동일하게 알아차림으로 질병을 직면하면 느낌이 갖는 변화무쌍함과 궁극적인 불만족을 명백하게 알 수 있다. 그리고 심지어 우리가 겪는 모든 경험 가운데 가장 원치 않는 것, 즉 강한 신체적 통증에 직면할 때 자신의 마음이 어떤 내용을 갖고 반응하는지를 명확하게 알 수 있다. 그러므로 아주 극심한 질병도 깨달음과 연관된 자질과 통찰을 갖출 기회가 될 수 있다. 이러한 모든 것은 알아차림 위에 세워지고 또한 알아차림으로 수렴된다.

앞에서 언급한 바와 같이 아누룻다의 경우에 알아차림의 핵심적인 역할이 특히 현저하게 드러난다. 그가 보여준 모범적인 사례는, 알아차림에 머무는 것이 모든 느낌을 완전히 차단하는 상수멸의 경지에 들어

---

16   Anālayo 2013b: 53f.

가는 것보다 더 좋은 선택이라는 것을 함축하고 있다. 위에서 언급한 경전에서 우리가 분명히 알 수 있는 것은 아누룻다의 고통스러운 느낌은 참기 어려운 정도일 뿐만 아니라 점점 더 심해져서 자연스럽게 모든 통증을 끊어버리고 싶어진다는 것이다. 그러나 아누룻다는 상수멸의 경지에 들어가는 것을 선택하지 않는다.

위의 경전이 갖는 이런 의미는 다른 수행승들이 던지는 질문으로도 알 수 있다. 두 경전 모두에서 수행승들이 강렬한 통증을 다루기 위해 어떤 마음 상태를 유지하는 것이 좋은지를 알고자 하는 것은 당연한 일이다. 『상윳따니까야』에서 수행승들은 아누룻다를 만났을 때 바로 이 질문을 던진다.[17] 심각한 질병에 시달리면서도 이런 상황에 잘 대처할 수 있는 사람을 만났을 때 이런 질문을 던지는 것은 자연스러운 일이다. 아누룻다 자신도 8장의 경전에서 인용하는 바와 같이 재가 신도를 방문하였을 때 같은 질문을 던진다. 아누룻다가 여러 제자들 중 수행 제일이라는 점을 감안하면, 다른 수행승들은 이런 고통스러운 상황에서 어떤 마음의 경지로 심각한 질병에 대처하고 있는지 알고자 하는 것을 이 경전에서 볼 수 있다. 아누룻다는 알아차림을 확립하는 수행을 선택한다. 이것은 통증이 있을 때 알아차림의 힘이 어떻게 발휘되는지를 잘 보여주는 사례이다. 알아차림의 힘은 통증이 있는 바로 그 순간을 완전히 알아차리는 데에 있다. 다음의 두 장에서 통증과 관련하여 알아차림의 역할을 계속해서 탐색할 예정이다.

---

17   위의 각주 11번을 보라.

알아차림의 힘은 바로 그 순간에 즉각적으로 반응하는 것이 아니라 바로 그 순간에 일어나는 것을 순수한 주의로 바라보는 데에 있다. 이것이 알아차림의 핵심이다. 냐나뽀니까(Nyanaponika) 스님은 알아차림이 갖는 힘에 대해 다음과 같이 설명하고 있다.[18]

> 우리 몸의 반사신경이 자동적으로 몸을 보호하듯이 마찬가지로 마음은 영적 및 도덕적 자기 보호를 필요로 한다. 순수하게 주의를 기울이는 것은 이런 필수적인 기능을 수행한다. …
> 일상적인 지각 상황에서는 바람직하지 못한 결과가 초래된다. 즉 성급하게 외부 자극을 받아들여서 조급하거나 습관적인 반응으로 달려 들어간다. 그러나 순수한 주의를 발휘하여 잠깐 중지하고 알아차림의 억제력을 발휘하면 물질적 및 정신적 과정들은 … 자기중심의 소용돌이에 즉각적으로 말려 들어가지 않고 오히려 알아차림이라는 예리하게 눈 뜬 상태 앞에서 그 과정들이 스스로 드러나게 된다. …
> 순수한 주의를 위해 잠시 멈추는 습관을 계발함으로서 불필요한 반응들을 포기하는 과정들이 … 점차로 더 쉬워지게 된다. …
> 스스로를 불필요하게 혼잡스럽게 만들지 않음으로써 외적 마찰은 줄어들고 마찰이 주는 내적 긴장은 점차 느슨해진다.

---

18   이 인용문은 다음에서 인용하고 있다. Nyanaponika 1968/1986: 35, 34, 30, 31.

7

알아차림으로 통증을 견디기

알아차림으로 통증을 견디기

7.1 서 론

여기서 번역한 경전은 붓다가 발에 상처를 입어서 심한 통증에 시달리고 있는 장면을 서술하고 있다. 이 장면에서는 붓다뿐만 아니라 천신들(데바, 天神, devas)도 모습을 드러내고 있다. 천신들은 붓다가 통증을 대하는 모범적인 방식에 대해 언급하고 있다.

초기경전에서 이런 천신들은 자주 등장한다. 이들 경전은 붓다와 뛰어난 제자들 그리고 여러 천신들이 대화를 나누는 것을 종종 보여준다. 이런 천신들은 해당 경전에 나오는 등장인물의 내면적 성찰 또는 내면적인 불확실을 단순히 의인화 한 것이라고 축소해서 말하는 현대적인 해석에 나는 찬성할 수 없다.[1] 우리는 초기경전 당시의 세계관을 올바르게 이해할 필요가 있다. 그러기 위해서는 경전이 허락하는 한 붓다와 제자들이

---

1   더 자세한 내용은 다음을 참조할 수 있다. Anālayo 2014b: 116-19.

그런 천신들의 존재를 실제로 믿었다는 것을 인정하지 않을 수 없다.[2]

그러나 그것이 경전이 우리에게 주는 유익함을 얻기 위해서 천신 자체의 존재를 꼭 믿어야 한다는 것을 의미하지는 않는다. 단지 경전이 주는 메시지를 적절하게 이해하기 위해서는 경전에 나오는 천신이 하는 말과 경전의 인간 주인공이 하는 말을 동등하게 여기는 것이 최선이라는 것을 의미한다.

지금 붓다가 통증을 참는 것에 대해서 천신이 한 말은 5장에서 간략하게 보여준『잡아함경』에서 이름 없는 수행승이 붓다에게 해준 암송과 동등한 비중으로 읽는 것이 이상적인 독해방법이다. 우리는 5장에서 그 이름 없는 수행승이 병에 걸린 붓다에게 깨달음의 요소를 암송해주는 것과 그 암송이 주는 효과를 언급하였다. 이런 암송은 붓다에게 깨달음의 맛을 다시 상기시켜주었다고 설명하고 있다. 지금 인용하고 있는 경전과 마찬가지로 붓다가 통증을 다루는 방식에 대한 정보를 다른 목격자들도 제공한다. 그런데 이 경전에서는 그 목격자가 사람 대신 우연히 천신이다.

다음에서 번역한 경전은『잡아함경』모음에서 온 것이다. 이 내용은 부분적으로 한역으로만 보존되어 있다. 대응 경전은『상윳따니까야』와 또 다른『잡아함경』모음에 현존한다. 이 다른『잡아함경』모음은 거의 완벽하게 한역으로 보존되어 있고[3] 이 책에서 번역한 대부분의 출처이다.

2　더 자세한 내용을 다음을 참조할 수 있다. Anālayo 2015a.

3　SN.1.38 at SN.I.27.12(translated Bodhi 2000: 116). 그리고 그 대응 경전은 다음이다. SĀ.1289 at T.2.355a19.

7.2 경 전

『별역잡아함경』 287경[4]

이와 같이 나는 들었다. 어느 때 부처님께서는 왕사성의 비바산 옆 칠엽굴 안에 계셨다.[5] 그때 부처님께서는 구타라 가시에[6] 다리를 찔려 매우 고통스러우셨으나, 조용히 그 고통을 받아들이셨다. 또한 고통이 반복되어도 무엇을 구하지 않으셨다.[7]

이때 용모가 단정한 여덟 천신이 부처님께서 계신 곳을 방문하였다.[8] 그 가운데 한 천신이 말하였다. "사문 고타마께서는 용감한 사람 가운데 사자와 같습니다.[9] 비록 고통을 받으시나 알아차림의 깨달음의 [요소]를 버리지 않으시고 마음이 달리 괴롭거나 변하지 않습니다.[10]

만약 어떤 사람이 큰 사자와 같은 고타마를 비방한다면, 그 사람이야

---

4   SĀ².287 at T.2.473c27-474a18; 이 경전에 대한 번역은 다음을 참조할 수 있다. Anālayo 2015c: 26.

5   SN.1.38 at SN.I.27.12에서는 장소를 왕사성의 막다쿠치 사슴공원이라고 한다.

6   SN.1.38 at SN.I.27.14에 따르면, 붓다의 발은 돌조각에 찔렸고, 주석서는 데와닷따가 붓다를 죽이려는 시도 때문이라고 설명한다. Spk.I.78.1을 보라. 이 일화를 비교하는 연구로는 다음을 볼 수 있다. Frauwallner 1956: 119, Mukherjee 1966: 67-70, Bareau 1991: 119, Ray 1994: 167f. 예술에서 묘사하는 것은 Deeg 1999: 203 note 12를 보라. SĀ².287은 데와닷따를 명시적으로 가리키지는 않지만, 붓다를 비방할 만큼 어리석은 자들을 반복해서 표현하고 있다.

7   SN.1.38에서 붓다는 누워 있다.

8   SN.1.38 at SN.I.27.22에서는 700명의 천신이 도착했고, 그들은 밤에 방문하였고, 붓다에게 예경을 표했다고 한다.

9   SN.I.38에서의 비교는 순서가 다르다. 예를 들어 사자의 모습이 두 번째이다.

10   SN.1.38 at SN.I.28.2에서는 붓다가 고통을 참고, 이것은 강인해보였고, 알아차리고 분명하게 알고 스트레스를 받지 않았다고 기술하고 있다.

말로 매우 어리석다는 것을 알아야 할 것입니다."[11]

두 번째 천신도 또한 말하였다. "사문 고타마께서는 용감한 코끼리와 같습니다. 비록 고통을 받으시나 알아차림의 깨달음의 [요소]를 버리지 않으시고 마음이 달리 괴롭거나 변하지 않습니다.

만약 어떤 사람이 [용감한] 코끼리의 모습을 갖춘 고타마를 비방한다면, 그 사람이야말로 매우 어리석다는 것을 알아야 할 것입니다."

세 번째 천신도 또한 말하였다. "사문 고타마께서는 타기 좋은 소와 같습니다. 비록 고통을 받으시나 알아차림의 깨달음의 요소를 버리지 않으시고 마음이 달리 괴롭거나 변하지 않습니다.

만약 어떤 사람이 타기 좋은 소와 같은 고타마를 비방한다면, 그 사람이야말로 매우 어리석다는 것을 알아야 할 것입니다."

네 번째 천신도 또한 말하였다. "사문 고타마께서는 타기 좋은 말과 같습니다. 비록 고통을 받으시나 알아차림의 깨달음의 요소를 버리지 않으시고 마음이 달리 괴롭거나 변하지 않습니다.

만약 어떤 사람이 타기 좋은 말과 같은 고타마를 비방한다면, 그 사람이야말로 매우 어리석다는 것을 알아야 할 것입니다."

다섯 번째 천신도 또한 말하였다. "사문 고타마께서는 소 가운데 왕과 같습니다. 비록 고통을 받으시나 알아차림의 깨달음의 요소를 버리지 않으시고 마음이 달리 괴롭지 않습니다.

만약 어떤 사람이 소 가운데 왕과 같은 고타마를 비방한다면, 그 사

---

11 붓다에 반대하려는 사람에 대해서 SN.1.38 at SN.I.29.2에서 여덟 천신이 어느 정도 언급하고 있다. SĀ.1289 at T.2.355b11에서는 네 천신이 언급하고 있다.

람이야말로 매우 어리석다는 것을 알아야 할 것입니다."

여섯 번째 천신도 또한 말하였다. "사문 고타마께서는 가장 용감합니다. 비록 고통을 받으시나 알아차림의 깨달음의 요소를 버리지 않으시고 마음이 달리 괴롭거나 변하지 않습니다.

만약 어떤 사람이 가장 용감한 고타마를 비방한다면, 그 사람이야말로 매우 어리석다는 것을 알아야 할 것입니다."

일곱 번째 천신도 또한 말하였다. "사문 고타마께서는 사람 가운데서도 연꽃과 같습니다.[12] 비록 고통을 받으시나 알아차림의 깨달음의 요소를 버리지 않으시고 마음이 달리 괴롭거나 변하지 않습니다.

만약 어떤 사람이 사람 가운데서도 연꽃과 같은 고타마를 비방한다면, 그 사람이야말로 매우 어리석다는 것을 알아야 할 것입니다."

여덟 번째 천신도 또한 말하였다. "사문 고타마께서는 흰 연꽃(puṇḍarīka)과 같습니다. 그 고요한 모습을 보건대 선정에 아주 잘 들었습니다. 전혀 뽐내지 아니하시고 또한 비열하지 않습니다. 고요하기 때문에 해탈하였고, 해탈하였기 때문에 고요합니다." 그리고 여덟 번째 천신이 곧 게송으로 말하였다.

"설령 백 년을 채워
다섯 가지 베다를 통달하더라도
청정한 마음이 없네.

---

12   연꽃은 SN.1.38의 천신의 비유에서는 등장하지 않는다.

계에 집착하여 얽매이며

애욕의 바다에 빠져

능히 저 언덕에 도달하지 못하네."[13]

이때 여덟 천신은 이 게송을 설하고 부처님의 발에 예경하고 그들이 있는 곳으로 돌아갔다.

7.3 논 의

위 경전에 나오는 여덟 천신들은 통증을 참아내는 붓다의 능력에 감동을 받아서 붓다를 여러 대상에 비유하면서 이야기하고 있다. 거기에는 고대 인도 사상에서 선한 자질들을 모범적으로 체현하고 있는 동물들, 애착과 욕망에서 벗어난 상태를 상징하는 연꽃이 있다. 마지막 천신은 붓다의 자세를 브라흐만 중에서도 최고의 성취자와 기꺼이 비교하고 있다. 최고의 성취자가 이룬 이런 상태는 힌두교의 성스러운 책인 베다에 잘 표현되어 있다.

이런 비교와 더불어 천신들이 제기하는 또 다른 주제는 붓다처럼 모든 것을 다 이룬 사람을 비방하는 어리석음에 관한 것이다. 이것은 천신들이 붓다를 다른 대상과 비교하는 것에 이미 어느 정도 드러나고 있다. 천신들이 보기에 강한 통증을 피하지 않고 직면하는 붓다의 자세는 모

---

13   SN.1.38 at SN.1.29.10에서는 여덟 번째 천신이 다른 두 게송을 더 설하고 있다.

든 것을 이룬 최고의 성취자에게서 볼 수 있는 것이므로, 이런 붓다를 나쁘게 말하는 것은 정말로 어리석은 일이라고 하지 않을 수 없다.

천신들이 붓다에게 바치는 찬사는 붓다가 수행하는 알아차림을 더욱 돋보이게 한다. 두 경전 모두 붓다가 발을 다쳤을 때 심한 통증을 알아차림으로 견뎌냈다는 것을 볼 수 있다. 경전은 이것을 깨달음의 한 요소인 알아차림이라고 명시적으로 언급하지는 않지만, 이것이 바로 알아차림과 분명한 앎(clear comprehension)을 말하고 있는 것이다.[14] 세 경전에서 약간의 차이는 있지만 공통된 것은 통증을 견디는 데 알아차림이 갖는 잠재적 가능성에 초점을 맞추고 있다는 점이다. 이를 통해서 우리가 분명히 알 수 있고 또한 의미 부여를 해야 하는 것은 알아차림으로 통증을 대하고 있는 붓다의 모범적인 태도를 모든 천신들이 찬양하고 있다는 점이다.

지금의 경전에서 언급하고 있는 것, 즉 통증에 대한 붓다의 태도는 5장에서 간단히 서술한 바와 같이 깨달음의 요소를 암송하는 것을 듣고서 붓다가 질병에서 회복되는 상황을 보충하고 있다. 이것은 또한 6장에서 논의한 바와 같이 아누룻다가 통증에 직면하여 상수멸에 머무르기보다는 알아차림을 명백하게 선택한 상황 또한 보충한다. 아누룻다나 붓다가 명상의 최고 경지에 도달한 사람들이라는 것을 감안하면, 그들이 선정에 바로 들어가지 못했을 것이라고는 상상할 수 없다. 경전에 의하면 사실 붓다는 죽음 직전에도 어려움 없이 상수멸의 경지에 들어갔다

---

14   SN.1.38 at SN.I.28.8 그리고 SĀ.1289 at T.2.355a21.

는 것을 알 수 있다.[15]

게다가 위에서 번역한 경전에서 여덟 번째 천신은 붓다가 통증에도 불구하고 '선정에 아주 잘' 들었다고 명시적으로 지적하고 있다. 이와 유사하게 『상윳따니까야』에서 여덟 번째 천신은 붓다가 선정에 잘 들었다고 언급하고 또 다른 『잡아함경』에서 다섯 번째 천신은 붓다가 선정에 들었다고 강조한다.[16] 그러므로 이들 대응되는 경전에서 붓다의 선정에 대하여 언급하는 것은 공통적이다.

붓다와 아누룻다가 통증에서 벗어나기 위해 상수멸에 들어가기 보다는 알아차림을 선택하였다는 것은 그렇게 높은 경지의 성취를 이룬 분들도 강한 통증에는 알아차림으로 대처하는 것이 가장 적절했다는 것을 암시하고 있다.

통증을 알아차림으로 대처하는 것은 상수멸의 경지처럼 고도의 수행 경지에 도달하지 못하였을지라도 통증 극복을 위해 애쓰는 누구에게나 열려 있는 강력한 방법을 선택한 것이다. 『상윳따니까야』와 이에 대응하는 『잡아함경』은 새로 계를 받은 수행승도 붓다의 명백한 가르침, 즉 네 가지 알아차림의 확립에 즉시 익숙해져야만 한다고 기록하고 있다.[17] 이런 사실에서 우리가 분명히 알 수 있는 것은 알아차림을 확립하는 수행은 높은 성취를 이룩한 분들만 할 수 있는 영역이 아니라 지속적인 수행

---

15 23장 3절을 보라.
16 SN.1.38 at SN.I.28.31 그리고 SĀ.1289 at T.2.355b15.
17 SN.47.4 at SN.V.144.15(translated Bodhi 2000: 1630) 그리고 대응 경전 SĀ.621 at T.2.173c16.

의 길에 이제 갓 접어든 사람들에게도 추천할 만한 것이라는 사실이다.

신체적 고통과 정신적 고통에 직면하였지만 명상 수행에서 상대적으로 높은 경지에 도달하지 못한 사람들에도 도움을 줄 수 있는 알아차림의 잠재력은 최근 그 힘을 발휘하고 있다. 특히 카밧진(Kabat-Zinn)이 개발한 알아차림에 기반한 스트레스 감소법(Mindfulness-Based Stress Reduction)에서 이런 점이 잘 드러나고 있다. 카밧진은 스트레스를 줄이고 통증완화에 도움이 되는 알아차림의 주요 원리에 대해 다음과 같이 말하고 있다.[18]

> 통증은 살아가면서 겪는 자연스러운 경험이다. 괴로움은 통증에 뒤이어 이차적으로 나타날 수 있는 여러 반응 가운데 하나이다. … 우리가 겪는 괴로움의 정도를 결정하는 것은 통증 그자체가 아니라 통증을 어떻게 보고 통증에 어떻게 반응하는지에 달려 있다. 그리고 우리가 진정으로 두려워하는 것은 통증이 아니라 바로 괴로움이다. …
> 급성 통증에 대한 여러 고전적인 실험 결과를 보면, 통증 감각에 시달려서 자신을 힘들게 하는 것보다는 그 통증 감각을 내면화하여 안으로 갖고 들어오는 것이 통증의 크기를 줄이는 데 효과적이라고 할 수 있다. … 통증 경험이 갖는 감각적, 정서적, 인지적, 개념적 차원들을 따로 분리할 수 있다. 이것이 의미하는 바는 통증 경험을 개별적인 요소로 나누어서 알아차릴 수 있다는 것이다. … 이렇게 개별적인 요소로 나누어 알아차리고 그것을 유지하면 통증으로부터 자유로워지는 새로운 경험을 하게 된다. 이런 경험은 통증으로 인한 괴로움을 놀라울 정도로 줄여준다.

---

18   Kabat-Zinn 1990/2013: 364, 374.

8
알아차림으로 질병에 대처하기

알아차림으로 질병에 대처하기

8.1 서 론

이 장에서도 알아차림으로 통증에 대처하는 주제를 계속 다룰 것이다. 6장에서 아누룻다는 네 가지 알아차림의 확립으로 자신의 통증에 대처하였던 반면, 이 장에서는 아누룻다가 마나딘나(Mānadiṇṇa)라는 병든 재가 제자를 방문한 경우를 다루고 있다. 아누룻다는 질병에 대처하기 위해서 이 네 가지 알아차림의 확립을 동일하게 활용하고 있다.

이 경전은 재가 제자의 알아차림을 확립하는 수행을 기록한 경전 가운데 하나이다. 현대의 저작에서 종종 볼 수 있는 잠정적인 가정과는 달리, 고대 인도에서 수행승만이 알아차림을 확립하는 수행을 하였다고 추정하는 것은 옳지 않다.[1] 그런 가정은 우리가 참조할 수 있는 문헌적

1 예를 들어 Wilson 2014; 21은 「사띠빳타나경」에 대해서 다음과 같이 이야기한다. "알아차림에 대해서 전통적으로 제시하는 것은 수행승에게 제시한 것이지 일반 재가자에게 제시한 것이 아니다." Anālayo 2003: 275는 이 경전은 재가자가 사념처 수행을 한다고 분명하게 이야기하고 있다고 제시한다. 게다가 초기경전에서

증거들을 무시하는 것이다. 사실『잡아함경』에서 번역한 다음의 내용과
이에 대응하는『상윳따니까야』에서 볼 수 있는 바와 같이, 알아차림을 확
립하는 수행에 아주 능통한 재가 제자의 모습이 여기에 잘 드러나 있다.[2]

8.2 경전 번역

『잡아함경』 1038. 마나제나경(摩那提那經)[3]

이와 같이 나는 들었다. 어느 때 부처님께서 첨파국 갈가라고 하는
못가에 계셨다. 그 당시 마나딘나 장자가 병을 앓다가 병이 막 나았다.[4]

그러자 마나딘나 장자가 어떤 사람에게 말했다. "선남자여, 당신은
아누룻다 존자가 있는 곳으로 가서 나를 위해 아누룻다 존자의 발에 예
경하고 '기거하시기는 가벼우시고 편안히 머무십니까?' 하고 안부를 여
쭈어주십시오.

'내일 네 명과 함께 초대하고자 하니 제 청을 받아주십시오.'라고 말
해주십시오. 만일 청을 받아주시거든 그대는 다시 나를 위해 '우리 같은
재가자는 왕가(王家)의 일이 많아 직접 나아가 맞이하지 못합니다. 바라
옵건대 존자께서는 저를 가엾게 여기시어 때가 되면 네 명과 함께 내일

사용되는 '수행승'이라는 용어는 비구에게만 제한된 가르침을 함의하지 않는다.
좀 더 자세한 것은 다음을 참조할 수 있다. Collett and Anālayo 2014.

2   SN.47.30 at SN.V.178.1(translated Bodhi 2000: 1655). 만나딘나는 이 경전에서만 나오
는 것 같다. 정보가 제한적이다. 다음을 보라. Malalasekera 1938/1998: 606.

3   SĀ.1038 at T.2.270c15-271a29.

4   SN.47.30 at SN.V.178.3에서는 이 대화에서도 여전히 아팠던 것으로 보인다.

110   붓다의 영적 돌봄

낮에 저의 초대를 받아주십시오'라고 말해주십시오."[5]

그 남자는 [마나딘나] 장자의 부탁을 받고 아누룻다 존자가 있는 곳으로 가서 존자의 발에 예경하고 존자에게 아뢰었다. "마나딘나 장자가 공손히 예경하고 안부를 여쭙기를 '병이나 괴로움이 덜해지고 기거하시기가 가벼우시며 편안히 머무십니까? 바라옵건대 존자께서는 저를 가엾게 여기시어 네 명과 함께 내일 낮에 저의 초대를 받아주십시오."

아누룻다 존자가 침묵으로 그 청을 허락하자, 그 남자는 다시 마나딘나 장자의 말을 대신해서 아누룻다 존자에게 아뢰었다. "우리 재가자는 왕가의 일이 많아 직접 나아가 맞이하지 못합니다. 바라옵건대 존자께서는 저를 가엾게 여기시어 내일 낮에 네 명과 함께 제 초대를 받아주십시오."

아누룻다 존자가 말했다. "그대는 그만 편안히 계십시오. 내가 때를 알아서 내일 네 명과 함께 그 집으로 가겠습니다."

그러자 그 남자는 아누룻다 존자의 말을 듣고 돌아와 장자에게 아뢰었다. "장자여, 저는 아누룻다 존자께서 계신 곳으로 가서 당신의 뜻을 자세히 전했습니다. 아누룻다 존자께서는 '그대는 그만 편안히 계십시오. 내가 때를 알아서 가겠습니다'라고 하셨습니다."

마나딘나 장자는 밤에 깨끗하고 맛있는 음식을 장만한 뒤, 이른 아침에 다시 그 남자에게 말했다. "그대는 저 아누룻다 존자께서 계신 곳으로 가서 때가 되었다고 말해주십시오."

---

5   SN.47.30에서는 이전의 경전을 언급하면서 도입부의 설명이 생략되어 있다. SN.47.29 at SN.V.176.16에서는 이 경전의 주인공인 장자가 아난다를 공양이 아니라 방문을 부탁하기 위해서 심부름꾼을 보낸다. 따라서 SN.47.30과 SĀ.1038의 도입부의 설명이 차이가 난다.

그 남자는 지시를 받자마자 아누룻다 존자가 있는 곳으로 찾아가서 그의 발에 예경하고 말했다. "공양이 모두 준비되었습니다. 바라옵건대 때가 되었음을 아십시오."

그러자 아누룻다 존자는 가사를 입고 발우를 가지고 네 명과 함께 [마나딘나] 장자의 집으로 갔다. 그때 마나딘나 장자는 [집 안의] 여인들에게 둘러싸여 안 문 왼쪽에 있다가 아누룻다 존자를 보고 온몸을 엎드려 발을 잡고 예경하고 안내하여 들어가 자리에 모신 뒤, 문안드리고 일어나 한쪽으로 물러앉았다.[6]

아누룻다 존자가 [마나딘나] 장자에게 문안하였다. "참을 만하고 편히 지내십니까?"

[마나딘나] 장자가 대답했다. "그렇습니다. 존자시여, 참을 만하고 편히 지냅니다. 지난번에 병을 앓을 때에는 위독하였습니다만 지금은 다 나았습니다."

아누룻다 존자가 [마나딘나] 장자에게 물었다. "그대는 어떤 곳에 [명상적으로] 마음을 두어 그 질병의 고통으로부터 회복하였습니까?"

[마나딘나] 장자가 대답하였다. "아누룻다 존자시여, 저는 사념처(四念處)를 확립하면서 오로지 알아차림을 함양하는 데 집중하며 머물렀기 때문에 그때는 몸의 온갖 고통이 쉬게 되었습니다. 그 네가지는 어떤 것입니까?

말하자면 몸 안[內身]에서 몸을 관찰하는 알아차림의 확립에 머물면

---

6   SN.47.29가 보충하는 SN.47.30은 어떻게 응대를 받았는지에 대해서 기술하지 않고 있다.

서 열심히 노력하며 바르게 알아차리고 분명하게 알아서 세상의 탐욕과 근심을 극복하였습니다.[7] 또 몸 바깥[外身]에서 몸을 관찰하는 알아차림의 확립에 머물면서 열심히 노력하며 바르게 알아차리고 분명하게 알아서 세상의 탐욕과 근심을 극복하였습니다. 또 몸 안팎[內外身]에서 몸을 관찰하는 알아차림의 확립에 머물면서 열심히 노력하며 바르게 알아차리고 분명하게 알아서 세상의 탐욕과 근심을 극복하였습니다.

안의 느낌[內受]에서 느낌을 관찰하는 알아차림의 확립에 머물면서 열심히 노력하며 바르게 알아차리고 분명하게 알아서 세상의 탐욕과 근심을 극복하였습니다. 또 바깥의 느낌[外受]에서 느낌을 관찰하는 알아차림의 확립에 머물면서 열심히 노력하며 바르게 알아차리고 분명하게 알아서 세상의 탐욕과 근심을 극복하였습니다. 또 안팎의 느낌[內外受]에서 느낌을 관찰하는 알아차림의 확립에 머물면서 열심히 노력하며 바르게 알아차리고 분명하게 알아서 세상의 탐욕과 근심을 극복하였습니다.

마음 안[內心]에서 마음을 관찰하는 알아차림의 확립에 머물면서 열심히 노력하며 바르게 알아차리고 분명하게 알아서 세상의 탐욕과 근심을 극복하였습니다. 또 마음 바깥[外心]에서 마음을 관찰하는 알아차림의 확립에 머물면서 열심히 노력하며 바르게 알아차리고 분명하게 알아서 세상의 탐욕과 근심을 극복하였습니다. 또 마음 안팎[內外心]에서 마음을 관찰하는 알아차림의 확립에 머물면서 열심히 노력하며 바르게 알아차리고 분명하게 알아서 세상의 탐욕과 근심을 극복하였습니다.

---

7   SN.47.30 at SN.V.178.7은 안과 밖으로 알아차림을 확립하는 수행을 구분하지 않고 있다.

안의 법[內法]에서 법을 관찰하는 알아차림의 확립에 머물면서 열심히 노력하며 바르게 알아차리고 분명하게 알아서 세상의 탐욕과 근심을 극복하였습니다. 또 바깥의 법[外法]에서 법을 관찰하는 알아차림의 확립에 머물면서 열심히 노력하며 바르게 알아차리고 분명하게 알아서 세상의 탐욕과 근심을 극복하였습니다. 또 안팎의 법[內外法]에서 법을 관찰하는 알아차림의 확립에 머물면서 열심히 노력하며 바르게 알아차리고 분명하게 알아서 세상의 탐욕과 근심을 극복하였습니다.

이와 같이 아누룻다 존자시여, 저는 사념처에 마음을 모아 머물렀기 때문에 그때 몸의 온갖 고통이 쉽게 되었습니다.”[8]

아누룻다 존자가 [마나딘나] 장자에게 말했다. “그대는 지금 스스로 아나함과를 예언하였습니다.”

마나딘나 장자는 갖가지 깨끗하고 맛있는 음식으로 손수 공양을 올려 마음껏 드시게 하였다.[9] 공양을 마치고 나서 씻으시고 난 다음, 마나딘나 장자는 다시 낮은 자리에 앉아서 최상의 설법을 들었다.[10] 아누룻다 존자는 갖가지로 설법을 하며 가르쳐 보이고 [마나딘나 장자를] 기쁘게

---

8 Yinshùn 1983c: 747 각주 7은 이 반복은 불필요하여 SĀ.1038에서는 제거했다고 한다. 여기서는 원 텍스트를 따르고 있다. 왜냐하면 그러한 반복은 그의 대답을 강조하는 것으로 이해할 수 있기 때문이다. 그럼에도 불구하고 인순법사가 텍스트적인 면에서 실수가 있었다고 가정하는 것은 아마 옳다고 생각한다. 나는 SN.47.30 at SN.V.178.11에서 발견되는 유형이 산실되었으리라 생각한다. 거기에서 마나딘나 장자는 아누룻다 존자에게 자신이 다섯 가지 낮은 족쇄를 극복했다는 것을 알려준다. 이 정보는 맥락상 필요하다. 왜냐하면 이것 없이 아누룻다 존자가 만나딘나 장자가 아나함과를 성취했다고 결론짓는 것은 충분한 근거가 없기 때문이다.

9 SN.47.30에는 공양을 올렸다는 이야기가 없다.

10 다른 리딩에서는 ‘최상의’를 추가한다.

한 뒤에 자리에서 일어나 떠나갔다.

8.3 논 의

　『상윳따니까야』와 여기에서 번역한 『잡아함경』은 마나딘나가 불환
과에 도달하였다고 아누룻다가 결론을 내리는 점에서는 일치하고 있다.
단지 다른 점이 있다면 『상윳따니까야』에서 재가 제자인 마나딘나는 다
섯 가지 낮은 단계의 족쇄[오하분결, 五下分結]를 극복하였다고 선언하면
서 이것은 네 가지 알아차림의 확립에 머무른 성취라고 스스로 결론을
내리고 있다는 점이다. 마나딘나 스스로 다섯 가지 낮은 단계의 족쇄를
극복하였다고 말할 필요가 있었는지도 모른다. 왜냐하면 질병에 걸려
네 가지 알아차림의 확립에 머무르는 것이 아무리 인상적인 일이라고
하더라도, 이것만으로는 불환과에 도달하였다고 결론 내리기에 충분하
지 않기 때문이다. 네 가지 알아차림의 확립에 머물러서 마침내 질병을
이겨내는 것은 그렇게 높은 경지의 수준에 도달하지 않아도 가능한 일
이라고 여겨진다. 그러므로 마나딘나 스스로 불환과를 성취하였다는 것
을 아누룻다가 인정하기 위해서는 다섯 가지 낮은 단계의 족쇄를 극복
하였다는 기준이 필요하다. 위에서 번역한 『잡아함경』에서는 이런 기준,
즉 다섯 가지 낮은 단계의 족쇄를 극복하였다는 내용이 없어진 것으로
보인다.
　마나딘나가 도달한 해탈의 높은 단계, 즉 불환과의 성취는 초기불교
에서 깨달음의 네 가지 수준 가운데 하나이다.

- 예류과(預流果, 수다원, 須陀洹, stream-entry)
- 일래과(一來果, 사다함, 斯多含, once-return)
- 불환과(不還果, 아나함, 阿那含, non-return)
- 아라한과(阿羅漢果, 아라한, 阿羅漢, full awakening)

깨달음을 향해서 이런 단계로 나아가는 것은 족쇄(saṃyojana)를 제거함으로써 이루어진다. 이런 족쇄는 모두 열 가지이다. 불환과를 성취하기 위해 제거해야 하는 낮은 단계의 다섯 가지 족쇄는 다음과 같다.

- 유신견(有身見, personality view)
- 의심(疑, doubt)
- 계금취견(戒禁取見, dogmatic clinging to rules and observances)
- 감각적 욕망(欲貪, sensual desire)
- 분노(惡意, aversion)

여기서 말하는 "유신견"은 실체적이고 영원한 자아가 있다고 믿는 것이다. 의심은 해탈로 나아가는 초기불교의 가르침이 실제로 효용성이 있는지에 대한 의심이다. 계금취견은 해탈을 위해서 규칙과 계율에 집착하는 것을 말한다.

이 세 가지 족쇄는 예류과에서 극복된다. 이것에 대해서는 다음 장에서 자세하게 언급할 것이다. 위에서 언급한 이런 경지는 계율[戒], 집중[定], 지혜[慧]라는 초기불교 가르침을 확립한 결과 성취되는 것이다. 그러므로 예류과에 든다는 것은 초기불교의 가르침이 해탈에 이르는 길이라는 것에 대해서 아무런 의심을 하지 않는다는 것을 의미한다. 또한 아무리 계율이 해탈에 이르는 필수불가결한 기반이라고 하여도 단순히 그것에 집착하는 것만으로는 해탈에 이르지 못한다는 것을 분명히 하고 있다.

감각적 욕망과 분노라는 두 가지 족쇄는 일래과를 성취함으로써 실질적으로 줄어든다. 불환과에 도달하면 모든 감각적 욕망과 분노 또는 악의의 모든 형태가 사라져서 어떤 자국도 남기지 않는다. 지금의 경전이 분명히 기록하고 있는 것은 이런 높은 수준의 정신적 자유를 가족과 함께 생활하는 재가 제자가 성취하였다는 점이다. 이것은 위에서 번역한 『잡아함경』에서 아주 분명히 나타나 있다. 마나딘나는 아누룻다가 도착하길 기다리면서 자신의 여성들에게 둘러싸여 있었다. 불환과에 도달한 그는 어떤 여성과도 사랑의 관계를 갖지 않았고 재가 제자로서 살아가고 있었던 것이다. 이런 삶의 상황에서도 그는 그와 같은 고귀한 해탈의 경지에 도달할 수 있었던 것이다.

이 점이 아마도 이 장에서 가장 현저하게 눈에 띄는 부분일 것이다. 아주 오래전부터 불교의 재가 수행자들은 명상 수행에 완전히 전념하고, 알아차림으로 성공적으로 통증에 대처하고, 불환과를 성취하는 것과 같은 높은 수준의 깨달음에 도달하였다고 경전에 기록되어 있다.

「사띠빳타나경」과 이에 대응하는 『중아함경』에서 불환과의 성취는 네 가지 알아차림의 확립을 지속적으로 수행함으로써 얻어지는 두 개의 열매 가운데 하나이고, 나머지 한 열매는 해탈이라고 기록되어 있다.[11]

---

11   MN.10 at MN.I.62.34(translated Ñāṇmoli 1995/2005: 155)와 MĀ.98 at T.1.584b16(translated Anālayo 2013b: 283).

그러므로 이 두 경전은 알아차림을 확립하는 수행이 마음에서 감각적 욕망과 분노를 완전히 제거할 잠재적인 가능성을 가지고 있다는 점에 동의하고 있다.

이 장과 앞 장에서 기록한 바와 같이 「사띠빳타나경」과 이에 대응하는 『중아함경』은 질병의 통증을 감내하게 해주는 알아차림이 가진 잠재적인 가능성과 함께 초기불교적 사유가 최고의 정신적 건강을 지향한다는 것을 보여주고 있다. 즉 욕망[貪]과 분노[瞋]에서 자유로워지는 것이다. 이는 망상[痴]에서 벗어난 해탈의 완전한 경지에서 그 정점을 이룬다.

그런 최고의 정신적 건강에 이르는 길은 세 가지 수행을 필요로 한다.

- 계율(계, 戒, virtue)
- 집중(정, 定, concentration)
- 지혜(혜, 慧, wisdom)

서로를 증장시켜주는 이 세 가지 수행은 초기불교의 알아차림과 맥락적으로 연결되어 있다. 앞의 세 장에서 통증과 알아차림의 관계를 언급하였다. 다음 세 장에서는 계율, 집중, 지혜를 질병의 진행 과정에 따라서 서술하고자 한다.

9

병에 대한 두려움 없음

병에 대한 두려움 없음

9.1 서 론

이번 장은 깨달음의 첫 번째 단계, 특히 계율과 관련하여 예류과를 성취한 결과 얻게 되는 자질에 대해서 초점을 맞추고자 한다. 다음에서 번역한 경전의 주인공은 병에 걸린 아나타삔디까(Anāthapiṇḍika) 장자이다. 붓다의 시자인 아난다가 그를 방문하고 있다.[1] 16장에서 아난다가 다시 아나타삔디까를 방문하는 상황을 다룰 것이다. 이때는 사리뿟따와 함께 간다. 상황이 다른 것은 16장에서 아나타삔디까는 지금과는 다른 질병으로 죽음에 이르고 있다는 점이다.

초기경전에서 아나타삔디까 장자는 대개 붓다와 제자들에 대한 모범적인 후원자로 등장한다. 사실 붓다와 제자들이 정기적으로 머물렀던 사왓티(Sāvatti)의 제따(Jeta) 숲은 '아나타삔디까의 숲'으로 반복적으로 언

---

1   아난다와 아나타삔디까의 전기에 대해서는 다음을 참조할 수 있다. Malalasekera 1937/1995: 249-68, 67-72. Nayanaponika and Hecker 1997: 139-82, 337-62.

급된다. 이 숲은 아나타삔디까가 제따 왕자에게서 사들여 붓다의 승가 공동체에 기부한 것이다.

『상윳따니까야』와 이에 대응하는 경전에서는 한 명의 붓다가 세상에 나타났다는 소식을 듣고서 전율하는 아나타삔디까의 모습을 묘사하고 있다. 그는 밤새도록 잠을 이루지 못하고 아직 어두운데도 그 붓다를 만나기 위해 길을 나섰다. 그때 붓다는 라자가하(Rājagaha) 묘지 근처의 한림(寒林)에 머무르고 있었다. 아나타삔디까는 붓다를 만나기 위해 지나가야 하는 어두운 장소가 너무나 무서워서 다시 돌아갈 뻔하였다.[2] 결국 아나타삔디까는 붓다를 만났고 사성제의 설법을 듣는 동안 예류과를 성취하였다.[3] 두려움과 예류과의 성취라는 주제는 여기 번역한 『잡아함경』과 이에 대응하는 『상윳따니까야』에서 다시 부각된다.[4]

9.2 경전 번역

『잡아함경』 1031. 급고독경(給孤獨經) ②[5]

이와 같이 나는 들었다. 어느 때 부처님께서 사위국 기수급고독원에

---

2   SN.10.8 at SN.I.211.10(translated Bodhi 2000: 311), 여기에 대응하는 율장과 그 대응 구절이 다음과 같다. Vin.II.155.38(translated Horner 1952/1975: 218), SĀ.592 at T.2.157c20; SĀ².186 at T.2.440c1. 또한 다음을 보라. MĀ.28 at T.1.460a14(translated Bingenheimer et al. 2013: 195).

3   Vin.II.157.3(SN.10.8은 이 부분을 이야기하지 않고 있다). 그리고 그 대응구절은 다음이다. SĀ.592 at T.2.158b6(여기서는 붓다가 그를 가르쳤다는 것이 다르다). SĀ².186 at T.2.441a17. 또한 다음을 보라. MĀ.28 at T.1.460b29.

4   SN.55.27 at SN.V.385.12(translated Bodhi 2000: 1819).

5   SĀ.1031 at T.2.269b19-269c7.

계셨다. 그 당시 아난 존자는 아나타삔디까 장자가 몸에 병이 들어 고통받고 있다는 말을 듣고[6] 그의 집으로 찾아갔다.

장자는 멀리서 아난 존자가 오고 있는 것을 보고 침상에 의지하여 일어나려고 애를 썼다.[7] 이를 본 아난 존자는 말했다. "장자시여, 일어나지 마십시오. 몸의 고통이 더해질 것입니다."

아난 존자가 [아나타삔디까] 장자에게 말했다. "장자시여, 병환의 차도는 좀 어떠하며 참을 만하십니까? 병세가 점점 줄어들거나 더하지는 않습니까?"

아나타삔디까 장자는 존자에게 말했다. "내 병은 예사롭지 않아 참고 견디기 어려우며, 몸의 고통은 갈수록 더하여 덜해질 않습니다. 비유하자면 힘센 사람이 연약한 사람을 붙잡아 끈으로 머리를 동여매고 두 손으로 세게 조른다면 매우 고통스러울 것입니다. 지금 나의 고통은 그보다 더합니다.

또 비유하자면 예리한 칼로 살아 있는 소의 배를 가르고 내장을 끄집어낸다면 그 소의 고통이 어떻겠습니까? 지금 내 배의 고통은 그 소보다 더합니다.

또 비유하자면 마치 두 힘센 사람이 연약한 한 사람을 붙들어 불 위

---

6   SN.55.27 at SN.V.385.16에서 아나타삔디까 장자는 아난 존자가 오도록 심부름꾼을 보낸다.

7   SN.55.27은 아나타삔디까 장자가 일어나려고 한다는 언급을 하지 않는다. SĀ.1031은 서론 부분의 나머지 설명은 케마까의 대화에서 보충되어야 한다고 한다. 케마까의 대화는 11장에서 번역하고 있다. 케마까의 대화는 침상에서 일어나려고 하는 사람에게 주어지는 표준적인 대답이 아니므로, 『잡아함경』 SĀ.1031 at T.2.269b5-269b7의 붓다가 병든 아나타삔디까 장자를 방문하는 장면의 대화에서 보충한다.

에 매달아놓고 두 발을 태우는 것과 같습니다. 지금 내 두 발의 열은 그보다 더합니다.[8] 고통이 점점 심해질 뿐 조금도 줄어들지 않습니다."

그때 아난 존자는 [아나타삔디까] 장자에게 말했다. "두려워하지 마십시오. 만일 어리석고 들은 것이 없는 범부라면 부처님을 믿지 않고, 법과 승가를 믿지 않으며, 성스러운 계를 갖추지 못하였기 때문에 두려움이 생기고, 또 목숨이 끝나는 것과 다음 생의 괴로움에 대하여 두려워할 것입니다.[9] 그러나 그대는 지금 믿지 못함을 이미 끊었고, 또 끊었다는 것을 이미 알고 있습니다. 부처님에 대한 깨끗한 믿음을 완전히 갖추었고 법과 승가에 대한 깨끗한 믿음을 완전히 갖추었으며, 성스러운 계를 성취하였습니다."[10]

[아나타삔디까] 장자는 아난 존자에게 말했다. "제가 지금 무엇을 두려워하겠습니까? 저는 처음 왕사성 한림의 묘지에서 세존을 뵙고부터[11] 곧 부처님에 대한 무너지지 않는 믿음과 법과 승가에 대한 무너지지 않는 믿음과 성스러운 계를 성취하였습니다. 그때부터 지금까지 집에 있는 재물을 모두 부처님과 그 제자인 비구, 비구니, 우바새, 우바이들과 함께하였습니다."

---

8   SN.55.27에서 아나타삔디까 장자는 자신의 상태를 설명하기 위해서 비유를 사용하지 않는다.

9   SN.55.27 at SN.V.386.5는 범부가 믿음이 없다는 사실을 생각할 때 두려움이 일어난다고 더 구체적으로 가리키고 있다.

10   SN.55.27은 추가적으로 삼보의 각각의 특징과 선정으로 이끄는 고귀한 덕을 기술하고 있다.

11   SN.55.27에서는 아나타삔디까 장자와 붓다가 처음 만난 장소 또는 그 만남의 결과에 대한 언급이 없다.

아난 존자가 말했다. "훌륭하십니다. 장자여, 당신은 스스로 예류과를 예언하셨습니다."

[아나타삔디까] 장자가 아난 존자에게 말했다. "여기서 공양하소서."[12] 아난 존자는 침묵으로 수락하였다.

그러자 그는 곧 갖가지 깨끗하고 맛있는 음식을 장만하여 아난 존자에게 공양하였다. 아난 존자는 공양을 마친 뒤에 다시 갖가지로 설법하여 가르쳐 보이고 [아나타삔디까 장자를] 기쁘게 한 뒤에 자리에서 일어나 떠나갔다.

9.3 논 의

위의 경전에서는 예류과의 네 가지 요소(소따빳띠양가, sotāpattiyaṅga)를 말하고 있다. 이것은 질병에 걸렸을 때 두려움 없음의 원천이 된다. 네 가지는 다음과 같다.

• 붓다에 대한 확고한 믿음
• 붓다의 법에 대한 확고한 믿음
• 승가에 대한 확고한 믿음
• 성스러운 계율의 성취

---

12 이러한 초대와 수락은 SN.55.27에는 없다. 그곳에서는 아나타삔디까 장자가 예류과를 성취했다는 아난 존자의 언급으로 마무리하고 있다.

이것들은 예류과에 든 자의 특성으로 경전에서 반복하여 언급하고 있다. 예류과의 첫 세 가지 특성은 예류과에 든 자가 획득한 내적 특성을 말한다. 이 세 가지는 붓다가 진정으로 깨달음에 이르는 실행 가능한 길을 가르쳤다는 것, 붓다의 법은 이런 목표로 이끈다는 것, 붓다의 법에 따라서 수행하는 승가 공동체는 진정으로 해탈에 이르는 길을 밟고 있다는 것이다. 그리고 계율에 따른 선한 행동은 예류과에 든 자에게는 자연스러운 일이라는 것을 네 번째 특성으로 들고 있다.

예류과에 든 자에게 실제로 일어나는 것은 법안(法眼)이 열리는 일이다. 이것은 2장에서 언급한 나꿀라 장자에게서도 볼 수 있다. 법안이 열린 자는 "붓다의 법을 보고, 붓다의 법을 성취하고, 붓다의 법을 이해하고, 붓다의 법 안으로 들어가고, 모든 의심을 넘어서서, 다른 것들에 의지할 필요 없이 … 마음은 올바른 붓다의 법 안에서 두려움 없음을 성취한다."

이런 묘사는 확실하게 체험한 것을 가리키고 있다. 열반의 첫 체험에서 붓다의 법이 갖는 정수를 보고, 얻고, 이해하고, 뛰어든다. 그 결과 앞 장에서 언급한 바와 같이 족쇄들 가운데 하나인 의심이 완전히 제거되어, 이제는 다른 사람의 인도가 필요 없게 된다. 이렇게 형성된 자기 신뢰는 다시 두려움 없음의 원천이 된다.

초기경전에서 예류과에 대해 평가할 때 '법안'이 열리는 체험의 특징을 강조하고 있다. 이렇게 체험을 강조하는 것을 보면 정말로 중요한 것은 요즘의 수행단체에서 흔히 하는 것처럼 예류과의 실제 체험이 순수한지를 세밀하게 들여다보는 데 있는 것이 아니라, 예류과에 든 자가 거쳐야만 하는 내적인 변화에 있다는 것이다. 이것은 특별한 체험을 실체화하는 위험을 분명하게 알아차리고자 하는 초기불교 사유의 일반적인 경향과 일치한다. 정말로 중요하고 강조해야 하는 것은, 모든 체험의 공통 속성은 단순히 공한 과정이라는 것과 명상 체험에서 핵심적인 것은 변화가 주는 효과라는 점이다.

초기불교 사유에서 명상 수행은 도덕적 행동의 엄격한 기반 위에서 이루어져야 한다. 이것은 앞 장에서 언급한 계율, 집중, 지혜 가운데 첫 번째 것이고 또한 위에서 번역한 예류과의 네 번째 특성이다. 예류과의 경우 이런 성스러운 계율은 실재의 본질에 대한 통찰과 특히 사성제의 깨달음의 결과로 생기는 것이다. 예류과에 든 자가 다섯 가지 계율을 심하게 어기는 것은 있을 수 없는 일로 다음에 열거한 다섯 가지 악한 행동을 할 수 없다.

- 살아 있는 것을 죽이는 것
- 도둑질
- 올바르지 않은 성적 행동
- 거짓말
- 정신을 흐리게 하는 물질 사용

예류과에 든 자는 계율 상 약간의 어김이 있을 수는 있다. 감각적 욕망과 분노의 불선한 행동 모두가 마음에서 완전히 사라진 것은 아니다. 그렇지만 크게 계율을 어기는 일은 일어나지 않는다.

그러므로 살아 있는 생명을 죽이지 않는 사람은 다른 사람에게 두려움을 주지 않는다. 왜냐하면 자신을 죽이지 않을 것을 잘 알고 있기 때문이다. 같은 원리가 도둑질, 올바르지 않은 성적 행동, 거짓말에도 적용된다. 이런 것들은 모두 다른 사람에게도 두려움의 원천이 된다. 정신을 흐리게 하는 물질의 경우도 마찬가지이다. 이런 물질을 먹은 사람이나 이런 약물의 영향 아래 있는 사람은 다음 행동을 어떻게 할지 모르기 때문에 다른 사람에게 쉽게 두려움을 불러일으킬 수 있다.

이렇게 하여 다섯 계율을 지키는 사람의 행동은 두려움 없음과 직접적으로 연결되고, 결국 다른 사람에게 두려움 없음이라는 선물을 줄 수 있다. 이것은 예류과에 도달하였는지와 상관없이 계율을 지키는 사람 모두에게 해당된다. 이 경전에서 가르치는 것은 모든 수행에는 도덕적 기반이 필수 불가결하다는 것과 이것이 두려움 없음과 직접적으로 연결되어 있다는 것이다. 도덕적 기반의 형성은 다른 사람에게는 선물이고 또한 두려움 없음의 원천이 된다. 이것은 계율을 지키는 것이 이타적 차원이라는 것을 잘 보여주고 있다.

계율을 지키고 도덕적 행동을 통해 다른 사람에게 두려움 없음을 주게 되면, 자신이 병들었을 때 두려움 없음이라는 이득을 얻을 수 있다. 후회로부터 자유로워지는 것이 얼마나 중요한지는 붓다가 아픈 수행승을 방문하여 던진 표준적인 질문에도 잘 나타나 있다. 다음 장에서 이 경전을 다룰 것이다. 아픈 수행승이 후회하는 말을 하자 붓다는 즉시 계율을 어긴 것에 대한 문제를 끄집어낸다. 도덕적으로 비난받을 일을 하지 않는 것은 아플 때 중요한 정신적 자산이 되고 또한 두려움 없음의 토대가 된다. 이 주제는 20장에서 다룰 예정이다. 계율, 집중, 지혜 가운데 첫 번째인 도덕적 계율은 질병이 닥칠 때 도움이 되는 중요한 요소이다.

위에서 번역한 경전에서 아난다의 언급에 이어서 아난타삔디까는 두려움 없음의 원천으로서 자신의 도덕적 자질을 회상한다. 경전에 나오는 이런 예에 따라서 환자를 돌볼 때 환자 자신의 선한 자질을 생각하게 하고, 또한 자신이 행한 선한 행동을 떠올리게끔 격려해야 한다. 이것이 두려움을 줄이고 긍정적인 마음으로 질병에 대처할 수 있도록 도와준다.

10
통찰이라는 약

10

통찰이라는 약

10.1 서 론

다음 경전은 질병에 대처하는 방법에 대한 또 다른 관점, 즉 통찰을 통해 깨달음에 이르는 관점을 보여주고 있다. 이런 통찰의 관점은 집중 명상의 체험에 지나치게 의존하는 것에 대한 경고이기도 하다. 이런 경고를 숙고하면서 명심해야 하는 것은, 초기불교적 사유에서 깊은 집중은 해탈에 이르는 중요한 과정이지만 반드시 세 가지 과정, 즉 계율, 집중, 지혜와 함께 하면서 두 번째 위치를 차지하고 있다는 점이다. 그렇다고 해서 이 장의 경전이 집중을 전적으로, 통째로 부인하는 것은 아니다. 만약 부인한다고 생각한다면 그것은 오해이다. 핵심적인 것은 통찰과 함께 하지 않고 통찰의 힘으로 다듬어지지 않은 채 성취한 집중의 한계를 아는 것이다. 이런 점은 질병에 걸려 있을 때 특히 더 중요하다.

다음에서 번역한 경전은 『잡아함경』과 이에 대응하는 『상윳따니까

야』에서 볼 수 있다.[1] 이 경전의 주인공은 앗사지(Assaji)라는 이름의 수
행승이다. 그는 붓다의 첫 다섯 제자 가운데 한 사람이었던 앗사지와는 다
른 사람으로 보인다.[2] 앗사지를 간병하고 있는 수행승은 뿐니야(Puṇṇiya)
라는 이름을 갖고 있다. 그는 이 경전의 앗사지와 마찬가지로 초기경전
에서 뛰어난 제자로 나오지는 않는다. 그리고 이 경전을 이해하기 위한
배경이 되는 다른 정보는 더 이상 전해지지 않는다.[3]

10.2 경전 번역

『잡아함경』 1024. 아습파서경(阿濕波誓經)[4]

이와 같이 나는 들었다. 어느 때 부처님께서 사위국 기수급고독원에

---

1   SN.22.88 at SN.III.124.14(translated Bodhi 2000: 941).

2   현재의 경전의 앗사지 존자가 오비구 가운데 한 명이라고 생각하는 Malalasekera
    1937/1995: 225에게는 죄송한 말씀이지만, 이는 근거가 없어 보인다. 왜냐하면 그
    앗사지는 매우 빠른 시기에 아라한이 되었기 때문이다. SN.22.59 at SN.III.68.27
    (translated Bodhi 2000: 903), 이에 대응하는 Vin.I.14.34(translated Horner 1951/1982:
    21), SĀ.34 at T.2.8a2(translated Anālayo 2014g: 5; 더 많은 대응 경전은 Anālayo 2014g:
    5 note 3을 보라)를 보라. 아라한으로서 앗사지는 집착을 넘었을 것이다. 반면
    현재 대화의 주인공인 앗사지는 분명히 그의 선정경험에 집착하고 이 잘못된
    태도로부터 자유로워지기 위해서 붓다의 도움이 필요하다. 실제로 SĀ.1024에서
    앗사지는 붓다의 가르침의 끝에 아라한이 된다. 따라서 SĀ.34에 나오는 오비구의
    아라한 성취와는 분명히 차이가 난다. 비록 SN.22.88에서 현재의 가르침의 결과
    를 보고하지 않지만, 앗사지에 대한 묘사는 아라한에 맞지 않다. 앗사지라는 이
    름 자체는 일반적인 이름으로 보인다. 같은 이름의 다른 수행승이 모든 이간질에
    책임이 있는 승가의 불량조직의 여섯 명 가운데 한 명이다. 이 여섯 명에 관해서
    는 다음을 보라. Anālayo 2012b: 417f.

3   뿐니야에 관해서 다음을 보라. Malalasekera 1938/1998: 229.

4   SĀ.1024 at T.2.267b5-267c6.

계셨다. 그 무렵 앗사지 존자는 동쪽 동산에 있는 녹모 강당에 있었다.[5] 그는 몸에 심한 병이 걸려 매우 괴로워하고 있었다. 뿐니야 존자가 그를 간호해주고 있었다.[6]

앗사지 존자가 뿐니야 존자에게 말하였다.[7] "그대는 세존께 찾아가서 나를 위해 세존의 발에 예경하고 '편찮으신 곳은 없으시고 괴로운 일도 없으시며 기거는 가볍고 편안하십니까?' 하고 문안인사를 드려주십시오. 그리고 또 '지금 앗사지는 금사정사에 있는데, 병이 위중하여 자리에 누워 있습니다. 세존을 뵈옵고 싶사오나 병에 시달려 기운이 빠져 나아갈 수 없습니다. 바라옵건대 세존께서는 가엾이 여기시어 이 금사정사로 친히 와주소서' 하고 말씀드려주십시오."

뿐니야는 앗사지 존자의 말을 듣고 세존께 찾아가서 그 발에 예경하고 한쪽에 물러나서 세존께 아뢰었다. "세존이시여, 존자 앗사지는 세존의 발에 예경하고 '편찮은 곳은 없으시고 괴로움은 없으시고 기거는 가벼우시며 편안하게 지내십니까?' 하고 문안드립니다." 세존께서 대답하셨다. "그도 편안한가?"

뿐니야가 세존께 아뢰었다. "세존이시여, 앗사지 존자는 지금 금사정사에 있사온데 병이 위중하여 자리에 누워있습니다. 세존을 뵈옵고자

---

5   SN.22.88 at SN.III.124.16에 따르면 그는 까사빠까 공원에 머물렀다. 붓다는 왕사성의 대나무숲에 머물렀다.

6   SĀ.1024는 도입부의 나머지 설명은 왁깔리(Vakkali)에 관한 경전으로부터 보충해야 한다고 가리킨다. 이는 SĀ.1265이고, 이와 연관된 부분은 T.2.346b28에서 찾을 수 있다. 이 경전에 대한 전체 번역은 Anālayo 2011d를 보라.

7   SN.22.88 at SN.III.124.18에서 앗사지는 이름없는 사람에게 이러한 메시지를 붓다에게 전해달라고 한다.

했사오나 세존께 나아갈 기운이 없습니다. 바라옵건대 세존께서 그를 가엾이 여기시어 금사정사로 가주십시오."

세존께서 침묵으로 허락하셨다. 그러자 뿐니야는 세존께서 허락하셨음을 알고 발에 예를 올리고 떠나갔다.

세존께서 오후에 선정에서 나오시어 금사정사로 가셨다. 그곳에 이르러 앗사지가 머무는 방으로 가셨다. 앗사지는 멀리 세존께서 오시는 것을 보고 자리에서 일어나려고 하였다. 세존께서 앗사지에게 말씀하셨다. "가만히 있어라. 일어나지 말라."

세존께서 곧 다른 자리에 앉아 앗사지에게 말씀하셨다. "네 마음으로 그 병의 고통을 견뎌낼 수 있겠느냐? 네 병은 더한가, 좀 덜한가?"

앗사지가 세존께 아뢰었다. "저의 병은 예사롭지 않아 참고 견디기 어려우며, 몸의 고통은 갈수록 더하여 덜하질 않습니다. 비유하면 힘센 사람이 연약한 사람을 붙잡아 끈으로 머리를 동여매고 두 손으로 세게 조른다면 매우 고통스러울 것입니다. 지금 저의 고통은 그보다 더합니다.

또 비유하면 예리한 칼로 살아 있는 소의 배를 가르고 내장을 끄집어낸다면 그 소의 고통이 어떻겠습니까? 지금 제 배의 고통은 그 소보다 더합니다.

또 비유하면 마치 두 힘센 사람이 연약한 한 사람을 붙들어 불 위에 매달아놓고 두 발을 태우는 것과 같습니다. 지금 제 두 발의 열은 그보다 더합니다."[8]

---

8   SN.22.88은 앗사지가 자신의 고통스러운 상태를 비유로 설명하지 않는다.

부처님께서 앗사지에게 말씀하셨다. "그대는 후회스러운 일이 있는가?" 앗사지가 부처님께 아뢰었다. "세존이시여, 저는 실로 후회스러운 일이 있습니다."

부처님께서 앗사지에게 말씀하셨다. "그대는 계율을 어긴 적이 있는가?" 앗사지가 부처님께 아뢰었다. "세존이시여, 저는 계율을 어긴 적이 없습니다."

부처님께서 앗사지에게 말씀하셨다. "그대는 계율을 깨뜨리지 않았는데, 왜 후회하느냐?" 앗사지가 부처님께 아뢰었다. "세존이시여, 제가 병이 들기 전에는 몸이 편하고 즐거워 선정을 많이 닦았습니다.[9] 이제 저는 더 이상 그 삼매에 들 수가 없습니다. 그래서 저는 '내가 이제 삼매를 완전히 잃어버리지 않았는가?'라는 그런 생각이 들었기 때문입니다."

부처님께서 앗사지에게 말씀하셨다. "내가 이제 그대에게 묻겠다. 그대는 이해한 대로 대답하라. 앗사지여, 그대는 '색(色)은 곧 나[我]이다, [그것을 소유한다는 의미에서] 나와 다르다, 색이 내 안에 있거나 내가 색 안에 있다'라고 보는가?"[10] 앗사지가 부처님께 아뢰었다. "아닙니다, 세존이시여."

또 [부처님께서] 물으셨다. "그대는 '느낌(受)은 곧 나[我]이다, 그것

---

9   SN.22.88 at SN.III.125.22에 따르면 앗사지가 이전에 아팠을 때, 그는 몸을 고요하게 머물 수 있었다. 주석서 Spk.II.315.15에 따르면 이는 사선정을 성취한 것을 함축한다.

10   이러한 유형의 사유는 『잡아함경』에서 애매한 형태로 주기적으로 나타난다. 따라서 이 번역은 다소 다루기 어렵다. Anālayo 2014d: 40 note 114를 보라. 무아에 대한 사유를 직접적으로 이야기하는 대신, SN.22.88 at SN.III.125.30에서 통찰적인 가르침은 오취온의 무상한 성질에서 시작하여 괴로움, 무아로 나아간다.

을 소유한다는 의미에서 나와 다르다, 느낌이 내 안에 있거나 내가 느낌 안에 있다'라고 보는가?" 앗사지가 부처님께 아뢰었다. "아닙니다, 세존이시여."

또 부처님께서 물으셨다. "그대는 '상(想)은 곧 나[我]이다, 그것을 소유한다는 의미에서 나와 다르다, 상이 내 안에 있거나 내가 상 안에 있다'라고 보는가?" 앗사지가 부처님께 아뢰었다. "아닙니다, 세존이시여."

또 부처님께서 물으셨다. "그대는 '행(行)은 곧 나[我]이다, 그것을 소유한다는 의미에서 나와 다르다, 행이 내 안에 있거나 내가 행 안에 있다'라고 보는가?" 앗사지가 부처님께 아뢰었다. "아닙니다, 세존이시여."

또 부처님께서 물으셨다. "그대는 '식(識)은 곧 나[我]이다, 그것을 소유한다는 의미에서 나와 다르다, 식이 내 안에 있거나 내가 식 안에 있다'라고 보는가?" 앗사지가 부처님께 아뢰었다. "아닙니다, 세존이시여."

부처님께서 앗사지에게 말씀하셨다. "그대는 이미 '색은 곧 나이다, [그것을 소유한다는 의미에서] 나와 다르다, 색이 내 안에 있거나 내가 색 안에 있다'라고 보지 않았고, '느낌은 곧 나이다, 그것을 소유한다는 의미에서 나와 다르다, 느낌이 내 안에 있거나 내가 느낌 안에 있다'라고 보지 않았고, '상은 곧 나이다, 그것을 소유한다는 의미에서 나와 다르다, 상이 내 안에 있거나 내가 상 안에 있다'라고 보지 않았고, '행은 곧 나이다, 그것을 소유한다는 의미에서 나와 다르다, 행이 내 안에 있거나 내가 행 안에 있다'라고 보지 않았고, '식은 곧 나이다, 그것을 소유한다는 의미에서 나와 다르다, 식이 내 안에 있거나 내가 식 안에 있다'라고 보지 않았는데, 왜 근심하느냐?"

앗사지가 부처님께 아뢰었다. "세존이시여, 바르게 생각하지 못했기 때문입니다."

부처님께서 앗사지에게 말씀하셨다. "어떤 사문 바라문이 삼매를 핵심으로 여기고 삼매를 완전히 성취하였다고 생각해보자. 만약 그 삼매에 들지 못하더라도 그는 '나는 삼매가 약해졌다'고 생각하지 않을 것이다.[11]

반대로 성스러운 제자가 '색(色)은 곧 나이다, [그것을 소유한다는 의미에서] 나와 다르다, 색이 내 안에 있거나 내가 색 안에 있다'라고 보지 않고, '느낌은 곧 나이다, 그것을 소유한다는 의미에서 나와 다르다, 느낌이 내 안에 있거나 내가 느낌 안에 있다'라고 보지 않고, '상은 곧 나이다, 그것을 소유한다는 의미에서 나와 다르다, 상이 내 안에 있거나 내가 상 안에 있다'라고 보지 않고, '행은 곧 나이다, 그것을 소유한다는 의미에서 나와 다르다, 행이 내 안에 있거나 내가 행 안에 있다'라고 보지 않고, '식은 곧 나이다, 그것을 소유한다는 의미에서 나와 다르다, 식이 내 안에 있거나 내가 식 안에 있다'라고 보지 않으면, [성스러운 제자는] 마땅히 다음과 같이 깨달아 알게 된다.[12]

탐욕이 영원히 다하여 남은 것이 없고, 악의가 영원히 다하여 남은 것이 없고, 어리석음이 영원히 다하여 남은 것이 없다. 탐욕, 악의, 어리석음이 영원히 다하여 남은 것이 없으면 모든 번뇌가 다 없어진다. 번뇌

---

11   SN.22.88 at SN.III.125.27에서 비슷한 언급이 붓다의 가르침 처음에서 나오고 있다. 사문과 바라문은 그러한 생각을 한다는 것에 주목한다. 이는 더 의미있는 것처럼 보인다.
12   SN.22.88 at SN.III.126.4에서 붓다는 앗사지에게 느낌에 대한 가르침을 준다.

없이 마음에서 해탈(心解脫)하고, 지혜로 해탈(慧解脫)하여 현재 '나의 생은 이미 다하고, 범행(梵行)은 이미 섰으며, 할 일은 이미 마쳐 후세의 몸을 받지 않는다'라고 스스로 알고 증득한다."

부처님께서 이 법을 말씀하시자, 앗사지 존자는 집착하지 않고 번뇌로부터 마음이 해탈을 얻었다.[13] 앗사지 존자는 기뻐 뛰면서 좋아하였다. 그는 기뻐 뛰면서 좋아하였기 때문에 몸의 병이 곧 완쾌되었다.[14]

부처님께서는 이 경을 말씀하시어 앗사지 존자를 기뻐 뛰면서 좋아하게 하시고 자리에서 일어나 떠나셨다.

10.3 논 의

붓다와 병든 앗사지가 실제로 만난 것은 앗사지가 붓다를 맞이하기 위해 몸을 일으키려고 할 때이다. 이렇게 붓다에게 존경과 감사를 표하기 위해 몸을 일으키는 장면은 붓다가 방문하는 것에 대한 전형적인 감사와 존경의 표시이다. 아픈 사람을 방문한 붓다와 뛰어난 제자들은 아픈 사람이 일어나서 질병에 나쁜 영향을 미칠지 모르므로, 연민의 감정으로 그냥 그 자리에 있으라고 한다. 이런 태도는 질병으로 괴로워하는

---

13 '집착하지 않고'로 번역한 부분은 글자 그대로 하면 '일으키지 않고'이다. 한자어 번역은 밑에 놓여 있는 인도적인 표현을 잘못 이해한 것으로 보인다. 인도적인 표현은 집착이 없는 것을 가리킨다. Anālayo 2014g: 8 note 17; 10장의 각주 15를 참조하라.

14 SN.22.88은 앗사지가 어떤 성취를 이루었다거나 상태가 향상되었다고 언급하지 않는다.

사람에 대한 연민이 예의를 표하는 것보다 우선한다는 것을 전형적으로 보여주고 있다.

위에서 번역한 경전에서 붓다의 대화는 앗사지가 질병의 힘든 고통을 잘 참을 수 있는지를 묻는 질문으로 시작된다. 이것은 질병의 중요한 문제, 즉 통증을 참아내야 하는 문제로 바로 들어가는 것이다. 3장에서 언급한 경전의 표현을 빌리자면 질문은 신체적 통증의 화살에 대한 것으로 시작해서 정신적 통증이라는 또 다른 화살로 이어진다. 6, 7, 8장에서 언급한 경전의 표현을 따르자면 이 동일한 질문은 알아차림이라는 이상적인 태도로 통증을 참을 수 있는 환자의 능력에 대한 것이다.

붓다는 질병의 심각성을 듣고서는 바로 이어서 앗사지에게 후회하는 감정이 있는지를 묻는다. 앗사지가 후회하는 감정이 있다고 하자 붓다는 자연스럽게 계율을 어기는 문제로 초점을 돌린다. 이런 점은 중요하게 다루어져야 한다. 계율을 어겨서 초래하는 마음의 부담은 질병에 걸렸을 때, 심지어 죽음에 도달하였을 때는 더욱 더 무거워질 수 있다. 앞 장에서 언급한 바와 같이 계율을 계속해서 잘 지키는 것은 두려움 없음의 원천이 된다. 앗사지는 이런 점이 자신에게 해당되는 질문이라는 것을 잘 알고 있었다. 그는 계율을 어겼다는 마음의 부담은 없었다.

그다음 경전은 집중 경험에 대한 애착의 문제로 초점을 돌린다. 중요한 점은 이런 집중 경험에 대한 애착에 매달리는 것이 아니라 이런 저런 다양한 명상 체험과 자신을 동일시하지 않는 것이다. 이렇게 동일시를 줄이는 것은 질병에 대한 적절한 태도일 뿐만 아니라 깨달음을 통해 완전한 정신적 건강에 이르는 길이다. 이 두 경전은 그 내용이 약간 다르

다. 『상윳따니까야』에는 앗사지가 완전한 깨달음에 이르거나 질병에서
완전히 회복되었다는 구절은 없다. 그러나 이 두 경전이 전하고자 하는
메시지는 동일하다. 모든 동일화와 애착에서 벗어나는 것이 진정한 평
화와 평정에 이르는 열쇠이고, 거기에는 더 이상 길을 잃어버릴 위험이
없다.

위의 한역 경전은 모든 동일화에서 벗어나는 주제를 다루는 방식이
다소 애매하기 때문에 그 뜻을 분명히 하기 위해 꺾쇠괄호로 내용을 보
충하였다. 초기경전에서는 다음의 네 가지 형태로 다섯 무더기, 즉 신체
형태(색, 色), 느낌(수, 受), 지각(상, 想), 형성(행, 行), 의식(식, 識)의 각각
에 대응하여 표현하는 것이 표준적인 방식이다.

- 하나의 무더기를 자아로 보는 견해
- 하나의 무더기를 자아와 다르게 보는 견해
- 하나의 무더기를 자아 안에 있는 것으로 보는 견해
- 하나의 무더기 안에 자아가 있는 것으로 보는 견해

이 네 가지 형태를 다섯 무더기 하나하나에 모두 적용하면 20가지
'유신견(有身見, sakkāyadiṭṭhi)'이 나온다. 실체적 자아와 영원한 자아가 있
다고 믿는 이런 유신견은 예류과에서 극복해야 할 족쇄 가운데 하나이
다. 예류과에서 성취하는 열반의 경험에서는 영원한 자아가 없다는 것
을 몸소, 뼈저리게, 의심할 여지 없이 철저하게 느끼게 된다. 이것은 어
떤 자아도 공하고 또는 어떤 것과도 동일화되지 않는 철저한 경험으로

이루어져 있다. 이 단계에서는 자아의 존재에 대한 온전한 견해를 견지할 수는 있지만 무아의 실현이 아직 완벽하지는 않다. 왜냐하면 자만심과 자아감각은 여전히 존재하기 때문이다. 이런 자만심은 완전한 깨달음의 단계에서 극복된다. 이 점에 대해서는 다음 장에서 언급할 것이다.

완전한 깨달음의 성취로 얻어진 마음의 자유는 모든 번뇌(influxes, āsava, 루, 漏)에서 영원히 벗어난 상태이다. 번뇌는 그 사람의 지각과 마음의 반응에 영향력을 발휘하여 결국 불선하고 해로운 방식으로 작동한다.[15] 초기불교적 사유에서는 다음의 세 가지 번뇌를 파악하고 있다.

- 감각적 욕망의 번뇌(the influx of sensuality)
- 존재의 번뇌(the influx of becoming)
- 무지의 번뇌(the influx of ignorance)

때로는 이 세 가지에 네 번째의 것이 더해진다. 그것은 견해의 번뇌 (the influx of views)이다. 이런 모든 번뇌에서 벗어나는 것이 초기경전에서는 완전한 깨달음의 기준이다. 이 기준을 충족하는 것이 초기불교적 사유에 따르면 '성스러운 삶', 즉 붓다의 제자로서 금욕적 삶을 시작하는 수행승이 이루어야 할 것을 성취하는 것이다. 이런 성스러운 삶의 마지막 절정에 도달하기 위해서 집중은 하나의 중요한 도움이 된다. 그렇지만 집중하는 것은 이 장에서 강조한 바와 같이 잠재적인 결점이 된다.

---

15   번뇌에 대한 자세한 설명은 다음을 참조할 수 있다. Anālayo 2012e: 80-3.

집중 경험은 광범위하게 만족스럽고 심지어 즐겁기까지 하다. 이런 모든 경험은 영원하지 않고 변화하기 마련이기 때문에, 여기에 집착하고 동일화하는 것은 곧 좌절과 고민으로 이어진다. 따라서 집중은 지혜와 함께할 때 최고의 역할을 한다. 앗사지의 경우처럼 집중은 계율, 지혜와 분리되지 않고 서로 함께할 때 깨달음의 주요한 구성 요소로서 작용한다.

실제적인 관점에서 이 장의 경전이 주는 중요한 메시지는 동일화하지 않는 힘이 갖는 잠재적인 가능성이다. 앗사지는 자신을 성취한 집중과 동일시하였고, 그래서 병들었을 때 마음이 초조해졌다. 그는 계율을 어겨서 생기는 마음의 후회에서는 벗어났지만, 명상 수행 경험에 집착하는 부담에서 벗어나지 못하였다. 통찰의 약을 먹음으로써 불필요한 부담에서 벗어날 수 있었다. 사실 위에서 번역한 경전에서 그는 깨달음의 최고 경지에 도달함으로써 모든 불필요한 부담들을 내려놓을 수 있었다.

이런 점을 자신의 입장에 잘 적용하여 병들었을 때 자신을 동일화하는 것이 없는지 잘 살펴볼 수 있는 기회로 삼을 수 있다. 집착하여 불필요한 부담을 안고 있는 것은 없는지 그리고 동일화하지 않는 통찰의 약으로 무엇을 할 수 있는지 물어보는 것이 중요하다.

11

병자가 전하는 해탈의 가르침

병자가 전하는 해탈의 가르침

11.1 서 론

이 장에서 번역한 경전의 주제는 앞 장에서 언급한 미세한 구별, 즉 예류과의 성취를 통해서 보게 되는 무아(無我)의 깨달음과 이것이 완전한 깨달음의 경지로 통합되어 가는 과정에서 볼 수 있는 미세한 차이에 대한 것이다.

무아(아낫따, anattā)라는 교리는 쉽게 이해되지 않는다. 사실 이 경전을 보면 여러 수행승들이 경험하는 어떤 곳에서도 영원한 자아는 존재하지 않는다는 예류과의 성취와, 완전한 깨달음에 도달하여 지혜를 완성함으로써 자만심과 자아가 흔적조차도 없이 철저하게 사라진 완전한 자유의 차이를 명확하게 이해하지 못한 듯이 보인다.

개인적인 모든 체험은 단지 변화하는 과정일 뿐이라는 깨달음은 이미 그것 자체로 심오하지만, 그 깨달음이 주는 결과를 실행하기 위해서 더 많은 것이 필요하다. 다음에서 번역한 『잡아함경』과 이에 대응하는

『상윳따니까야』에서 케마까(Khemaka)라는 수행승은 이 차이를 잘 보여준다. 그는 이 문제를 분명히 밝히기 위해서 좋은 예를 들고 있다.[1]

11.2 경전 번역

『잡아함경』 103. 차마경(差摩經)[2]

이와 같이 나는 들었다. 어느 때 많은 상좌 수행승들은 구사미국 구사라원에 있었다. 그때 케마까 수행승은 구사미국의 발다리원에서 지내며 몸에 심한 병이 걸렸다. 그때 다사까라는 수행승이 병자를 보살피고 있었다.[3]

그때 다사까 수행승은 여러 상좌 수행승에게 나아가 상좌 수행승들의 발에 예경하고 한쪽에 섰다. 여러 상좌 수행승들은 다사까 수행승에게 말하였다. "그대는 케마까 수행승에게 가서 '여러 상좌 수행승들이 그대 몸은 좀 나아져 안온한지, 고통이 더 심해지진 않았는지 묻습니다'라고 전해주십시오."

이때 다사까 수행승은 여러 상좌 수행승들의 분부를 받고 케마까 수행승의 처소에 이르러 케마까 수행승에게 말하였다. "여러 상좌 수행승

---

1   SN.22.89 at SN.III.126.29(translated Bodhi 2000: 942). 케마까는 이 경전에서만 보이는 것 같다. 따라서 케마까에 관한 더 많은 정보는 없다. Malalasekera 1937/1995: 726을 보라.
2   SĀ.103 at T.2.29c6-30c11. Anālayo 2014h: 4-10에서 이미 번역하고 있다. 이 번역의 각주는 연관된 산스크리트 단편을 다루고 있다.
3   SN.22.89는 다사까가 병든 자를 찾는다는 것을 가리킨다.

들께서 '병환은 좀 차도가 있습니까, 고통이 더하지는 않습니까' 하고 안부를 물었습니다."

케마까 수행승은 다사까 수행승에게 말하였다. "내 병은 차도가 없어 몸이 안온하지 않으며, 여러 가지 고통은 갈수록 더해 나을 길이 없습니다. 비유하면 힘센 사람이 연약한 사람을 붙잡아 끈으로 머리를 동여매고 두 손으로 세게 조른다면 매우 고통스러울 것입니다. 지금 나의 고통은 그보다 더합니다.

또 비유하면 예리한 칼로 살아 있는 소의 배를 가르고 내장을 끄집어낸다면 그 소의 고통이 어떻겠습니까? 지금 내 배의 고통은 그 소보다 더합니다.

또 비유하면 마치 두 힘센 사람이 연약한 한 사람을 붙들어 불 위에 매달아놓고 두 발을 태우는 것과 같습니다. 지금 내 두 발의 열은 그보다 더합니다."[4]

그때 다사까 수행승은 여러 상좌 수행승들이 있는 곳으로 돌아가 케마까 수행승이 말한 병세를 여러 상좌들에게 자세히 말씀드렸다. 여러 상좌 수행승들은 다시 다사까 수행승을 케마까 수행승에게 보내면서 말했다.

"세존께서는 다섯 가지 집착의 무더기를 말씀하셨습니다. 무엇이 다섯 가지입니까? 색의 집착의 무더기, 느낌의 집착의 무더기, 상의 집착의 무더기, 행의 집착의 무더기, 의식의 집착의 무더기입니다. 그대 케마

---

4   SN.22.89에서 케마카는 자신의 상태가 심각한지를 비유로 표현하지 않고 있다.

까는 이 다섯 가지 집착의 무더기에 대해 '이것은 나[我]도 아니요, 내 것[我所]도 아니다'라고 단지 관찰해보았습니까?"

그때 다사까 수행승은 여러 상좌 수행승들의 분부를 받고 케마까 수행승에게 가서 말하였다. "여러 상좌 수행승들께서 당신께 '세존께서는 다섯 가지 집착의 무더기를 말씀하셨습니다. 그대는 조금이라도 '이것은 나도 아니요, 내 것도 아니다'라고 관찰해보았습니까'라고 말씀하셨습니다."

케마까 수행승은 다사까 수행승에게 말하였다. "나는 그 다섯 가지 집착의 무더기에 대해 '그것은 나도 아니요, 내 것도 아니다'라고 관찰할 수 있습니다."

다사까 수행승은 여러 상좌 수행승들에게 돌아가 아뢰었다. "케마까 수행승은 '나는 다섯 가지 집착의 무더기에 대해서 '그것은 나도 아니요, 내 것도 아니다'라고 관찰할 수 있습니다'라고 말하였습니다."

여러 상좌 수행승들은 다시 다사까 수행승을 보내어 케마까 수행승에게 묻게 하였다. "그대가 다섯 가지 집착의 무더기에 대해서 '그것은 나도 아니요, 내 것도 아니다'라고 관찰할 수 있다면, 그대는 번뇌가 다한 아라한과 같습니까?"

이때 다사까 수행승은 여러 상좌 수행승들의 분부를 받고 케마까 수행승에게 가서 말하였다. "수행승이여, 다섯 가지 집착의 무더기에 대해 그와 같이 관찰할 수 있다면 당신은 번뇌가 다한 아라한과 같습니까?"

케마까 수행승은 다사까 수행승에게 대답하였다. "나는 다섯 가지 집착의 무더기에 대해 '그것은 나도 아니요 내 것도 아니다'라고 관찰하지만 번뇌가 다한 아라한은 아닙니다."[5]

이때 다사까 수행승은 여러 상좌 수행승들에게 돌아가 아뢰었다. "케마까 수행승은 '나는 다섯 가지 집착의 무더기에 대해 나도 아니요 내 것도 아니라고 관찰하지만 번뇌가 다한 아라한은 아닙니다'라고 말하였습니다."

이때 여러 상좌 수행승들이 다사까 수행승에게 말하였다. "그대는 다시 케마까 수행승에게 가서 '그대가 '나는 다섯 가지 집착의 무더기에 대해 나도 아니요 내 것도 아니라고 관찰하지만 번뇌가 다한 아라한은 아니다'라고 말하는 것은 앞뒤가 맞지 않습니다'라고 말하시오."

다사까 수행승은 여러 상좌 수행승들의 분부를 받고 케마까 수행승에게 가 말하였다. "당신께서 '나는 다섯 가지 집착의 무더기에 대해 나도 아니요 내 것도 아니라고 관찰하지만 번뇌가 다한 아라한은 아니다'라고 말씀하신 것은 앞뒤가 맞지 않습니다."

케마까 수행승은 다사까 수행승에게 말하였다. "내가 다섯 가지 집착의 무더기에 대해 '그것은 나도 아니요 내 것도 아니다'라고 관찰하지만 [번뇌가 다한] 아라한은 아니라고 말한 것은, 내가 아직은 '나'가 있다는 교만[我慢]과 '나'가 있다는 [개념과 관련된] 탐욕[我欲]과 '나'가 있다는 번뇌[我使]를 [완전히] 끊지 못하고, 알지 못하며, 떠나지 못하고, 뱉어 버리지 못하였기 때문입니다."[6]

---

5   SN.22.89 at SN.III.128.33의 이러한 연결과정에서 케마까는 오취온과 관련해서 '나는 있다'는 생각을 아직 버리지 못했다고 덧붙이고 있다.
6   SN.22.89. at SN.III.128.33에서 케마까는 이미 직전의 대화에서 "나는 있다"는 만심을 언급하였으므로, 여기에서의 대화는 SN.22.89와 대응하지 않는다.

다사까 수행승은 여러 상좌 수행승들에게 돌아가 아뢰었다. "케마까 수행승은 '내가 다섯 가지 집착의 무더기에 대해 그것은 나도 아니요 내 것도 아니라고 관찰하지만 번뇌가 다한 아라한은 아니라고 말한 것은, 다섯 가지 집착의 무더기에 대해서 '나'가 있다는 교만과 '나'가 있다는 [개념과 관련된] 탐욕과 '나'가 있다는 번뇌를 아직 [완전히] 끊지 못하고, 알지 못하며, 떠나지 못하고, 뱉어 버리지 못하였기 때문입니다'라고 말하였습니다."

여러 상좌 수행승들은 다시 다사까 수행승을 보내 케마까 수행승에게 말하게 하였다. "그대는 나[我]가 있다고 말했는데, 어느 곳에 '나'가 있습니까? 색이 나입니까? 나는 색과 다릅니까? 느낌이 나입니까? 나는 느낌과 다릅니까? 상이 나입니까? 나는 상과 다릅니까? 행이 나입니까? 나는 행과 다릅니까? 식이 나입니까? 나는 식과 다릅니까?"

케마까 수행승은 다사까 수행승에게 말하였다.[7] "나는 '색이 나이다, 나는 색과 다르다고 말하지 않고, 느낌이 나이다, 나는 느낌과 다르다고 말하지 않고, 상이 나이다, 나는 상과 다르다고 말하지 않고, 행이 나이다, 나는 행과 다르다고 말하지 않고, 식이 나이다, 나는 식과 다르다고 말하지 않습니다. 그러나 다섯 가지 집착의 무더기에 대해서 '나'가 있다는 교만과 '나'가 있다는 [개념과 관련된] 탐욕과 '나'가 있다는 번뇌를 아직 [완전히] 끊지 못하고, 알지 못하며, 떠나지 못하고, 뱉어버리지 못했습니다."

---

7   SN.22.89 at SN.III.129.27에서 케마까는 자신이 상좌 수행승들에게 갈 것이라고 직접 말하는 것으로 대답한다.

케마까 수행승은 다시 다사까 수행승에게 말하였다. "어찌 번거롭게 그대를 오가게 하겠습니까? 그대는 지팡이를 가져다주십시오. 지팡이를 짚고 내가 직접 그 상좌들께 가보겠습니다. 지팡이를 가져다주십시오."

케마까 수행승은 곧 스스로 지팡이를 짚고 여러 상좌들에게로 갔다. 이때 여러 상좌들은 멀리서 케마까 수행승이 지팡이를 짚고 오는 것을 보고는 몸소 자리를 펴고 발을 얹을 궤를 바로 놓았고, 직접 나가 그를 맞이하면서 가사와 발우를 받고 자리를 권해 앉게 하였다.[8] 서로 위로한 뒤에 케마까 수행승에게 말하였다.

"그대는 '나'가 있다는 교만[我慢]을 말했는데, 어디서 나[我]를 봅니까? 색이 나입니까? 나는 색과 다릅니까? 느낌이 나입니까? 나는 느낌과 다릅니까? 상이 나입니까? 나는 상과 다릅니까? 행이 나입니까? 나는 행과 다릅니까? 식이 나입니까? 나는 식과 다릅니까?"

케마까 수행승은 말하였다. "색이 나인 것도 아니요[非色是我], 나는 색과 다른 것도 아닙니다.[非我異色] 느낌이 나인 것도 아니요, 나는 느낌과 다른 것도 아닙니다. 상이 나인 것도 아니요, 나는 상과 다른 것도 아닙니다. 행이 나인 것도 아니요, 나는 행과 다른 것도 아닙니다. 식이 나인 것도 아니요, 나는 식과 다른 것도 아닙니다.

그러나[9] 저는 다섯 가지 집착의 무더기에 대해서 '나'가 있다는 교만과 '나'가 있다는 [개념과 관련된] 탐욕과 '나'가 있다는 번뇌를 아직 [완전히] 끊지 못하고, 알지 못하며, 떠나지 못하고, 뱉어버리지 못했습니다.

---

8   SN.22.89는 상좌 수행승들이 자리를 펴고 하는 등을 이야기하지 않고 있다.
9   '그러나'라는 번역어는 Yinshùn 1983b: 183 note 5의 교정을 따르고 있다.

비유하면 그 나[我]라는 것은 마치 청련, 홍련, 수련, 백련 꽃들의 향기와 같습니다.[10] 즉 '뿌리가 곧 향기입니까? 향기는 뿌리와 다른 것입니까? 줄기, 잎, 꽃술의 미세한 부분, 거친 부분이 곧 향기입니까? 향기는 줄기, 잎, 꽃술의 미세한 부분, 거친 부분과 다른 것입니까?' 이런 등등으로 말할 수 있겠습니까?"

여러 상좌들은 대답하였다. "아닙니다. 케마까 수행승이여, 청련, 홍련, 수련, 백련 꽃들의 뿌리가 곧 향기인 것도 아니요, 그렇다고 향기가 뿌리와 다른 것도 아닙니다. 줄기, 잎, 꽃술의 미세한 부분, 거친 부분이 곧 향기인 것도 아니요, 그렇다고 향기가 줄기, 잎, 꽃술의 미세한 부분, 거친 부분과 다른 것도 아닙니다."

케마까 수행승이 다시 물었다. "그러면 그것은 어떤 향기입니까?" 상좌들이 대답했다. "그것은 꽃향기입니다."

케마까 수행승은 말하였다. "나[我]라는 것도 또한 그와 같습니다. 색이 곧 나인 것도 아니요, 그렇다고 나는 색을 떠난 것도 아닙니다. 느낌이 곧 나인 것도 아니요, 그렇다고 나는 느낌을 떠난 것도 아닙니다. 상이 곧 나인 것도 아니요, 그렇다고 나는 상을 떠난 것도 아닙니다. 행이 곧 나인 것도 아니요, 그렇다고 나는 행을 떠난 것도 아닙니다. 식이 곧 나인 것도 아니요, 그렇다고 나는 식을 떠난 것도 아닙니다.

이처럼 저는 다섯 가지 집착의 무더기에 대해 그것은 나도 아니요, 내 것도 아니라고 보지만 아직 '나'가 있다는 교만과 '나'가 있다는 [개념

---

10   SN.22.89 at SN.III.130.13은 세 종류의 연꽃을 들고 있고 각각의 세 부분을 구분하고 있다.

과 연관된] 탐욕과 '나'가 있다는 번뇌를 아직 [완전히] 끊지 못하고, 알지 못하며, 떠나지 못하고, 뱉어버리지 못했습니다.

여러 상좌들께서는 제가 말하는 비유를 들어보십시오. 무릇 지혜로운 사람은 비유를 통해 이해하게 됩니다. 그것은 마치 유모가 [기저귀로 사용한] 천을 세탁하는 집에 주면 여러 가지 잿물로 때를 빼고, 그래도 여전히 남는 냄새가 있을 때는 여러 가지 향의 연기로 냄새를 없애는 것과 같습니다.[11]

이와 같이 많이 들은 성스러운 제자도 <비록> 다섯 가지 집착의 무기를 '그것은 나가 아니요, 내 것도 아니다'라고 바르게 관찰하지만[12] <여전히> [많이 들은 성스러운 제자는] 그 다섯 가지 집착의 무더기와 관련해서 아직 '나'가 있다는 교만과[13] '나'가 있다는 [개념과 관련된] 탐욕과 '나'가 있다는 아직 [완전히] 번뇌를 끊지 못하고, 알지 못하며, 떠나지 못하고, 뱉어버리지 못합니다.

그러나 나중에 [많이 들은 성스러운 제자는] 다섯 가지 집착의 무더기에 대한 생각을 더욱 골똘히 하여 '이것은 색이요, 이것은 색의 발생이며, 이것은 색의 소멸이다. 이것은 느낌이요, 이것은 느낌의 발생이며, 이것은 느낌의 소멸이다. 이것은 상이요, 이것은 상의 발생이며, 이것은

---

11 SN.22,89 at SN.III.131.8에 따르면 단지 옷이 더러워졌다고 하지만, 이 옷은 여전히 냄새나는 세탁감이다. 냄새를 없애기 위해서 주인은 향기나는 바구니에 둔다. 다른 차이는 SN.22.89는 어떻게 통찰을 함양하는지를 보여준다. SĀ.103에서는 비유 다음에 오지만, 여기서는 비유 앞에도 오고 뒤에도 온다. '집착하지 않는다'는 번역과 관련해서는 10장의 각주 13을 보라.

12 '비록'의 번역은 Yìnshùn 1983a: 183 각주 6에서 제안한 교정을 따르고 있다.

13 '여전히'의 번역은 Yìnshùn 1983a: 184 각주 7에서 제안한 교정을 따르고 있다.

상의 소멸이다. 이것은 행이요, 이것은 행의 발생이며, 이것은 행의 소멸이다. 이것은 식이요, 이것은 식의 발생이며, 이것은 식의 소멸이다'라고 그 생성과 소멸을 관찰합니다.

그래서 다섯 가지 집착의 무더기에 대해 이렇게 그 생성과 소멸을 관찰한 뒤에, [많이 들은 성스러운 제자는] '나'가 있다는 교만과 '나'가 있다는 [개념과 연관된] 탐욕과 '나'가 있다는 번뇌를 모두 없앱니다. 이것을 진실한 바른 관찰이라 합니다."

케마까 수행승이 이 법을 설명했을 때, 그 모든 상좌 수행승들은 [마음의] 티끌을 멀리하고 [마음의] 때를 여의어 법안(法眼)이 깨끗해졌다. 그리고 케마까 수행승은 모든 번뇌를 일으키지 않아 마음이 해탈하게 되었다.[14] 법의 기쁨과 이익 때문에 몸의 병이 모두 없어졌다.

이때 여러 상좌 수행승들은 케마까 수행승에게 말하였다. "우리는 그대의 첫 설법을 들었을 때 이미 이해하고 이미 즐거워하였으니, 어찌 거듭 들어볼 필요가 있었겠습니까![15] 우리가 다시 [더] 물었던 것은 그대의 미묘한 변재를 들어보기 위함이었지 그대를 희롱하기 위해서가 아니었습니다. 그대는 과연 여래, 응공, 등정각의 법을 자세히 설명하였습니다."

이때 상좌 수행승들은 케마까 수행승의 말을 듣고 기뻐하며 받들어 행하였다.

---

14 SN.22.89 at SN.III.132.10에 따르면 케마까뿐만 아니라 그와 함께 논의에 참여한 60명의 상좌 수행승은 완전한 깨달음을 성취하였다.
15 이러한 언급은 SN.22.89 at SN.III.132.1에는 없다. 여기서 상좌 수행승은 케마까가 가르침을 설해주기를 원한다고 단순하게 언급하고 있다.

11.3 논 의

케마까가 사용한 설명과 비유는 상좌 수행승들이 깨달음에 이르는 데 분명히, 꼭 필요한 것이었다. 대응하는 빨리어 경전은 이런 점을 더 명백하게 표현한다. 위에서 번역한 경전에서 상좌 수행승들이 '법안'을 성취하여 예류과에 도달하였다고 언급하고 있는 반면, 『상윳따니까야』에서는 심지어 완전한 깨달음에 도달하였다고 말하고 있다.

케마까의 가르침에 의하면 자아를 무엇과 같은 것으로 파악하지는 않는다고 하여도, 여전히 동일화하려는 경향은 향기처럼 경험을 물들이고 있다고 그는 분명히 말하고 있다. 통찰에 의해 자아라는 오염물을 완전히 씻어냈다고 해도 남은 향기를 제거하기 위해서는 더 많은 수행이 필요하다. 남은 수행은 놀랄 정도로 간단하다. 모든 경험은 영원하지 않다는 것을 알아차리는 수행을 하는 것이다. 다섯 무더기의 발생과 소멸을 명상하는 것은 초기경전에서 종종 완전한 해탈에 이르는 강력한 수행의 힘으로 나타난다. 이런 명상 수행은 다음 장에서도 다룰 것이다. 그리고 그것을 실행하는 구체적인 방법은 이 책의 결론 부분에서 다루게 될 것이다.

실질적인 가르침과 더불어서 이 경전에서 주목할 만한 또 다른 점은 케마까의 연민이다. 그는 심한 질병으로 인해서 힘든 상태임에도 불구하고, 다른 수행승들이 자아가 영원하지 않다는 것과 자만으로부터 완전히 자유로워지는 것이 미묘하지만 중요한 차이가 있다는 것을 완전히 파악하지 못하는 것을 알고서, 자신이 직접 몸을 일으켜서 지팡이를 잡고 그들에게로 걸어가서 이 문제를 분명하게 설명해주고 있다. 케마까의 이런 모범적인 행동은 다른 수행승들에게도 그렇게 행동하고자 하는 동기를 부여해주었고, 또한 개인적인 불편함보다는 다른 사람들의 법에 대한 이해를 향상시키는 것에 더 비중을 두고자 하는 고귀한 생각의 원천이 되었다. 위에서 번역한 경전에서 이런 연민어린 행동은 즉각 보상을 받았다. 빨리어 경전에 기록되어 있지는 않지만, 케마까는 자신의 병에서 회복되었다. 그리고 두 경전 모두에 기록되어 있듯이 완전한 깨달음을 성취하였다.

이 책의 전체 주제와 관련되어 있는 또 다른 중요한 의미는 보다 심오한 가르침을 베풀고 있는 자가 바로 환자 자신이라는 점이다. 이런 케마까의 가르침은 아픈 사람에게도 배울 수 있다는 초대장이고, 또한 환자도 자신이 품고 있는 진리를 말할 수 있다는 용기이기도 하다. 환자와 환자 아닌 사람들 모두에게 이렇게 열린 자세를 취하는 것은 마음을 변화시키는 데 대단한 영향을 미친다.

다음 장에서는 일련의 명상 수행에 대해서 언급할 것이다. 위에서 번역한 경전에서 서술한 케마까의 가르침과 유사하게 이런 수행 프로그램을 성공적으로 실행하는 것은 환자의 육체적 치료로 이어질 뿐만 아니라 완전한 깨달음을 통해서 총체적인 정신적 건강으로 나아가는 통찰의 씨앗을 뿌리는 것이다.

12
치유 명상 프로그램

치유 명상 프로그램

12.1 서 론

　이 장에서 경전은 서로 다른 명상 수행들의 전체적인 프로그램을 보여주고 있다. 여기서 붓다가 하는 설법은 기리마난다(Girimānanda)라는 이름의 병든 수행승을 위한 처방이다.[1] 이 경전을 보면 기리마난다에게 가르침을 주기 위해서 붓다 자신이 직접 방문하는 대신 아난다를 보낸다. 기리마난다는 아난다에게 전해 들은 붓다의 가르침을 통해서 회복하였다. 이것이 함축적으로 의미하는 바는 붓다의 가르침이 갖는 치료적인 효과는 붓다의 직접적인 현존을 필요로 하지 않는다는 점이다. 붓다를 옆에서 시중하였지만 완전한 깨달음을 성취하지 못한 아난다처럼 아직 완전한 깨달음에 이르지 못한 사람이라고 할지라도 경전에서 말하

1　현재 경전 이외에 기리마난다는 단지 『테라가타』의 게송(Th.325-9, translated Norman 1969: 36f)에서 화자로 등장한다. 이 게송에 의하면 이 게송을 말할 때에 그는 아라한이 되었다고 한다. Malalasekera 1937/1995: 770f를 보라.

는 일련의 명상 수행을 통해서 환자를 성공적으로 인도할 수 있다.

기리마난다가 받은 치료 효과는 5장에서 논의한 마하깟사빠가 들은 깨달음의 요소가 주는 치료 효과와 유사하다. 두 경우 모두 설법의 내용이 의심할 여지 없이 명상 수행의 지침으로 작용하여서 회복으로 이끌었다. 5장에서 번역한 경전과 마찬가지로 여기서 번역한 경전은 티벳 경전에서 가져온 것인데, 이 경전은 스리랑카 수행승이 티벳으로 전한 것이 틀림없다.[2] 이 티벳 경전과 동일한 내용을 『앙굿따라니까야』의 열(10)의 모음에서 볼 수 있다.[3]

12.2 경전 번역

데르게판[4]

이와 같이 나는 들었다. 어느 때 부처님께서 사위국 기수급고독원에 계셨다. 그 무렵 기리마난다 수행승은 몸에 심한 병이 걸려 매우 괴로워하고 있었다. 그때 아난 존자가 세존께 나아갔다. 세존께 나아가 예를 올리고 한쪽에 앉았다. 한쪽에 앉고서 아난 존자는 세존께 아뢰었다.

---

2   좀 더 자세한 것은 Skilling 1993을 보라.

3   AN.10.60 at AN.V.108.17(translated Bodhi 2012: 1411); 명상에서의 감각과 관련해서는 AN.10.60을 볼 수 있다. Gunaratana 2014.

4   D 38 *ka* 276a6-279a1 또는 Q 754 *tsi* 293a1-295b7. 이미 '기리마난다경'이라는 이름으로 이미 번역하였다. 이 번역에서 논의를 편리하게 하기 위해서 번호를 메기고 있다. 원전에는 숫자가 없다. Feer 1883: 145-50에서 티벳판을 번역하고 있다. 그의 번역은 때때로 번역이라고 할 수 없을 정도로 티벳판과 본질적으로 다르다. Glass 2007: 149는 티벳판에 기초한 몽고역이 존재한다는 것을 언급하고 있다.

"세존이시여, 기리마난다 존자는 심한 병에 걸려 매우 괴로워하고 있습니다. 세존이시여, 세존께서 연민하는 마음을 내시어 기리마난다 존자를 몸소 방문해주시면 좋을 것 같습니다."

세존께서 아난 존자에게 말했다. "아난이여, 너는 곧바로 기리마난다 수행승에게 가서 열 가지 인식에 대해서 말해주고 그에게 분명히 읊어주어라. 기리마난다 수행승이 열 가지 인식을 듣자마자 병으로 괴로워하는 것을 완전하게 알아차릴 것이다.[5]

무엇이 열 가지인가? 그들은 (1) 무상의 인식, (2) 무아의 인식, (3) 부정의 인식[6], (4) 위험의 인식[7], (5) 버림의 인식, (6) 이욕의 인식, (7) 소멸의 인식, (8) 온 세상에 기쁨이 없다는 인식, (9) 모든 형성된 것은 무상하다는 인식, (10) 호흡의 알아차림에 대한 인식이다.[8]

1. 아난이여, 무엇이 무상의 인식인가? 아난이여, 여기 수행승이 숲으로 가거나, 나무 아래로 가거나, 빈집으로 가서 이와 같이 숙고한다. '색은 무상하다. 느낌은 무상하다, 상은 무상하다, 행은 무상하다, 식은 무상하다.' 이처럼 다섯 가지 집착의 무더기[五取蘊]를 무상하게 관찰해야

---

5 AN.10.60 at AN.V.108.28에서 붓다는 아난다가 언급한 인식을 듣고서 기리마난다의 고통이 바로 가라앉았다고 말하고 있다.

6 AN.10.60 at AN.V.109.1은 대신 아름답지 않음(asubha)의 인식을 이야기하고 있다.

7 AN.10.60 at AN.V.109.1은 대신 난점(ādīnava)의 인식을 이야기하고 있다.

8 호흡을 알아차리는 것을 '인식'으로 특징짓는 것은 이 주제를 다루면서 완전하게 설명하지 않는다. AN.10.60 at AN.V.109.3에서는 이미 서론에 나오는 목록에서 호흡을 알아차리는 것(ānāpānasati)을 인식으로 특징짓지 않고 언급하고 있다. 비록 서론에서는 열 가지 인식을 언급하고 있지만 호흡을 알아차리는 것을 인식으로 특징짓지 않는다.

한다. [아난이여] 이처럼 무상의 인식을 가르쳐야 한다.[9]

2. 아난이여, 무엇이 무아의 인식인가? 아난이여, 여기 수행승이 숲으로 가거나, 나무 아래로 가거나, 빈집으로 가서 이와 같이 숙고한다. 눈은 무아이고 형상은 무아이다. 귀는 무아이고 소리는 무아이다. 코는 무아이고 냄새는 무아이다. 혀는 무아이고 맛은 무아이다. 몸은 무아이고 촉은 무아이다. 마음은 무아이고 마음의 대상은 무아이다. 이 여섯 가지 감각기관과 감각대상은 무아이다. 이처럼 무아로 관찰하고 숙고해야 한다. 아난이여, 이처럼 무아[의 인식]를 가르쳐야 한다.

3. 아난이여, 무엇이 부정의 인식인가? 아난이여, 여기 수행승은 몸을 머리 위에서부터 발바닥까지 피부로 둘러싸여 있고, 여러 가지 부정한 것으로 가득 차 있다고 반조해야 한다. '이 몸에는 머리카락, 몸의 털, 손발톱, 피부, 살, 힘줄, 뼈, 골수, 신장, 심장, 비장, 폐, 장간막, 위, 장, 결장, 방광, 대변, 담즙, 가래, 고름, 피, 땀, 지방, 눈물, 기름기, 침, 콧물, 액, 오줌, 뇌가 있다.[10] 32가지 부정한 것이다. 이처럼 몸을 부정하다고 숙고해야 한다. 아난이여, 이 부정[의 인식]을 가르쳐야 한다.

4. 아난이여, 무엇이 위험의 인식인가? 아난이여, 여기 수행승은 숲으로 가거나, 나무 아래로 가거나, 빈집으로 가서 이와 같이 숙고한다. 이

---

9 여기와 밑에 나오는 AN.10.60은 아난다가 열 가지 인식을 가르쳐야 한다고 아난다에게 명하지는 않는다. 대신 AN.10.60은 일관되게 이러한 인식이라고 불린다고 붓다가 언급하고 있다고 결론짓고 있다. 첫 번째 네 가지 인식의 경우 각각의 수행에 대한 짧은 정리가 앞선다.

10 AN.10.60에서 뇌는 해부학적인 부분이 아니다. 그곳에서는 부분에 대한 전체적인 설명을 요약하는 문장이 없다. 개수도 31가지이다. 다음을 보라. Anālayo 2011a: 82f note 281.

몸에는 많은 괴로움과 위험이 있다. 이 몸에는 여러 가지 병이 생긴다. 눈병, [바깥] 귓병, 콧병, 혀병, 몸의 병, 머리병, 안쪽 귀병, 입병, 이빨의 병, 기침, 천식, 점막의 염증, 열, 위장병, 기절, 이질, 배앓이, 콜레라, 나병, 종기, 매독, 폐결핵, 간질, 피부병, 가려움, 백선, 수두, 옴, (내부) 출혈, 당뇨, 치질, 암, 천공, 담즙의 불균형으로 인한 병, 점액의 불균형으로 인한 병, 바람의 불균형으로 인한 병, [이들의] 합병증, 적절하게 음식을 섭취하지 못한 병, 균형잡히지 않은 행동으로 인한 병, 경련으로 인한 병, 업이 성숙함으로 인한 병, 추위, 더위, 배고픔, 목마름, 배변, 배뇨가 있다.[11] 몸의 이러한 병을 장애로 숙고하고 위험[의 인식]를 가르쳐야 한다.

5. 아난이여, 무엇이 버림의 인식인가? 아난이여, 여기 수행승은 일어난 감각적 욕망에 머물지 않고, 제거하여 없애고, 그것에 익숙해지지 않고, 계발하지 않는다.

[수행승은 일어난 악의에 머물지 않고, 제거하여 없애고, 그것에 익숙해지지 않고, 계발하지 않는다.][12]

[수행승은] 일어난 해로움에 머물지 않고, 제거하여 없애고, 그것에 익숙해지지 않고, 계발하지 않는다.

[수행승은] 일어난 나쁘고 유해한 성질에 머물지 않고, 제거하여 없

---

11 티벳 원전에서 질병의 목록이 항상 분명한 것은 아니다. 몇몇 곳에서 번역용어가 분명하지 않다. 다른 것들은 번역하지 않고 빨리어를 그대로 음사하기도 한다. 하나의 용어가 갖는 함축이 아무리 분명하더라도 중요한 점은 다른 가능한 질병의 리스트는 아플 수 있다는 몸의 본성을 보여주는 것이다.

12 D 38 *ka* 277b2 그리고 Q 754 *tsi* 294a7은 감각적 욕망에서 해로움으로 직접적으로 나아간다. 그래서 악의의 경우를 잊어버린 것처럼 보인다. 초기경전에는 항상 감각적 욕망과 해로움을 유익하지 않은 사고 유형의 표준적 형태로 언급한다.

애고, 그것에 익숙해지지 않고, 계발하지 않는다. 아난이여, 이것은 버림의 인식이다.[13]

6. 아난이여, 무엇이 이욕의 인식인가?[14] [아난이여, 여기 수행승이 숲으로 가거나, 나무 아래로 가거나, 빈집으로 가서 이와 같이 숙고한다. 이것은 고요하고 수승하고 말하자면 모든 형성된 것들의 가라앉음이고, 일어난 것의 놓아버림이고, 갈애의 소진이고, 탐욕에서 벗어남이고, 열반이다. 아난이여, 이것이 이욕의 인식이다.]

[7. 아난이여, 무엇이 소멸의 인식인가?] 아난이여, 여기 수행승이 숲으로 가거나, 나무 아래로 가거나, 빈집으로 가서 이와 같이 숙고한다. 이것은 고요하고 수승하고 말하자면 모든 형성된 것들의 가라앉음이고, 일어난 것의 놓아버림이고, 갈애의 소진이고, 소멸이고, 열반이다. 아난이여, 이것이 소멸의 인식이다.

8. 아난이여, 무엇이 온 세상에 기쁨이 없다는 인식인가? 아난이여, 여기 수행승은 세상에 대한 지식, 사유, 지위, 번뇌를 포기하고 그것을 기뻐하지 않는다. 아난이여, 이 온 세상에 기쁨이 없다는 인식을 가르쳐야 한다.

9. 아난이여, 무엇이 모든 형성된 것은 무상하다는 인식인가? 아난이여, 여기 수행승은 모든 형성된 것에 집착하지 않고, 포기하고, 염오한

---

13 D 38 *ka* 277b4 그리고 Q 754 *tsi* 294b1 여기서는 '인식'을 단수로 쓰고 있다. 서론에서는 '인식들'로 복수로 언급하고 있다.

14 D 38 *ka* 277b4 그리고 Q 754 *tsi* 294b1은 이욕과 소멸의 인식을 융합하는 것처럼 보인다. 붓다의 설명의 서론 부분에서 분리해서 언급하고 있다. 아마 이 두 가지의 형식이 비슷해서 필사할 때 생긴 실수의 결과로 보인다.

다.[15] 아난이여, 이 모든 형성된 것은 무상하다는 인식을 가르쳐야 한다.

10. 아난이여, 무엇이 호흡의 알아차림인가? 아난이여, 여기 수행승이 숲으로 가거나, 나무 아래로 가거나, 빈집으로 가서 가부좌를 틀고 상체를 세우고 전면을 알아차리면서 앉는다…[16]

아난이여, 너는 곧바로 기리마난다 수행승에게 가서 열 가지 인식에 대해서 말해주어라. 기리마난다 수행승은 열 가지 인식을 듣자마자 병이 완전히 가라앉을 것이다."

아난 존자는 세존으로부터 이를 듣고서, 기리마난다 수행승에게 가서 열 가지 인식 각각을 말해주었다.

열 가지 인식을 듣자마자 기리마난다 수행승의 병은 완전히 가라앉았다. 병이 완전히 가라앉자 기리마난다 존자는 병석에서 일어났다. 기리마난다 존자의 병은 완쾌되었다.

---

15 AN.10.60 at AN.V.111.9의 가르침은 세 가지 매우 유사한 용어를 사용하고 있다. 셋 모두는 염오의 의미를 담고 있다. Bodhi 2012: 1846 note 2078은 몇몇 사본에 등장하는 anicchā saññā라는 다른 독해를 언급하고 있다. 이 독해에 의하면 지금 인식의 제목은 '모든 형성된 것에 대한 희망없음의 인식'으로 바뀔 것이다. 티벳 어로 'mi rtag pa'i'du shes'로 읽는다. 따라서 이는 분명한 'aniccasaññā', 즉 '무상의 인식'을 번역한 것이다. 두 제목 모두 기본적으로 같은 지점으로 수렴한다고 생각할 수 있다. 그 지점은 정확히 모든 형성된 것들의 무상한 성질에 대한 통찰이다. 이는 형성된 것들에 대한 희망없음으로 이끌고, 그것들에 대한 집착의 포기로 이끌고, 이것을 버리도록 이끌고, 결국에는 혐오하도록 이끈다.

16 실제 가르치는 부분의 텍스트는 티벳 원전에서는 훼손되었다. 많은 교정을 하지 않으면 더 이상 번역하기에 적합하지 않다. 이 부분에 대해서는 콘, 나르탕판, 데르게판과 북경판을 참조하였지만 문제를 해결하는 데 도움이 되지 못했다.

12.3 논 의

티벳 경전에 실려 있는, 호흡을 열여섯 단계로 알아차리는 것에 대한 실제적인 가르침은 이 경전이 전해져 내려오는 동안 오류가 생겨서 유감스럽게도 여기에서 번역하기는 적당하지 않다. 따라서 이 부분은 위의 번역에서 제외하였다. 그 대신 이에 상응하는 내용을 『앙굿따라니까야』에서 가져와서 보충하였다. 여기 인용한 『앙굿따라니까야』에서는 먼저 호흡의 알아차림을 위해 적절한 장소와 자세를 취하는 것을 서술한 다음 이어서 다음과 같이 언급하고 있다.[17]

> "그는 알아차리면서 숨을 들이쉬고 알아차리면서 숨을 내쉰다. ① 길게 들이쉬면서 '길게 들이쉰다'라고 알아차린다, 길게 내쉬면서 '길게 내쉰다'라고 알아차린다. ② 짧게 들이쉬면서 '짧게 들이쉰다'라고 알아차리고, 짧게 내쉬면서 '짧게 내쉰다'라고 알아차린다. ③ '온몸을 느끼면서 들이쉬리라'며 익히고, '온몸을 느끼면서 내쉬리라'며 익힌다. ④ '몸의 활동[身行]을 가라앉히면서 들이쉬리라' 하며 익히고, '몸의 활동을 가라앉히면서 내쉬리라' 하며 익힌다.[18]
> ⑤ '기쁨을 느끼면서 들이쉬리라' 하며 익히고, '희열을 느끼면서 내쉬리라'하며 익힌다. ⑥ '행복을 느끼면서 들이쉬리라'하

---

17 AN.10.60 at AN.V.111.14-112.7.
18 여기와 밑의 결론 부분 그리고 부록 I에 나오는 몸과 마음의 상카라를 '활동'으로 번역하는 것은 다음의 예를 따르고 있다. Bodhi 2012: 1414. 여기에서 '형성'이라는 초기의 번역어에서 수행적 관점에서 호흡에 대한 알아차림이라는 현재 중요한 의미를 담고 있는, 나에게는 매우 적절하게 보이는 '활동'이라는 번역어로 옮겨가고 있다.

며 익히고, '행복을 느끼면서 내쉬리라'라며 익힌다. ⑦ '마음의 활동을 느끼면서 들이쉬리라'하며 익히고, '마음의 활동을 느끼면서 내쉬리라' 하며 익힌다. ⑧ '마음의 활동을 가라앉히면서 들이쉬리라' 하며 익히고, '마음의 활동을 가라앉히면서 내쉬리라' 하며 익힌다.

⑨ '마음을 경험하면서 들이쉬리라'하며 익히고, '마음을 경험하면서 내쉬리라' 하며 익힌다. ⑩ '마음을 기쁘게 하면서 들이쉬리라'하며 익히고, '마음을 기쁘게 하면서 내쉬리라' 하며 익힌다. ⑪ '마음을 집중하면서 들이쉬리라' 하며 익히고, '마음을 집중하면서 내쉬리라' 하며 익힌다. ⑫ '마음을 해탈케 하면서 들이쉬리라' 하며 익히고, '마음을 해탈케 하면서 내쉬리라' 하며 익힌다.

⑬ '무상을 관찰하면서 들이쉬리라'하며 익히고, '무상을 관찰하면서 내쉬리라' 하며 익힌다. ⑭ '탐욕이 사라짐을 관찰하면서 들이쉬리라' 하며 익히고, '탐욕이 사라짐을 관찰하면서 내쉬리라' 하며 익힌다. ⑮ '소멸을 관찰하면서 들이쉬리라' 하며 익히고, '소멸을 관찰하면서 내쉬리라' 하며 익힌다. ⑯ '놓아버림을 관찰하면서 들이쉬리라' 하며 익히고, '놓아버림을 관찰하면서 내쉬리라' 하며 익힌다."

이 번역과 함께 이 책의 부록에서 다른 두 경전, 즉 근본설일체유부(Mūlasarvāstivāda)와 설일체유부(Sarvāstivāda)의 율장들에 실린 호흡을 알아차리는 열여섯 단계를 번역하고 있다.[19]

---

19 부록을 보라. 대중부 율장과 『잡아함경』에서 볼 수 있는 다른 두 버전은 이미 다음에서 번역하고 있다. Anālayo 2013b: 228-30.

이 경전에 있는 일련의 전체 명상 수행의 바탕을 이루고 있는 수행의 역동적인 측면을 보다 잘 이해하기 위해서는 음절 증가의 규칙을 알아둘 필요가 있다. 이 규칙의 근본 원리는 항목에 열거된 단어들이 보다 적은 음절로 시작해서 앞의 음절과 동일하거나 또는 더 많은 음절을 가진 단어로 이어진다는 것이다.[20] 더 긴 항목의 주제는 하위 그룹으로 정리된다. 이는 하위 그룹의 항목 사이에 주제 또는 형식의 관련성에 바탕을 둔 것이다. 빨리어 경전의 경우 열 가지 인식을 다음과 같은 하위 그룹으로 분류하고 있다.[21]

- (1) 무상의 인식, (2) 무아의 인식, (3) 부정의 인식, (4) 위험의 인식
- (5) 버림의 인식, (6) 이욕의 인식, (7) 소멸의 인식, (8) 온 세상에 기쁨이 없다는 인식, (9) 모든 형성된 것은 무상하다는 인식
- (10) 호흡의 알아차림

음절 증가의 규칙에 의해서 첫 네 가지 인식들을 한 그룹에 묶어 넣고 있다. 이런 구분은 「기리마난다경」에서도 동일하다. 이 빨리어 경전은 첫 네 가지 인식이 개별 수행의 핵심이라고 요약하면서 결론을 맺고 있다.[22] 나머지 가르침에 대해서는 이러한 요약을 볼 수 없다.

---

20 더 자세한 것은 다음을 보라. Anālayo 2009c.
21 음절을 세는 것은 다음과 같다. aniccasaññā: 5, anattasaññā: 5, asubhasaññā: 5, ādīnavasaññā: 6, pahānasaññā: 5, virāsaññā: 5, nirodhasaññā: 5, sabbaloke anabhiratasaññā: 11, sabbasaṅkhāresu aniccāsaññā: 11, ānāpānasati: 6 그룹별로 보면 a) 5+5+5+6, b) 5+5+5+11+11, c) 6이다.
22 앞의 각주 9번을 참조하라.

첫 네 가지 인식을 한 그룹으로 묶고 있다는 것을 염두에 두면서 더 자세히 들여다보면 「기리마난다경」과 이에 대응하는 티벳 경전에서 언급한 명상 수행의 과정은 네 가지 왜곡(위빨라사, vipallāsa)에 해당한다는 것을 명확히 알 수 있다. 『앙굿따라니까야』와 이에 대응하는 부분적으로 현존하는 『증일아함경』에 의하면 이 네 가지는 다음과 같은 잘못된 정신적 과정이다.[23]

- (a) 무상한 것에서 영원한 것을 찾는 것
- (b) 둣카에서 즐거움을 찾는 것
- (c) 무아에서 자아를 찾는 것
- (d) 매혹적이지 않은 것에서 매혹적인 것을 찾는 것

결과적으로 「기리마난다경」의 첫 네 가지 인식과 네 가지 왜곡을 대응시켜보면 다음과 같다.

인식	왜곡
(1) 무상	(a) 무상한 것에서 영원한 것을 찾는 것
(2) 무아	(c) 무아에서 자아를 찾는 것
(3) 부정	(d) 매혹적이지 않은 것에서 매혹적인 것을 찾는 것
(4) 위험	(b) 둣카에서 즐거움을 찾는 것

---

23   AN.4.49 at AN.II.52.3 (translated Bodhi 2012: 437) 그리고 대응 경전 EĀ.2 at T.2.876c21.

기리마난다에게 주는 가르침에서 이런 네 가지 인식은 점차적으로 신체에 초점을 맞추는 것으로 이어진다. 이것은 질병을 체험하는 데 적절한 방식이다. 신체는 (1) 무상의 인식에서 다섯 무더기의 첫 번째이다. (2) 무아의 인식은 여섯 감각기관을 향하고 있는데, 이 중 다섯은 신체와 관련되어 있다. (3) 부정의 인식은 신체의 해부학적 구성 요소들을 쭉 보고 있다. 여기서 명상 수행의 전부는 신체와 관련되어 있다. (4) 장애의 인식에서 신체에 대한 초점은 질병과 직접 연관된다는 점에서 그 절정에 이르러 신체를 병들게 하고 신체적 통증을 유발하는 여러 질병들을 언급한다.

「기리마난다경」과 이에 대응하는 티벳 경전에서 위에서 언급한 인식들 이외에 다른 네 가지 요소를 묶음으로 하는 그룹을 언급하고 있다. 이것은 마지막 목표, 즉 해탈을 보완적으로 지지하고 있다. 여기에 속하는 인식들은 (6) 이욕의 인식, (7) 소멸의 인식, (8) 온 세상에 기쁨이 없다는 인식, (9) 모든 형성된 것은 무상하다는 인식이다. 이렇게 하여 첫 번째 네 가지 그룹(1-4)은 네 가지 왜곡(위빨라사)에서 마음을 자유롭게 해주고 두 번째 그룹(6-9)은 마음이 완전한 자유를 향하여 나아가도록 해준다.

첫 번째 그룹의 다음과 두 번째 그룹의 다음에는 (5)번 인식과 (10)번 인식이 나온다.[24] 이 (5)번과 (10)번은 각각 다시 네 개의 기본 요소로 구성되어 있다. (5) 버림의 인식에서 첫 번째는 (5a) 감각적 욕망의 버림이

---

24 그룹으로 나누는 것은 음절 증가의 규칙을 뒷받침한다. 결과적으로 전체의 그룹으로 다음과 같이 된다. a) 5+5+6, b) 5, c) 5+5+5+11+11, d) 6이다. 음절 증가의 법칙만 보면 앞에서 보았듯이, b)와 c)의 구분은 명확하지 않다.

다. 이것은 부정의 인식(3)과 장애의 인식(4)에서 자연스럽게 귀결되는 것이다. 그다음 요소들은 (5b) 나쁜 의도의 버림, (5c) 해로움의 버림, (5d) 다른 악과 불선한 자질의 버림이다. 이 마지막 요소는 자연스럽게 두 번째 그룹의 네 가지 요소(6-9)로 나아가게 되고 마음을 열반으로 향하게 한다. 이렇게 (5a)부터 (5d)까지 모두를 (5) 버림의 인식이라는 이름으로 묶고 있다.

명상 수행 프로그램은 (10) 호흡의 알아차림 16단계에서 그 정점을 이룬다. 이 (10)은 사실 앞에서 언급한 음절 증가의 규칙에서 벗어나 있다. 초기불교경전의 다른 곳에서는 네 가지 알아차림의 확립과 16단계를 연관 짓고 있다. 네 가지 알아차림의 확립은 호흡의 알아차림 16단계의 토대가 된다.[25] 이렇게 하여 호흡의 알아차림은 기본적으로 네 가지로 나뉘게 된다.

이렇게 하여 전체적인 명상 수행 프로그램은 다음과 같이 네 가지 그룹으로 크게 나누어진다.

- (1) 무상의 인식, (2) 무아의 인식, (3) 부정의 인식, (4) 위험의 인식
- (5a) 감각적 욕망의 버림, (5b) 나쁜 의도의 버림, (5c) 해로움의 버림, (5d) 불선의 버림
- (6) 이욕의 인식, (7) 소멸의 인식, (8) 온 세상에 기쁨이 없다는 인식, (9) 모든 형성된 것은 무상하다는 인식

---

25   Anālayo 2007a, 2013b: 233-5를 보라.

• (10) 호흡의 알아차림: (10a) 첫 번째 네 가지, (10b) 두 번째 네 가지, (10c) 세 번째 네 가지, (10d) 네 번째 네 가지

병든 기리마난다를 위한 일련의 가르침에서 호흡의 알아차림은 그 정점을 형성하고 수행 방식의 모든 범주를 아우르고 있다. 자연스럽게 삶을 유지해주는 호흡은 이제 질병 및 죽음과 밀접한 관련을 맺게 된다. 24장에서 탐구하게 될 죽음을 회상하는 방식 중 하나도 정확히 호흡을 그 대상으로 삼고 있다. 호흡을 알아차리거나 죽음을 기억하는 것, 알아 차림의 도움으로 무상에 대한 통찰을 갖추는 것은 핵심적인 역할을 한다.

이 장에서 파악해야 하는 메시지는 명상 수행을 통해서 자신의 내적 자원들을 확립할 필요가 있다는 것이다. 특히 알아차림을 함양하는 것 과 무상에 대한 통찰은 중요하다. 이 책의 결론에서 다시 「기리마난다경」 으로 돌아가서 이 열 가지 인식을 어떻게 수행으로 전환할 것인지에 대 해 상세하게 언급할 것이다. 결론으로 나아가기 이전에 이 책의 두 번째 주제를 탐구하고자 한다. 즉 자신과 다른 사람의 죽음을 직면하는 것이다.

13
죽음의 불가피성

죽음의 불가피성

13.1 서 론

초기경전에 대한 탐구는 이제 이전의 12개 장의 주제였던 병에서 죽음으로 옮겨간다. 죽음에 대한 주제를 가지고 나머지 12개 장을 서술할 것이다. 죽음의 곤경에 대해서는 사성제의 첫 번째 진리에서 분명하게 다루고 있다. 사성제는 1장에서 언급한 바와 같이 초기불교에서 병과 죽음을 해결하는 근본적인 틀의 역할을 한다. 사성제 가운데 첫 번째 진리는 죽음을 생각하면서 동시에 태어남, 늙음, 병을 다루고 있다. 이것들은 모두 둣카의 표현이다.

두 번째 진리는 둣카의 발생 원인으로서 갈망을 다루고 있다. 죽음과 연관해서 보자면 집착, 갈망, 애착이 강하면 강할수록 죽음이 주는 위협은 더 크게 받아들여진다. 그러므로 죽음에 대한 두려움은 신체를 갖고 태어난 개별적인 존재가 어느 정도 애착에 매여 있는지, 그 정도를 반영하는 잣대이다.

둣카의 종결에 관한 세 번째 진리는 둣카에서 벗어난 죽음 및 죽음을 향해가는 바람직한 태도를 지닐 수 있다는 것을 함축하고 있다. 갈망과 애착을 놓아버리는 것이 죽음의 두려움으로부터 더 큰 자유로 나아가는 방법이다.

네 번째 진리는 죽음의 두려움에서 벗어나 내면적인 자유에 도달하기 위한 수행의 길을 말하고 있다. 이런 수행의 길에 들어서기 위해서는 도덕적 행위라는 기반과 마음의 체계적 훈련이 결합되어야 한다. 그렇게 되면 질병과 죽음이 주는 위협은 자유를 향한 강력한 동기가 된다. 이 수행의 길을 가고자 하는 사람은 도덕적 행동과 수행을 통한 마음의 계발에 헌신하게 된다.

죽음이 둣카의 발생을 야기하는 방식은 여러 가지 차원에서 일어난다. 그중 하나가 사랑하는 사람의 죽음으로 인해 생기는 비통함이다. 다음에서 번역한 경전은 이런 종류의 비통함에 대해 기록하고 있다. 이 경전의 주인공은 꼬살라 왕국의 왕 빠세나디(Pasenadi)이다. 빠세나디는 초기경전에서 붓다를 존경하여 정기적으로 붓다를 알현하는 왕으로 묘사된다.[1]

다음에서 번역한 부분은 『잡아함경』에서 인용한 것이지만 이에 대응하는 내용은 다음과 같은 경전에서도 나온다. 즉 『상윳따니까야』, 산스크리트 경전 일부, 완전하게 보존되지 않은 또 다른 『잡아함경』, 『증일아함경』, 단편적으로 번역된 경전들이다.[2]

---

1   빠세나디왕에 관한 전기는 다음을 보라. Malalasekera 1938/1998: 168-74.
2   SN.3.22 at SN.I.96.31(translated Bodhi 2000: 188), SHT VI 1586, Bechert and Wille 1989:

13.2 경전 번역

『잡아함경』 1227. 모경(母經)[3]

이와 같이 나는 들었다. 어느 때 세존께서 사위국 기수급고독원에 계셨다. 그 무렵 빠세나디왕에게는 지극히 존경하던 할머니가 있었는데, 갑자기 세상을 떠났다. 그는 성을 나가 화장을 하고[4] 유해를 모아 공양하기를 마치고는[5] [빠세나디왕은] 헤진 옷을 입고 머리를 풀어헤치고 세존께서 계신 곳으로 찾아와서 발에 예경하고 한쪽에 물러나 앉았다.[6]

세존께서 빠세나디왕에게 말씀하셨다. "대왕이여, 어디에서 오시기에 헤진 옷을 입고 머리를 풀어헤쳤습니까?"

빠세나디왕이 부처님께 아뢰었다. "세존이시여, 저에게는 지극히 존경하던 조모님이 계셨는데, 저를 버리고 갑자기 세상을 떠나셨습니다.[7] 그래서 성 밖에 나가 화장을 하고 예를 올리기를 마친 다음 세존께 온

202(Yamada1972를 보라), SĀ².54 at T.2.392a26, EĀ.26.7 at T.2.638a2, T.122 at T.2.545a24.

3   SĀ.1227 at T.2.335b9-335c16.

4   Thi-a 21.24(translated Pruitt 1998/1999; 35)는 빠세다니의 여동생인 수마나는 출가하기를 원했지만, 할머니를 돌보기 위해서 왕국에 남았다. 그녀는 할머니가 돌아가신 이후에 출가를 했고 완전한 깨달음에 도달했다.

5   여기에서 텍스트는 '몸'과 '뼈'를 함께 의미할 수 있는 용어를 사용하고 있다. 자세한 것은 Silk 2006을 참조하라. 두 가지 뉘앙스를 모두 담기 위해서 여기와 이후의 장에서 나는 '유해'라는 번역어를 사용할 것이다.

6   SN.3.22는 빠세나디왕이 붓다에게로 다가오는 것으로 설정하고 있다. 이들이 만나기 이전에 SĀ.1227에서 보여주는 정보를 제공하지는 않는다.

7   SN.3.22 at SN.197.4에 따르면 빠세나디왕의 조모님의 연세는 120세이다. T.122 at T.2.545a25에 따르면 조모님의 연세는 100세 정도이고, EĀ.26.7 at T.2.638a8에 따르면 조모님의 연세는 100세 가까이 된다.

것입니다.”

세존께서 대왕에게 말씀하셨다. “조모님을 지극히 사랑하고 존경스럽게 생각하셨습니까?”[8]

빠세나디왕이 세존께 아뢰었다. “세존이시여, 지극히 존경하고 사랑하였습니다. 세존이시여, 만일 이 나라의 모든 코끼리와 말과 나아가 왕위까지 모두 가져다 남에게 주고서라도 조모님의 목숨만 구할 수 있다면 저는 마땅히 그에게 주겠습니다. 그러나 이미 돌아가신 것을 구할 수도 없고 삶과 죽음[의 윤회]으로부터 구할 수 없으므로 슬픔과 그리움과 근심과 괴로움을 스스로 견딜 수 없습니다.

일찍이 세존께서는 ‘모든 중생, 모든 벌레, 모든 신(神)들에 이르기까지 일단 태어난 것은 모두 죽게 마련이어서 끝내 다하지 않는 것은 없다. 한번 태어난 것 치고 죽지 않는 것은 없다’라고 말씀하셨다고 들었습니다. 오늘에야 비로소 세존께서 하신 말씀이 훌륭하다는 것을 알겠습니다.”[9]

세존께서 말씀하셨다. “대왕이여, 그렇습니다, 그렇습니다. 모든 중생, 모든 벌레, 모든 신들에 이르기까지 일단 태어난 것은 모두 죽게 마련이어서 끝내 다하지 않는 것이 없습니다. 어느 것도 일단 생겨나면 죽지 않는 것은 없습니다.”

세존께서 대왕에게 말씀하셨다. “설사 바라문 같은 훌륭한 족성이나

---

8   SN.3.22에서는 이러한 질문을 하지 않는다.

9   SN.3.22 at SN.I.97.16에서 붓다는 모든 살아 있는 존재의 필멸성에 대한 언급을 하고 있다. 그곳에서 빠세나디왕은 처음으로 그러한 말을 들은 것처럼 보이고, 잘 설해졌다는 것을 증명하고 있다.

크샤트리야 같은 훌륭한 족성이나 장자 같은 훌륭한 족성이라 하더라도 일단 태어난 이는 다 죽게 마련이니,[10] 죽지 않는 이는 없습니다. 설령 크샤트리야 족성의 대왕이 관정을 받고 왕위에 올라 사대륙을 다스리고, 자재로운 힘을 얻어 모든 적국을 다 항복 받았다 하더라도, 마침내 궁극적 한계에 이르러 죽음을 넘어서지 못합니다.

또 대왕이여, 장수천(長壽天)에 태어나서 하늘 궁전의 왕이 되어 마음껏 쾌락을 누린다 하더라도, 마침내는 다함으로 돌아가 죽음을 넘어서지 못합니다.

또 대왕이여, 아라한 수행승으로서 모든 번뇌가 이미 다하고 온갖 무거운 짐을 버렸으며 할 일을 이미 마쳤고 자신은 이익을 얻었으며 모든 존재의 결박에서 벗어나 바른 지혜로 마음이 잘 해탈하였다 하더라도, 그 또한 다함으로 돌아가 몸을 버리고 열반하는 것입니다.

또한 연각(緣覺)으로서 균형을 잘 이루어 지극히 고요하다 하더라도 그 몸과 목숨은 다해 마침내 열반으로 돌아갑니다.

모든 불세존께서 열 가지 힘을 완전히 갖추고 네 가지 두려움이 없으며, 뛰어난 사자처럼 포효한다 하더라도, 마침내는 몸을 버리고 반열반을 취하는 것입니다.

이러한 까닭으로 대왕께서는 아셔야만 합니다. 모든 중생, 모든 벌레,

---

10 SN.3.22 at SN.I.97.23에서 붓다는 죽음을 피할 수 없는 인간을 거론하는 대신 이러한 상황을 비유로 보여준다. 비유에 의하면 옹기장이가 만든 모든 그릇은 깨어지기 마련이다. Yamada 1972의 산스크리트 텍스트는 둘을 조합하고 있다. 죽음을 피할 수 없는 인간을 거론하면서 옹기장이 비유를 들고 있다. 이 비유가 빠세나디왕이 아니라 수행승들에게 설해진다는 점에서 차이가 있다.

모든 신에 이르기까지 일단 태어난 것은 모두 죽게 마련이어서 끝내 다 하지 않는 것이 없습니다. 어느 것도 일단 생겨나면 죽음을 넘어서지 못합니다."

세존께서 다시 게송으로 말씀하셨다.

"온갖 부류의 중생들
목숨 있으면 마침내 죽음으로 돌아가
각기 지은 업을 따라 다른 세계로 나아가서
선악의 결과를 제 자신이 받는다.
그 나쁜 업 지은 자는 지옥에 떨어지고
선을 행한 사람은 천상에 오르며[11]
가장 뛰어난 도를 닦아 익힌 자는
번뇌가 다해 반열반에 드네.
여래와 벽지불
성문 제자까지도
마침내는 그 몸과 목숨을 버리나니
하물며 저 세속의 범부들이겠는가."

세존께서 이 경을 말씀하시자, 빠세나디왕은 이를 듣고 기뻐하면서 예경하고 떠나갔다.

---

11   SN.3.22 at SN.I.97.32는 선한 일을 해야 한다고 말하고, 공덕이 내세의 의지처가 된다고 설명한다. SĀ.1227에서 게송의 나머지 부분에 대한 대응 부분이 없다.

13.3 논 의

위에서 번역한 경전에서 주목할 것은 죽음은 피할 수 없다는 것이다. 이것은 너무나 자명한 사실임에도 불구하고 가깝거나 소중한 사람이 죽게 되면 이것을 받아들이기 어렵다는 것을 종종 보게 된다. 같은 내용을 기록하고 있는 다른 경전들을 참고해보면 빠세나디 왕의 할머니의 연세는 100세에서 120세 정도인 것 같다. 나이를 생각해보면 할머니의 죽음을 예상하지 못할 정도는 아니었다. 그럼에도 불구하고 빠세다니 왕의 비통함은 아주 깊어서 할머니가 죽음에서 돌아온다면 자신이 가진 모든 것을 주겠다고 한다.

경전은 계속해서 죽음의 불가피성에 대한 원리를 고대 인도 사회의 훌륭한 계층, 즉 브라흐만, 전사, 상인 계층에 속하는 가족들에게도 적용하고 있다. 그다음으로 고대 인도 우주론에 따라서 네 대륙 모두를 다스리는 왕을 예로 들고 있다.

죽음이 모든 것을 휩쓸어가는 힘은 또한 천신들과 완전히 깨달은 붓다의 제자들인 아라한에게도 미친다. 초기불교 사상에서는 붓다의 한 종류로 빳쩨까붓다(벽지불, 연각, Paccekabuddha)를 인정한다. 이 붓다는 완전한 깨달음을 성취했다는 점에서는 붓다와 같지만 가르침을 펴지 않았다는 점에서 다르다.[12] 벽지불들과 아라한들은 완전한 깨달음을 통해서 최고의 정신적인 건강을 성취하였지만 벽지불은 붓다의 가르침을 받지 않고 스스로 수행의 최종 목표에 도달하였다는 점에서 아라한보다

---

12   벽지불의 개념에 대한 자세한 내용은 다음을 참조할 수 있다. Anālayo 2010a, 2015d.

뛰어나다. 그러나 이런 아라한과 벽지불도 죽음을 피할 수는 없다.

붓다는 연민에 가득 차서 가르침을 폈다는 점에서 벽지불보다 뛰어나지만 그 역시 죽음을 피할 수 없다. 불교 전승에 의하면 완전한 깨달음에 도달한 붓다는 열 가지 수승한 정신적인 힘을 가졌다고 한다.[13] 여기에 또한 네 가지 내면적인 용맹함을 가졌다.[14] 이런 힘과 용맹함이 있었기 때문에 붓다는 내면적인 완전한 확신을 가지고 자신의 입장을 견지하고, 이로 인해서 아무 두려움 없이 자신의 법을 펼 수 있었다. 이것은 사자의 포효에 비견할 만하다.[15] 열 가지 수승한 힘과 네 가지 용맹함으로 흔들리지 않는 자기 확신을 하고 있는 이런 엄청난 권세를 가진 사람조차도 결국은 죽게 마련이다.

이런 예들을 통해서 우리는 죽음이 갖는 전방위적인 힘을 생생하게 느낄 수 있다. 여기서 볼 수 있는 핵심적인 메시지는 죽음을 이론적인 지식의 하나로 간주하여 금방 잊어버리지 말고 우리 자신의 인생 경험에서 죽음을 필수불가결한 것으로 간주하라는 것이다. 매일 생활하면서 이런 사실을 실제로 실천하는 한 가지 방법은 우리가 매일 지금 만나고 있는 사람도 또한 죽을 것이라고 상기하는 것이다. 죽음의 운명에서 예외인 사람은 아무도 없다.

---

13 열 가지 힘 가운데는 일곱 가지 통찰이 포함되어 있다. 1) 가능한 것과 불가능한 것 2) 업 3) 윤회의 목적지로 나아가는 방법 4) 세계의 요소들 5) 존재의 다양한 경향성 6) 존재들의 능력 7) 선정의 성취. 열 가지 힘 가운데 세 가지는 차원 높은 앎이다. 8) 그 자신의 과거의 삶을 상기 9) 신의 눈 10) 번뇌의 소멸.
14 네 가지 용맹함은 다음에 대한 확실성이다. 1) 완전히 깨달을 수 있다. 2) 모든 번뇌를 파괴할 수 있다. 3) 장애를 알다. 4) 둣카의 소멸로 이끄는 것을 가르친다.
15 붓다의 사자후에 대해서는 Anālayo 2009b를 보라.

태어난 모든 것은 죽을 운명이라는 것을 규칙적으로 상기하는 데 사용할 수 있는 간단명료한 표현을 「우다나와르가(Udānavarga)」의 시구에서 볼 수 있다. 이에 대응하는 경전은 『법구경(Dharmapada)』과 『마하와스뚜(대사 大事, Mahāvastu)』와 『디위야와다나(Divyāvadāna)』와 같은 것들이다. 이 간명한 시구는 다음과 같다.

삶은 죽음으로 끝난다.[16]

이 시구는 간단하지만 반복해서 회상함으로써 마음 깊이 뿌리를 내리게 되면 놀랄 정도로 사람의 마음을 변화시킨다. 나는 24장에서 자신의 죽음을 성찰하면서 마음속으로 계속 되새기는 수행에 대해 언급할 것이다.

빠세나디왕은 스스로 다른 것에 대해서도 더 포괄적으로 회상한다. 이에 대한 것은 『잡아함경』과 이에 대응하는 경전에서 볼 수 있다.[17] 여기서 왕은 늙음, 질병, 죽음의 의미를 자신에 비추어서 회상한다. 이 장에서는 이미 번역한 경전을 보완하는 의미에서 다른 경전의 첫 부분을 번역해보겠다.[18]

---

16   게송 1.23b, Bernhard 1965: 103; maraṇāntaṃ hi jīvitaṃ, 대응 게송으로는 Dhp.148d (translated Norman 1997/2004: 22), Patna Dhammapada 259d, Cone 1989; 170(Gāndhārī Dhammapada 142, Brough 1962/2001: 141에는 연관된 게송이 포함되어 있지 않다). Mahāvastu, Senart 1890:66.3, 424.6 그리고 Senart 1897: 152.5, 183.14(translated Jones 1952/1076: 63, 377 그리고 Jones 1956/1978: 147, 179). Divyāvadāna, Cowell and Neil 1886: 27.30, 100.19, 486.21(앞의 두 번역은 Rotman 2008: 76, 192), Nett 94.20을 보라.

17   SN.3.3. at SN.I.71.1(translated Bodhi 2000: 167), SĀ².67 at T.2.397a9, EĀ.26.6 at T.2.637a18, T.801 at T.801 at T.17.745c15.

18   SĀ.1240 at T.801 at T.2.339c19-339c27.

이와 같이 나는 들었다. 어느 때 부처님께서 사위국 기수급고독원에 계셨다. 그때 빠세나디왕은 조용한 [곳에서] 혼자 사색에 잠겨 있다가 이렇게 생각하였다.

"여기 온 세상이 좋아하지 않는 세 가지 법이 있다. 무엇이 그 세 가지인가? 늙음, 병듦, 죽음이다. 이 세 가지 법은 온 세상 누구나 다 좋아하지 않는 것이다.[19]

만일 세상이 좋아하지 않는 이 세 가지 법이 없었더라면 모든 불세존께서는 세상에 나오지 않으셨을 것이요, 또 세상 사람들도 모든 불여래께서 깨달으신 법을 사람들을 위해 널리 말씀하셨다는 것을 알지 못했을 것이다. 세상이 좋아하지 않는 세 가지 법인 늙음, 병듦, 죽음이 있기 때문에 모든 불여래께서 세상에 나오셨고, 또 세상 사람들도 모든 불여래께서 깨달으신 법을 [사람들에게] 널리 설하셨다는 것을 알게 되었다."

이 경전은 빠세나디왕이 붓다에게 자신의 회상을 보고하는 형식으로 이어진다. 붓다는 이런 빠세나디왕에게 동의를 표한다. 이에 비견할 만한 내용을 『앙굿따라니까야』와 이에 대응하는 경전에서도 볼 수 있다. 이런 경전들에 의하면 늙음, 질병과 함께 죽음의 존재는 붓다가 이 세상에 나타나서 자신의 가르침을 펴고자 하는 동기가 된다.[20]

---

19 SN.3.3. at SN.I.71.3에 따르면 빠세나디왕이 붓다에게 다가가서 태어난 자는 병과 죽음을 넘어설 수 있는지를 묻는다. 붓다는 브라흐만, 크샤트리야, 장자의 훌륭하고 부유한 가문의 사람들과 아라한조차도 늙고 병든다는 것을 분명히 한다. 이 측면과 유사한 SĀ.1227의 설명은 13장 전반부에서 번역하였다.

20 AN.10.76 at AN.V.144.9(translated Bodhi 2012: 1434) 대응 경전 SĀ.760 at T.2.199c28.

「아리야빠리예사나경(Ariyapariyesanā-sutta)」과 이에 대응하는 『중아함경』에서 죽음은 둣카의 가장 가혹한 측면들 가운데 하나이고, 붓다가 되고자 하는 이가 깨달음을 구하고자 길을 나서는 중요한 동기가 된다. 아모르(Amore)의 표현에 의하면 붓다는

'세상을 버리고' 방랑하는 금욕자의 삶을 선택하여 받아들인 것은 '죽음으로 향하고 있는' 존재론적인 문제를 풀고자 하는 시도였다 … 그의 목표는 삶 속에서 죽음을 이기고자 하는 것이었다.[21]

「아리야빠리예사나경」과 이에 대응하는 『중아함경』에 의하면 붓다가 깨달음을 성취하고 자신이 성취한 바를 다른 사람들과 나누고자 할 때 '죽음 없음(不死)'을 얻었다고 선언하였다.[22] 완전한 깨달음을 통해서 불사에 도달한 붓다는 자신 또는 다른 사람의 신체가 죽는다는 것에 아무런 영향도 받지 않았다.

SĀ.346 at T.2.95c.22를 보라. 산스크리트 단편의 대응 경전 Tripāṭhī 1962: 205.1(§25.2)

21   Amore 1974: 117. Gunaratne 1982, Walshe 1978을 보라.

22   MN.26 at MN.I.172.1(translated Ñāṇmoli 1995/2005: 264)는 붓다가 "불사는 성취되었다"고 선언하셨다는 언급을 하고 있다. 대응 경전인 MĀ.204 at T.1.777c16은 붓다가 이 장면에서 유사하게 죽음 없음을 언급하고 있다고 기록하고 있다. 붓다가 늙음 등을 넘어서는 상태에 이르렀다고 확인한다.

14

알아차림을 통한
비통함에서 벗어나기

알아차림을 통한 비통함에서 벗어나기

14.1 서 론

이 장의 경전은 붓다의 수제자이고 지혜 제일이라고 하는 사리뿟따의 죽음에 대한 서로 다른 반응들을 기록한 것이다.[1] 이런 서로 다른 반응 가운데 사리뿟따의 시자인 초보 수행자 쭌다(Cunda)의 사무적인 태도와 비통함을 보여주는 아난다의 태도가 대조를 이루고 있다. 빠알리 주석 전통에 의하면 쭌다는 사리뿟따의 바로 밑 동생인데 수행을 처음 시작한지 얼마 지나지 않아 바로 완전한 깨달음을 성취하였다고 한다.[2] 지금 소개하고 있는 경전에서 쭌다는 아직 초보 수행자이므로 아마 그

---

1   붓다의 뛰어난 제자 가운데 사리뿟따를 지혜 제일로 보고 있다. AN.1.14 at AN.I. 23.17, EĀ.4.2. at T.2.557b5를 보라. 사리뿟따의 전기에 대해서는 Malalasekera1938/ 1998: 1108-18, Nyanaponika and Hecker 1997: 3-66을 보라. 붓다가 시작한 법륜를 굴리는 사람으로서 사리뿟따는 2장을 보라.

2   Th-a.II.18.28. 여러 쭌다에 대한 전기는 다음을 보라. Malalasekera 1937/1995: 877-9 (no.2)

의 나이가 어렸을 것이다. 그렇지 않았다면 그는 수행승으로서 조금 높은 직책을 얻었을 것이다. 이처럼 초기불교에서는 최소한의 나이에 도달하면 보다 높은 직책을 얻는 것이 자연스러운 일이었다.

다음에서 번역한 『잡아함경』의 내용은 쭌다가 아난다에게 사리뿟따의 죽음을 어떻게 알리고 또한 아난다가 붓다 앞에서 자신의 비통함을 어떻게 드러내고 있는지를 보여준다. 이 『잡아함경』의 내용에 대응하는 『상윳따니까야』에서도 동일한 내용을 기록하고 있다.[3]

14.2 경전 번역

『잡아함경』 638. 순다경(純陀經)[4]

이와 같이 나는 들었다. 어느 때 부처님께서는 왕사성 가란다 죽원에 계셨다.[5] 그 무렵 사리뿟따 존자는 마가다국의 날라까가마 마을에서 병으로 열반하였다. 쭌다 사미가 그를 간호하고 공양하였는데, 사리뿟따 존자는 병으로 열반하였다.

쭌다 사미는 사리뿟따 존자를 공양한 뒤에 남은 사리를 수습해 [사리뿟따 존자의] 가사와 발우를 가지고 왕사성으로 갔다.[6] 가사와 발우를

---

3 SN.47.13 at SN.V.161.18(translated Bodhi 2000: 1642).

4 SĀ.638 at T.2.176b28-177a14.

5 SN.47.13 at SN.V.161.18에 의하면 붓다는 사위성 제타숲에 머물고 계셨다. 사리뿟다가 열반할 때 머물던 장소에 대해서는 두 경전 모두 일치한다.

6 SN.47.13. at SN.V.161.26은 단지 사리뿟따 존자의 가사와 발우를 가져왔다고 말하고 있다. 주석서 Spk.III.221.6에서만 사리를 수습해가지고 왔다고 말하고 있다.

챙기고 발을 씻은 뒤에,[7] 아난 존자가 있는 곳으로 나아갔다. 그리고 존자 아난의 발에 예경하고 나서, 한쪽에 물러서서 존자 아난에게 말했다. "존자시여, 마땅히 아십시오. 저의 스승이신 사리뿟따 존자께서 이미 열반하셨습니다. 저는 그분의 사리와 가사와 발우를 가지고 왔습니다."

그러자 아난 존자는 쭌다 사미의 말을 듣고, 부처님께서 계신 곳으로 나아가[8] 아뢰었다. "세존이시여, 저는 지금 온몸을 가눌 수 없고, 사방이 캄캄하고 아득하며, 말문이 막혀버렸습니다. 쭌다 사미가 제게 찾아와 '사리뿟따 존자는 이미 열반하시어, 그분의 사리와 가사와 발우를 가지고 왔습니다'라고 하였습니다."

부처님께서 말씀하셨다. "어떠한가? 아난이여, 그 사리뿟따가 받은 계의 몸[戒身]을 가지고 열반하였느냐? 선정의 몸[定身]을 [가지고 열반하였느냐?], 지혜의 몸[慧身]을 [가지고 열반하였느냐?], 해탈의 몸[解脫身]을 [가지고 열반하였느냐?], 해탈지견의 몸[解脫知見身]을 가지고 열반하였느냐?"[9] 아난이 부처님께 아뢰었다. "아닙니다. 세존이시여."

---

7 SN.47.13은 가사와 발우를 챙기고 발을 씻었다고 명확하게 기록하지 않고 있다.

8 SN.47.13 at SN.V.162.3에서 아난 존자는 이 소식을 붓다에게 전하기 위해서 함께 가자고 쭌다 사미에게 제안한다.

9 SN.47.13 at SN.V.162.18의 빨리어 텍스트는 여기에서 'te'를 2인칭 인칭대명사의 전접어로 읽고 있다. 사리뿟따가 '너', 즉 아난으로부터 오온을 가져간다는 의미로 해석한다. Bodhi 2000: 1924 note 160에서 지적하듯이, "마지막 두 가지, 즉 해탈의 몸과 해탈지견의 몸을 아난에게 언급하는 것은 애매하다. 아난은 여전히 유학이고 완전한 해탈을 얻기 전이기 때문이다." SĀ.638에서는 인칭대명사가 없다. SN.47.13의 태국어판에서도 'te'는 보이지 않는다. 'te'는 아마 텍스트상의 오류인 것으로 보인다. 인칭대명사가 없으면 이 구절은 더 이상 문제가 되지 않는다. SN.47.13의 그다음 구절에서 아난은 얼마나 사리뿟다가 그의 조력자인지를 기술할 때, 인칭대명사 '나를'을 사용하는 것은 매우 적절하다. 아마 구전으로 전달되

부처님께서 아난에게 말씀하셨다. "그러면 내 스스로 깨달아 등정각(等正覺)을 이루고서 말한 법(法)을, 이른바 사념처(四念處), 사정단(正斷), 사여의족(四如意足), 오근(五根), 오력(五力), 칠각지(七覺支), 팔도지(八道支)를 가지고 열반하였느냐?"[10]

아난이 부처님께 아뢰었다. "아닙니다. 그러나 세존이시여, 비록 받은 바, 계의 몸, [선정의 몸, 지혜의 몸, 해탈의 몸, 해탈지견의 몸, 사념처(四念處), 사정단(四正斷), 사여의족(四如意足), 오근(五根), 오력(五力), 칠각지(七覺支)], 나아가서 도품(道品)의 법에 이르기까지 어느 것도 가지고 열반하진 않으셨지만, 사리뿟따 존자께서는 계를 지니고 많이 들었으며, 욕심이 적어 만족할 줄 아셨고, 항상 세간을 멀리하며 수행하고, 꾸준히 힘썼으며, 생각을 거두어 편안히 머물고 한마음으로 선정에 들어 민첩하고 날랜 지혜[捷疾智慧], 깊고 예리한 지혜[深利智慧], 초월하는 지혜[超出智慧], 분별하는 지혜[分別智慧], 큰 지혜[大智慧], 넓은 지혜[廣智慧], 매우 깊은 지혜[甚深智慧], 비할 바 없는 지혜[無等智慧]의 보배를 성취하시어, 보고 가르치며 드러내고, 기뻐하며 잘 칭찬하면서 대중을 위해 설법하셨습니다. 그러므로 세존이시여, 저는 법을 위하고 법을 받는 이[受法者]를 위해서 근심하고 괴로워한 것입니다."[11]

부처님께서 아난에게 말씀하셨다. "너는 근심하거나 괴로워하지 말

는 가운데 동일한 대명사가 우연히 앞 문장에 적용되었을 것으로 생각된다.

10 SN.47.13은 사리뿟따가 죽을 때 이러한 특징을 가져갔는지를 보여주지 않고 있다.

11 SN.47.13 at SN.V.162.25에서 아난이 사리뿟따 존자를 찬탄하는 것은 짧고, 아난 존자가 사리뿟따 존자로부터 받은 도움을 더 강조한다.

라. 왜냐하면 일어나거나[12] 생기거나 만들어지는 일들은 무너지고야 마는 법이니 어떻게 무너지지 않을 수 있겠느냐? 아무리 무너지지 않게 하려 한들 그것은 있을 수 없는 일이다. 내가 전에 이미 말한 것처럼, 사랑스러운 모든 사물과 마음에 드는 것 등 일체의 것들은 다 어긋나고 이별하게 되는 법이므로 늘 존재할 수는 없는 것이다.

비유하면 큰 나무의 뿌리, 줄기, 가지, 잎, 꽃, 열매가 무성한 데서 큰 가지가 먼저 부러지는 것처럼,[13] 큰 보배산에서 큰 바위가 먼저 무너지는 것처럼,[14] 여래의 대중 권속 가운데 저 대성문(大聲聞)이 먼저 반열반한 것이다.

만일 그곳이 사리뿟따가 머물고 있던 곳이면, 그곳에서 내가 해야 할 일은 없었다. 사리뿟따가 있었기 때문에 그곳은 나에게 공허하지 않았다.”[15]

아난이여, 내가 말했듯이 사랑스럽고 마음에 드는 갖가지 것들은 다 이별하기 마련인 법이다. 너는 이제 너무 근심하거나 괴로워하지 말라. 아난이여, 마땅히 알아야 한다. 여래 또한 오래지 않아 가버리고 말 것이

---

12 ‘일어나거나’라는 번역은 이체자에 근거한다.
13 SN.47.13 at SN.V.163.4에서 붓다는 사리뿟따의 죽음을 마음의 숲의 나무에서 큰 가지가 부러진 것에 비유하고 있다.
14 SN.47.13은 큰 산의 비유를 하지 않고 있다.
15 이것에 대한 언급은 대응되는 경전인 SN.47.13에는 없다. 어느 정도 비교할 만한 구절은 이 다음 경전인 SN.47.14 at SN.V.164.1에서 볼 수 있다. 여기에서 붓다는 사리뿟따와 목건련이 열반한 이후에 승가가 텅 비어 보인다고 이야기한다. 그들이 머물던 방향과 관련해서는 염려하지 않았다고 이야기한다. SN.47.14에 대응하는 SĀ.639 at T.2.177a19는 사리뿟따와 목건련이 열반하였기 때문에 승가가 텅 비었다고 이야기한다. 그들이 머물던 곳과 관련해서는 염려하지 않았다는 대응 구절은 없다.

다. 그러므로 아난이여, 마땅히 자기[自]를 섬으로 삼아 자기를 의지하고, 법(法)을 섬으로 삼아 법을 의지하며, 다른 것을 섬으로 삼지 말고 다른 것을 의지하지 말라."

아난이 부처님께 여쭈었다. "세존이시여, 어떤 것이 자기를 섬으로 삼아 자기를 의지하는 것입니까? 어떤 것이 법을 섬으로 삼아 법을 의지하는 것입니까? 어떤 것이 다른 것을 섬으로 삼지 않고 다른 것에 의지하지 않는 것입니까?"[16]

말하자면 몸 안[內身]에서 몸을 관찰하는 알아차림의 확립에 머물면서 열심히 노력하며 바르게 알아차리고 분명하게 알아서 세상의 탐욕과 근심을 극복하였다.[17] 또 몸 바깥[外身]에서 몸을 관찰하는 알아차림의 확립에 머물면서 열심히 노력하며 바르게 알아차리고 분명하게 알아서 세상의 탐욕과 근심을 극복하였다. 또 몸 안팎[內外身]에서 몸을 관찰하는 알아차림의 확립에 머물면서 열심히 노력하며 바르게 알아차리고 분명하게 알아서 세상의 탐욕과 근심을 극복하였다.

안의 느낌[內受]에서 느낌을 관찰하는 알아차림의 확립에 머물면서 열심히 노력하며 바르게 알아차리고 분명하게 알아서 세상의 탐욕과 근심을 극복하였다. 또 바깥의 느낌[外受]에서 느낌을 관찰하는 알아차림의 확립에 머물면서 열심히 노력하며 바르게 알아차리고 분명하게 알아서 세상의 탐욕과 근심을 극복하였다. 또 안팎의 느낌[內外受]에서 느낌

---

16 SN.47.13은 이 지점에서 아난 존자의 질문을 언급하지 않는다. 자신과 법을 섬과 의지처로 삼으라는 언급의 의미를 스스로 상세히 설한다.
17 SN.47.30 at SN.V.178.7은 안과 밖으로 알아차림을 확립하는 수행을 구분하지 않고 있다.

을 관찰하는 알아차림의 확립에 머물면서 열심히 노력하며 바르게 알아
차리고 분명하게 알아서 세상의 탐욕과 근심을 극복하였다.

마음 안[內心]에서 마음을 관찰하는 알아차림의 확립에 머물면서 열
심히 노력하며 바르게 알아차리고 분명하게 알아서 세상의 탐욕과 근심
을 극복하였다. 또 마음의 바깥[外心]에서 마음을 관찰하는 알아차림의
확립에 머물면서 열심히 노력하며 바르게 알아차리고 분명하게 알아서
세상의 탐욕과 근심을 극복하였다. 또 마음 안팎[內外心]에서 마음을 관
찰하는 알아차림의 확립에 머물면서 열심히 노력하며 바르게 알아차리
고 분명하게 알아서 세상의 탐욕과 근심을 극복하였다.

안의 법[內法]에서 법을 관찰하는 알아차림의 확립에 머물면서 열심
히 노력하며 바르게 알아차리고 분명하게 알아서 세상의 탐욕과 근심을
극복하였다. 또 바깥의 법[外法]에서 법을 관찰하는 알아차림의 확립에
머물면서 열심히 노력하며 바르게 알아차리고 분명하게 알아서 세상의
탐욕과 근심을 극복하였다. 또 안팎의 법[內外法]에서 법을 관찰하는 알
아차림의 확립에 머물면서 열심히 노력하며 바르게 알아차리고 분명하
게 알아서 세상의 탐욕과 근심을 극복하였다.

아난이여, 이것이 자기를 섬으로 삼아 자기를 의지하고, 법을 섬으로
삼아 법을 의지하며, 다른 것을 섬으로 삼지 말고 다른 것을 의지하지
말라고 한 것이다.”[18]

부처님께서 이 경을 말씀하시자, 모든 수행승들은 부처님 말씀을 들

---

18 SN.47.13 at SN.V.163.20에서 붓다는 그들 자신과 법을 섬과 의지처로 머물라는
붓다의 가르침을 따르는 자들은 수행을 가장 잘하고 있다고 덧붙이고 있다.

고 기뻐하며 받들어 행하였다.

14.3 논 의

자신의 형이자 스승인 사리뿟따가 죽은 후 그 뒷정리를 차분하게 하는 쭌다의 태도와 사리뿟따의 죽음으로 인하여 완전히 흔들리는 아난다의 대조적인 모습에서 우리는 두 사람의 수행이 얼마나 진전되었는지를 잘 알 수 있다. 어린 나이임에도 불구하고 쭌다는 마음이 해탈의 경지에 도달한 반면 아난다는 여전히 '수행을 하고 있는' 중이다. 아난다는 붓다의 가르침에 아주 친숙함에도 불구하고 여전히 번뇌에서 벗어나지 못하고 있다.

붓다는 사리뿟따의 죽음에 대한 논의를 이어가면서 해탈로 나아가는 다섯 가지 '무더기'와 이런 해탈로 가는 길이 갖는 측면을 나누어서 가르치고 있다. 이렇게 해서 2장에서 언급한 바와 같이 한 개인의 경험을 신체 형태(색, 色), 느낌(수, 受), 지각(상, 想), 형성(행, 行), 의식(식, 識)으로 나누어 분석하는 것과 유사한 용어를 사용하고 있다. 이런 다섯 가지 무더기에 집착하게 되면 깨달음에 도달하는 것에 방해를 받는 반면, 여기서 언급하는 다섯 가지 해탈의 무더기는 오히려 깨달음으로 인도하여 성공적인 성취를 이루도록 한다. 첫 세 가지는 8장에서 언급한 세 가지 수행에 해당한다. 나머지 두 가지는 그런 수행의 완성과 연관되어 있다. 그 다섯 가지를 열거하면 다음과 같다.

- 계율(계, 戒, virtue)

- 집중(정, 定, concentration)

- 지혜(혜, 慧, wisdom)

- 해탈(해탈, 解脫, liberation)

- 해탈에 대한 지식과 비전(해탈지견, 解脫知見, knowledge and vision of liberation)

위에서 번역한 『잡아함경』에서는 또한 사리뿟따가 죽을 때 가져가지 못한 여러 가르침을 언급하고 있다. 이런 내용은 대응하는 경전인 『상윳따니까야』에서는 보이지 않는다. 『잡아함경』은 또한 깨달음으로 이끄는 서른 일곱 가지 자질과 수행인 보리분법(三十七菩提分法, 보디빡키야담마, bodhipakkhiyādhammā)을 언급하고 있다. 이것들은 깨달음에 이르는 통로이다.[19]

- 네 가지 알아차림의 확립(사념처, 四念處)

- 네 가지 올바른 노력(사정근, 四正勤)

- 네 가지 초인적인 힘의 기반(사신족, 四神足)

- 다섯 가지 기능(오근, 五根)

- 다섯 가지 힘(오력, 五力)

- 깨달음의 일곱 가지 요소(칠각지, 七覺支)

---

19 더 자세한 내용은 다음을 보라. Gethin 1992.

• 성스러운 여덟 가지 길(팔정도, 八正道)

　이렇게 『잡아함경』은 해탈에 이르는 다섯 가지 무더기, 즉 사리뿟따의 죽음이 어떤 상실 또는 손실을 낳지 않은 그 측면에 초점을 맞추고 있다. 이는 다섯 가지의 길, 즉 계율, 집중, 지혜, 해탈, 해탈에 대한 지식과 비전 그리고 서른 일곱 가지의 자질과 수행인 삼십칠보리분법으로 나아가고 있다. 이것들은 명상 수행의 최고 경지를 성취하고 결국에는 깨달음으로 이어지는 것이다.

　이 경전은 사리뿟따의 죽음에 대해서 깨달음을 성취한 쭌다의 태도와 아난다의 태도를 비교하면서 비통함을 이겨나가는 방법을 보여주고 있다. 섬이 연상시키는 이미지를 비유적으로 사용하여 스스로를 신뢰하는 자립적인 태도를 강조한다. 자신을 신뢰하고 붓다의 법에 의존하기 위해서 네 가지 알아차림을 확립하는 것이다. 이것은 자신을 섬처럼 되게 하는 것이고 동시에 알아차림 수행을 통해서 붓다의 법에 의지하는 것이다. 알아차림을 통해서 자신의 내면과 자신을 둘러싼 주위에서 일어나고 있는 것을 진정으로 이해할 수 있고, 또한 이것들이 붓다의 법, 즉 붓다의 가르침과 어떻게 연관되는지를 이해할 수 있다.

　사랑하는 사람의 죽음으로 인해 비통함을 경험하는 경우 무상은 알아차림을 통해서 상기해야 하는 핵심적인 가르침이다. "살아 있는 것은 죽음으로 끝난다" 또는 "발생하는 것은 자연히 소멸한다"라는 것을 스스로 마음에 다시 불러일으키면서 자신에게는 다소 부당하게 보일지라도 개인적인 상실감은 사라지고, 바로 그 동일한 죽음이 비통함의 원천에서 통찰의 원천으로 변화할 수 있다.

이렇게 붓다의 법에 의지하면서 자신이 섬이 되면, 사랑하는 사람을 상실하여 괴로워하는 다른 사람들을 진정으로 도와줄 수 있게 된다. 진정 알아차림을 통해서 상실의 비통함으로 괴로워하지 않고 판단하거나 반응하지 않고, 마음의 넓은 공간을 열어서 슬픔을 받아냄으로써, 다른 사람의 비통함을 향하여 자신의 온 마음을 다 열어 보일 수 있게 된다. 알아차림이라는 간단한 도구를 통해서 비통함을 맞이하는 두 가지 극단적인 방식, 즉 슬픔을 잊기 위한 (아마도 감각적일 수 있는) 다른 대안을 찾거나 또는 슬픔과 고통에 잠겨버리는 두 극단을 피하고 중간의 길을 찾을 수 있다. 단지 알아차림에 머문 것으로 인해서 자신과 다른 사람에게 섬이 되는 것이다.

이렇게 스스로 섬이 되라고 하는 붓다의 강력한 충고는 다시 알아차림과 네 가지 알아차림의 확립으로 돌아가게 해준다. 이것은 이미 여러 경전에서 병 또는 통증에 직면할 때 전면에 대두되었던 것이다. 비통함과 슬픔을 신체의 병 또는 마음의 불편함과 연관시켜보면 알아차림이 가진 가능성은 초기경전에서 반복되는 주제이다.

15
죽음과 사무량심

죽음과 사무량심

15.1 서 론

이전 장에서 다른 사람의 죽음에서 경험하는 비통함을 어떻게 다루
는지에 대해서 설명하였다면, 이 장에서는 실제로 내가 죽는 순간에 필요
한 자질을 탐구하고자 한다. 다음에 인용한 경전에서 사리뿟따는 아직 살
아 있고 연민의 마음으로 가르침을 펴고 있다. 그중 다난자니(Dhānañjāni)
라는 이름을 가진 병든 브라흐만에게 연민을 베풀고 있는 장면이다.[1] 이
내용은 『중아함경』과 이에 대응하는 『맛지마니까야』에서 볼 수 있다.[2]
그 첫 부분을 보면 사리뿟따는 다난자니가 비윤리적인 행동을 하였다는
것을 알게 되었다. 이로 인해서 사리뿟따는 그를 방문하여 가르침을 주
었고 결국 다난자니는 자신의 행동을 변화시켰다.

다음에서 번역한 경전은 그 이후에 일어난 일들이다. 이때 다난자니

---

1   다난자니는 이 경전에만 나온다. Malalasekera 1937/1995: 1159를 보라.
2   MN.97 at MN.II.184.25(translated Ñāṇamoli 1995/2005: 791).

는 병들었고 죽음에 가까워져서 침상에 누워 있었다. 이런 다난자니의 소식을 듣고 사리뿟따는 다시 그를 방문하여 가르침을 준다. 여기서 사리뿟따는 죽어가고 있는 다난자니를 다음과 같은 존재의 세계로 정신적인 여행을 하게 만든다.[3]

- 지옥(地獄)
- 축생(畜生)
- 아귀(餓鬼)
- 인간(人間)
- 천상의 위대한 네 명의 왕(四王天)
- 삼십삼 천신(三十三天)
- 야마(Yāmā) 천신(焰摩天)
- 뚜시따(Tusitā) 천신(兜率天)
- 생성에 기쁨을 느끼는 천신(化樂天)
- 다른 것들을 창조하는 데 힘을 쓰는 천신(他化樂天)
- 브라흐마(Brahmā) 천신(梵天)

붓다와 그의 제자들뿐만 아니라 당시 고대 인도 사람들은, 7장에서 논의한 천신의 존재와 마찬가지로, 이런 여러 세계와 천상의 거주자들

---

3   MN.97 at MN.II.193.25에서 첫 번째 셋은 영역이고 나머지는 존재들이다. MĀ.27에서만 첫 번째는 분명히 영역이다. 나머지 경우 한자로 천(天)이 천신 또는 각각의 영역을 가리키는지에 대한 해석은 열려 있다.

이 실재한다고 믿었다. 우리가 경전에서 배움을 얻기 위해서 고대 인도의 세계관을 인정하더라도, 그것이 이런 세계 또는 천상의 존재들을 믿어야 한다는 것을 의미하지는 않는다. 초기불교 사유에서 마음의 외부 세계와 내부 세계는 서로 내적으로 연관되어 있다고 생각하므로, 초기불교 우주관의 세계를 여행하는 것은 동시에 여러 정신적 상태를 여행하는 것과 같다.[4] 이 경전에서 언급하는 여러 세계를 정신적인 표현으로 생각하는 접근법은 확실히 의미 있는 일이다. 이런 접근법이 고대 문헌을 읽는 유일하게 올바르고 타당한 방법이라고 집착하지 않는다면 말이다.

단순화시켜서 위에서 언급한 첫 세 가지, 즉 지옥, 축생, 아귀는 인간의 표준적인 윤리와 선한 행동보다 아래에 있는 윤리와 행동을 표현하는 것으로 볼 수 있다. 천상의 위대한 네 명의 왕 단계부터 다른 것들을 창조하는 데 힘을 쓰는 천신의 단계까지는 불교의 우주론에서 감각 영역의 천상(sense-sphere heavens, 欲界)으로 간주되는 부분으로 인간이 맛볼 수 없는 우월한 감각적 즐거움을 경험할 수 있는 세계이다. 제일 마지막에 있는 브라흐마 천신의 단계는 형상 세계의 천상에 속하고 여기에서 감각성은 단지 일시적으로 조금 남아 있다. 이것은 명상의 선정 상태에 해당한다.

---

4   불교사상에서 우주론과 명상의 밀접한 관계에 대해서는, 예를 들어 Gethin 1997을 보라.

15.2 경전 번역

『중아함경』 027. 사리자상응품(舍梨子相應品) 범지타연경(梵志陀然經)
第七[初一日誦][5]

[어떤 수행승이 말했다.] "사리뿟따 존자시여, 브라흐만 다난자니는
지금 병을 앓아 아주 위독합니다. 어쩌면 이로 말미암아 목숨을 마칠지
도 모릅니다."[6]

사리뿟따 존자는 이 말을 듣고는 곧 가사와 발우를 가지고 남산에서
왕사성으로 가서 죽림가란다원에 머물렀다.

사리뿟따 존자는 밤이 지나고 이른 아침이 되자, 가사를 입고 발우를
가지고, 브라흐만 다난자니의 집으로 갔다. 브라흐만 다난자니는 멀리서
사리뿟따 존자가 오는 것을 보고 곧 침상에서 일어나려고 했다.[7] 사리뿟
따 존자는 만류하며 이렇게 말하였다. "브라흐만 다난자니여, 그대는 누
워 있으십시오. 일어나지 마십시오. 다른 평상이 있으니, 나는 거기에 따
로 앉겠습니다."

그리고 사리뿟따 존자는 곧 그 평상에 앉은 다음 물었다. "다난자니
여, 병은 이제 어떠합니까? 음식은 얼마나 먹습니까? 앓는 고통이 더 심

---

5   MĀ.27 at T.1.457c22-458b14. 경 전체에 대한 번역은 다음을 보라. Bingenheimer et
    al. 2013: 176-88. MN.97과 MĀ.27에 대한 비교연구는 다음을 보라. Analayo 2011a:
    566-72.
6   MĀ.27에서는 수행승의 이름이 나오지 않지만, 다난자니에 대해서 사리뿟따 존
    자에게 정보를 주고 있다. MN.97 at MN.II.191.34에서 다난자니 자신이 붓다와
    사리뿟따 존자에게 자신의 병 상태에 대해서 알려주고 사리뿟따 존자가 방문하
    도록 시자를 보낸다.
7   MN.97은 다난자니가 일어나려고 노력한다고 말하지 않는다.

하지는 않습니까?"[8]

다난자니가 말했다. "나는 병 때문에 너무도 고달프고 음식도 먹히지 않으며, 앓는 고통이 날로 더할 뿐 덜한 줄을 느끼지 못하겠습니다. 사리뿟따 존자여, 마치 힘센 사람이 예리한 칼로 머리를 찔러 심한 고통을 주는 것처럼, 지금 내 머리가 아픈 것도 또한 그와 같습니다. 사리뿟따 존자여, 마치 힘센 사람이 단단한 끈으로 머리를 졸라매어 심한 고통을 주는 것처럼, 지금 내 머리가 아픈 것도 또한 그와 같습니다.

사리뿟따 존자여, 마치 소를 잡을 때 예리한 칼로 그 배를 갈라 지극한 고통을 주는 것처럼, 지금 내 배가 아픈 것도 또한 그와 같습니다. 사리뿟따 존자여, 마치 힘센 사람 두 명이 여윈 사람을 붙잡아 불 위에 올려놓고 지극한 고통을 주는 것처럼, 지금 내 몸도 그렇게 아파서 온몸에 고통이 더할 뿐 덜하지 않음이 또한 그와 같습니다."[9]

사리뿟따 존자가 말하였다. "다난자니여, 이제 그대에게 묻겠습니다. 그대는 아는 대로 대답하십시오. 브라흐만 다난자니여, 그대의 생각은 어떠합니까? 지옥과 축생 중 어느 것이 낫겠습니까?" 다난자니가 대답하였다. "축생이 낫습니다."

사리뿟따 존자는 다시 물었다. "다난자니여, 축생과 아귀 중 어느 것이 낫겠습니까?" 다난자니가 대답하였다. "아귀가 낫습니다."

---

8   MN.97은 먹는 것과 마시는 것에 관한 질문을 언급하지 않는다. 다난자니가 이런 측면에서는 언급하지 않는다.

9   MN.97 at MN.II.193.1에서 대응하는 첫 번째 세 가지 비유는 다난자니를 고통스럽게 하는 광폭한 바람을 예시한다. 네 번째는 다난자니의 열을 비유한다.

사리뿟따 존자는 다시 물었다. "다난자니여, 아귀와 사람 중 어느 것이 낫겠습니까?" 다난자니가 대답하였다. "사람이 낫습니다."

사리뿟따 존자는 다시 물었다. "다난자니여, 사람과 사왕천(四王天) 중 어느 것이 낫겠습니까?" 다난자니가 대답하였다. "사천왕이 낫습니다."

사리뿟따 존자는 다시 물었다. "다난자니여, 사왕천과 삼십삼천(三十三天) 중 어느 것이 낫겠습니까?" 다난자니가 대답하였다. "삼십삼천이 낫습니다."

사리뿟따 존자는 다시 물었다. "다난자니여, 삼십삼천과 염마천(焰摩天) 중 어느 것이 낫겠습니까?" 다난자니가 대답하였다. "염마천이 낫습니다."

사리뿟따 존자는 다시 물었다. "다난자니여, 염마천과 도솔천(兜率天) 중 어느 것이 낫겠습니까?" 다난자니가 대답하였다. "도솔천이 낫습니다."

사리뿟따 존자는 다시 물었다. "다난자니여, 도솔천과 화락천(化樂天) 중 어느 것이 낫겠습니까?" 다난자니가 대답하였다. "화락천이 낫습니다."

사리뿟따 존자는 다시 물었다. "다난자니여, 화락천과 타화락천(他化樂天) 중 어느 것이 낫겠습니까?" 다난자니가 대답하였다. "타화락천이 낫습니다."

사리뿟따 존자는 다시 물었다. "다난자니여, 타화락천과 범천(梵天) 중 어느 것이 낫겠습니까?" 다난자니가 대답하였다. "범천이 제일 좋습니다. 범천이 가장 좋습니다."

사리뿟따 존자가 말했다.[10] "다난자니여, 세존(世尊)·여래(如來)·무소

---

10   MN.97 at MN.II.194.26은 브라흐만이 범천의 세계를 열망하므로, 사리뿟다는 다난자니 브라흐만에게 범천이 되는 길을 가르쳐주고 있다고 말한다.

착(無所着)·등정각(等正覺)께서 사범주(四梵住)에 대하여 말씀하셨습니다. 부족의 남자든 여자든 이를 닦아 익히고, 많이 닦아 익혀서 욕심을 끊고 욕심에 대한 생각을 버리게 되면 몸이 무너지고 목숨이 끝나 범천에 태어납니다.[11] 어떤 것이 그 네 가지입니까?

다난자니여, 많이 들은 성스러운 제자는 자애[慈]와 함께하는 마음을 한 방위[方]에 두루 채웁니다. 이와 같이 두 번째 방위, 세 번째 방위, 네 번째 방위와 그 사이 방위인 사유와 상하의 일체에 두루 채웁니다. 마음은 자애와 함께하므로 맺힘도 없고 원한도 없으며, 성냄도 없고 다툼도 없습니다. 지극히 넓고 매우 크며 한량 없는 선행을 닦아, 일체 세간에 두루 채웁니다.

많이 들은 성스러운 제자는 연민[悲]과 함께하는 마음을 한 방위[方]에 두루 채웁니다. 이와 같이 두 번째 방위, 세 번째 방위, 네 번째 방위와 그 사이 방위인 사유와 상하의 일체에 두루 채웁니다. 마음은 연민과 함께하므로 맺힘도 없고 원한도 없으며, 성냄도 없고 다툼도 없습니다. 지극히 넓고 매우 크며 한량 없는 선행을 닦아, 일체 세간에 두루 채웁니다.

많이 들은 성스러운 제자는 기뻐함[喜]과 함께하는 마음을 한 방위[方]에 두루 채웁니다. 이와 같이 두 번째 방위, 세 번째 방위, 네 번째 방위와 그 사이 방위인 사유와 상하의 일체에 두루 채웁니다. 마음은 기

---

11 MN.97은 사범주를 붓다가 가르쳤다고 명확히 언급하지 않고 있다. 부족의 남자든 여자든, 고귀한 제자이든 이들 대신에 MN.97에서는 사범주 수행은 수행승을 주체로 하고 있다. 이 가르침은 재가자를 목표로 하므로, 이것은 수행승이라는 용어의 용법이 구족계를 받은 남자 수행자만 언급하는 것으로 제한할 수 없다는 것을 보여주는 좋은 예이다. 8장의 각주 1을 참조하라.

뺴함과 함께하므로 맺힘도 없고 원한도 없으며, 성냄도 없고 다툼도 없습니다. 지극히 넓고 매우 크며 한량 없는 선행을 닦아, 일체 세간에 두루 채웁니다.

많이 들은 성스러운 제자는 평정[捨]과 함께하는 마음을 한 방위[方]에 두루 채웁니다. 이와 같이 두 번째 방위, 세 번째 방위, 네 번째 방위와 그 사이 방위인 사유와 상하의 일체에 두루 채웁니다. 마음은 평정과 함께하므로 맺힘도 없고 원한도 없으며, 성냄도 없고 다툼도 없습니다. 지극히 넓고 매우 크며 한량 없는 선행을 닦아, 일체 세간에 두루 채웁니다.

다난자니여, 세존(世尊)·여래(如來)·무소착(無所着)·등정각(等正覺)께서 사범주(四梵住)에 대하여 말씀하셨습니다. 부족의 남자든 여자든 이를 닦아 익히고, 많이 닦아 익혀서 욕심을 끊고 욕심에 대한 생각을 버리게 되면 몸이 무너지고 목숨이 끝나 범천에 태어납니다."[12]

이에 사리뿟따 존자는 다난자니를 교화하고, 그를 위해 범천의 법을 설하여 마친 뒤에 자리에서 일어나 떠나갔다. 사리뿟따가 왕사성에서 나와 미처 죽림가란다원에 이르기도 전에, 브라흐만 다난자니는 사범주를 닦아 익혀 욕심을 끊고 욕심에 대한 생각을 버리고는 몸이 무너지고 목숨이 끝나 범천에 태어났다.

---

12 가르침을 받고 다난자니의 대답에서, MN.97 at MN.II.195.16에서 다난자니는 사리뿟따 존자에게 자신을 대신해서 붓다의 발에 예경하여주시길 부탁한다.

15.3 논 의

『맛지마니까야』와 『중아함경』에서는 여기에 이어서 다음과 같이 기록하고 있다. 붓다는 사리뿟따에게, 다난자니에게 좀 더 진전된 가르침을 줄 수 있지 않았을까 하고 말한다. 분명히 사리뿟따는 이런 점을 의식하지 못하였고 따라서 브라흐만인 다난자니가 명확히 원하는 것까지만 가르침을 베풀었던 것이다. 브라흐마의 세계는 다난자니에게 최상의 매력을 주는 곳이었다.[13] 이것은 기본적으로 환자의 소망과 경향을 존중하는 태도이다. 말하자면 가르침을 받는 사람의 능력에 최대한 맞추어서 조절하고자 하는 태도이다.

여기서 언급하고 있는 붓다의 가르침은 죽어가는 환자의 영적인 가능성을 과소평가해서는 안 된다는 점을 지적하는 것으로 받아들여야 한다. 사리뿟따는 오랫동안 다난자니를 알고 있었고, 그 때문에 브라흐만의 정신적 성향이 죽음의 문턱에서 깨달음을 성취할 수 있을 정도까지 도달할 가능성에 대해서는 아마도 충분히 인식하지 못했을 것이다. 사리뿟따가 이런 기회를 최대한으로 이용하지 않았지만 사리뿟따의 가르침이 없었다면 다난자니는 고귀한 환생조차도 할 수 없었을 것이라는 점을 명심해야 한다.

이런 환생의 실질적 수단은 네 가지 신의 거처(사무량심, 四無量心), 즉 브라흐마위하라(brahmavihāra, 사범주, 四梵住)이다. 이것은 멧따(mettā),

---

13   Martini 2011: 144는 사리뿟따 존자는 "브라흐만이 범천의 세계를 얻기 위하여 헌신하기 때문에 제한된 범위 안에서 가르침을 주었다"라고 언급한다.

연민, 공감적 기쁨, 평정이고 이것은 4장에서 간단히 살펴보았다. 다른 곳에서 이런 네 가지 신의 거처에 대한 수행을 더 자세히 논의하였다.[14] 현재의 맥락에서 가장 의미 있는 것은 이런 네 가지 브라흐마위하라에 머물게 됨으로써 도달할 수 있는 마음의 신적인 상태 또는 천상의 상태 이다. 초기불교의 우주론에서 천상 세계의 존재를 믿는 것과 상관없이, 결국 중요한 것은 마음을 함양하여 지상에서 내면적으로 천상을 경험하는 것이다. 이처럼 지상 위에서 천상을 경험하는 것은 감각을 넘어섬으로써 그리고 감각을 버림으로써 가능하다. 감각의 세계는 신의 거처가 길러내는 태도와는 전혀 다르다. 감각을 벗어남으로써 우리는 지금 여기에서 천상으로 올라가고, 이런 네 가지 숭고한 정신적 태도로 어떤 한계도 없이 그저 무한하게 머물게 된다.

다난자니의 경우가 보여주는 것처럼 이런 태도를 갖추는 것은 심한 질병에 걸려 있거나 심한 통증의 상태에 있어도 원리상 가능하다. 이런 태도로 죽음의 통증을 직면하는 것은 애착에서 벗어나는 태도를 갖추는 강력한 방법이다. 이것은 결국 마음의 자유로 귀결되어 감각의 애착 너머로 일시적이라도 나아간다. 그리고 죽을 때는 신의 차원에 진정으로 머물 수 있게 된다. 그러나 애착에서 완전히 자유로워지는 것은 통찰을 필요로 한다. 자기 자신이 죽을 때 통찰이 주는 힘은 다음 장들에서 지속적으로 다룰 주제이다.

---

14   Anālayo 2015b: 54-7, 159f.

16
임박한 죽음과 가르침

16

임박한 죽음과 가르침

16.1 서 론

이 장에서 인용하는 경전은 사리뿟따 존자의 연민어린 가르침을 다시 보여주고 있다. 여기에서 사리뿟따 존자와 함께 9장에 나온 두 명의 주인공, 즉 아나타삔디까 장자와 아난 존자가 등장한다. 사리뿟따 존자는 걱정하는 마음으로 병든 아나타삔디까 장자를 방문한다. 우리는 병든 장자의 모습을 보면서 질병과 죽음은 전형적으로 아주 밀접한 관계를 맺고 있다는 것을 알 수 있다. 9장의 경전 내용에서 아나타삔디까 장자는 질병으로부터 회복하지만 이 장의 경전에서 장자는 거의 죽음 직전에 이르고 있다. 이런 상황에서 사리뿟따 존자는 아주 적절한 방식으로 아나타삔디까 장자에게 통찰에 대한 심오한 가르침을 주고 있다.

「아나타삔디꼬와다경(Anāthapiṇḍikovāda-sutta)」과 이에 대응하는 『잡아함경』과 『증일아함경』 모두는 아나타삔디까 장자가 사리뿟따로부터 통찰의 가르침을 듣고서 이전에는 이런 깊은 가르침을 받지 못하였다고 하면서 끝내 눈물을 흘렸다는 내용에 대해서는 일치한다. 지금의 『잡아함경』 버전의 번역에 기초하여 다른 곳에서 이 내용을 자세히 탐색하고 있다.[1] 이 진술 자체로 보면 일반 재가 신도들에게는 통찰에 대한 가르침을 설하지 않은 것처럼 보이지만, 다른 관련 경전 구절들을 자세히 조사해보면 여러 경전에 기록되어 있는 아나타삔디까의 성격을 오히려 잘 고려하여 이 가르침을 설했다는 것을 알 수 있다.

9장에서 언급한 바와 같이 아나타삔디까는 붓다를 처음 만나고서 예류과에 들었다. 그래서 초기불교의 열반론적 입장에서 보면 아나타삔디까는 안전한 기반에 올라선 셈이다. 여러 다른 경전의 기록을 보면 그는 통찰의 가르침과 명상 수행에는 별로 관심을 보이지 않은 것 같다. 아나타삔디까라는 이름은 '궁핍한 이에게 베푸는 자'라는 의미로, 이 이름은 불교 신자가 되기 전에 이미 얻은 이름이다. 이 이름이 보여주는 바와 같이 아나타삔디까는 선행을 베푸는 것에 만족하였다는 것은 분명한 사실로 보인다.

『앙굿따라니까야』와 이에 대응하는 『잡아함경』과 티벳 경전을 보면 붓다가 아나타삔디까에게 불교 승단을 도와주는 것뿐만 아니라 명상 수행의 희열도 계발해야 한다고 말하는 것이 기록되어 있다.[2] 이런 경전 기록을 보면 아나타삔디까가 명상 수행에 전념하는 것은 그의 자연스러운 성향이 아닌 듯한 인상을 받는다. 또 다른 경전인 『앙굿따라니까야』

---

1   Anālayo 2010b.
2   AN.5.176 at AN.III.207.1(translated Bodhi 2012: 789) 대응 경전 SĀ.482 at T.2.123a6, D 4094 *nyu* 73b3 또는 Q 5595 *thu* 118a8.

와 이에 대응하는 경전에서 붓다는 아나타삔디까에게 붓다와 그의 수행 제자들에게 음식과 거처를 마련해주는 것보다 통찰을 함양하는 것이 더 과실이 있다고 말하고 있다.[3] 이런 것을 보면 붓다는 아나타삔디까가 단순히 보시를 하는 것에 만족해서 머무르지 말고 통찰 또한 계발해야 한다는 것을 인식시켜주고자 노력했음을 알 수 있다.

아나타삔디까에게 주는 가르침에 대한 이런 경전의 내용을 보면 붓다는 해탈의 가르침을 주는데, 어떤 편파성도 없었다는 인상을 받는다. 사실 마나딘나에 대한 경전을 번역한 8장을 보면 재가 제자들도 통찰의 가르침을 받아야만 한다는 것은 너무나 자명한 사실이다. 마나딘나가 이런 가르침을 받지 못하였으면 불환과에 도달할 수 없었을 것이다. 22장에서 다루게 될 재가 제자 찟따(Citta)의 경우 이런 점이 더 분명하게 드러난다. 그는 심지어 붓다의 법을 몸소 가르치는 훌륭한 스승이기도 했다. 그러나 여기서 번역한 경전이 또한 함축하는 바는 통찰의 법을 받을 준비가 되어 있지 않은 사람에게 그것을 강요할 수 없다는 점이다. 죽음의 문턱에 있는 아나타삔디까는 이전보다 이런 통찰의 법을 받아들이기 쉬운 상태에 있는 것이 분명하다.

아나타삔디까가 죽기 직전의 모습을 담은 『증일아함경』의 첫 부분

---

3   AN.9.20 at AN.IV.396.1(translated Bodhi 2012: 1277)에서 무상에 대한 알아차림을 함양하기를 추천한다. 두 대응 경전 MĀ.155 at T.1.678a4, T.73 at T.1.879c16은 다른 두 특징을 알아차리는 것을 연결하고 있다. 다른 대응 경전인 D 4094 ju 172a1 또는 Q 5595 tu 198a3은 버림, 소멸, 사라짐을 무상과 연결하고 있다. 또 다른 두 대응 경전 T.72 at T.1.878c26, EĀ.27.3 at T.2.645a6은 온 세상에서 기쁨없음을 추천한다. 그러나 다른 대응 경전인 T.74 at T.1.882a10은 단일하지 않음을 언급한다. 이 모든 주제는 물론 해탈로 나아가는 통찰과 밀접히 연관된다.

을 다음에서 번역하였고, 이것은 『맛지마니까야』의 「아나타빈디꼬와다 경」과 『잡아함경』에서 대응되는 내용을 볼 수 있다.[4]

16.2 경전 번역

『증일아함경』 51. 비상품(非常品) [8][5]

이와 같이 들었다. 어느 때 세존께서는 사위국 기수급고독원에 계셨다. 그 당시 아나타뼨디까 장자는 몸에 심한 병을 앓고 있었다.

사리뿟따가 청정하여 더러운 티가 없는 천안(天眼)으로 아나타뼨디까 장자가 몸에 심한 병을 앓고 있는 것을 보고[6] 곧 아난에게 말하였다. "그대는 오시오. 우리 함께 아나타뼨디까 장자에게 가서 문병을 합시다." 그러자 아난이 대답하였다. "이때가 그때임을 잘 아십니다."

사리뿟따와 아난이 때가 되자 가사를 입고[7] 발우를 들고 사위성에 들어가 걸식하면서, 차츰 아나타뼨디까 장자의 집에 이르러 곧 자리에

---

4   MN.143 at MN.III.258.1(translated Ñāṇamoli 1995/2005: 1109), SĀ.1032 at T.2.269c8 (translated Anālayo 2010b). 비교적 관점의 연구는 다음을 참조할 수 있다. Anālayo 2011a: 821-5.

5   EĀ.51.8 at T.2.819b11-819c13.

6   MN.143 at MN.III.258.2에서 아나타뼨디까는 사리뿟따 존자에게 그의 상태를 알리고 방문해주기를 요청하는 시자를 보낸다. SĀ.1032 at T.2.269c9에 따르면 사리뿟따 존자는 아나타뼨디까의 상태를 들었다. 대응 경전 가운데 어떤 경전도 천안을 언급하지 않는다.

7   이 번역은 다른 번역을 수용하고 있다. 걸식하려고 준비하는 것을 표준적으로 기술하는 부분이다.

나아가 앉았다. 사리뿟따가 그 자리에서 곧 아나타삔디까 장자에게 말하였다.

"장자의 병은 지금 더하거나 덜함이 있습니까? 느끼시기에 고통이 점점 없어지거나 더 심해지거나 하는 차도가 없습니까?"

장자가 대답하였다. "지금 제 병은 어디 의지할 수 없을 정도로 너무 심하고, 갈수록 더하기만 할 뿐 덜한 줄은 모르겠습니다."[8]

사리뿟따가 말하였다. "지금 같은 때 장자는 마땅히 세존은 바로 '여래·지진(至眞)·등정각·명행성위(明行成爲)·선서·세간해·무상사·도법어(道法御)[9]·천인사·불·중우(衆祐)이시다'라고 생각해야 합니다.[10]

또 마땅히 법에 대해서 '여래의 법은 매우 깊어 공경할 만하고 높일 만하며, 그 무엇과 견줄 만한 것이 없는 성현(聖賢)이 수행하는 것이다'라고 돌이켜 기억해야 합니다.

또 마땅히 승가에 대해서는 '여래의 제자는 상하가 화합하여 다투거나 싸우는 일이 없고,[11] 법을 성취한 승가는 계를 성취하였으며, 삼매(三昧)를 성취하였고 지혜(智慧)를 성취하였으며, 해탈(解脫)을 성취하였고

---

8 MN.143 at MN.III.259.9 그리고 SĀ.1032 at T.2.269c14에서 아나타삔디까는 그의 병든 상태를 표준적인 비유로 보여준다.
9 '무상사', 즉 위 없는 사람, '도법어', 즉 법의 길을 가는 마차를 모는 자라는 표현은 한문으로 번역하면서 규칙적으로 일어나는 번역 실수이다. 원래 의미는 '사람을 길들이는 위 없는 스승'이라는 의미이다. Minh Chau 1964/1991: 326, Nattier 2003: 227.
10 MN.143과 SĀ.1032는 붓다, 법, 승가를 기억하는 가르침을 언급하지 않고 있다.
11 싸움이 없다는 언급은 구체적으로 승가를 기억하는 것이다. 일반적으로 초기경전에서 승가의 덕을 기술하는 것에는 등장하지 않는다.

해탈지견(解脫知見)을[12] 성취하였습니다. 승가는 사쌍팔배(四雙八輩)로서 이것을 이름하여 여래의 성중이라고 하며, 존경할 만하고 귀하게 여길 만하니, 그들은 이 세간의 위 없는 복전입니다'라고 생각해야 합니다.

장자여, 만일 부처님을 생각하고 법을 생각하며 <성스러운> 승가 생각하기를 수행하면,[13] 그 덕은 이루 다 헤아릴 수가 없어 소멸하는 영역에서 불사를 맛보게 될 것입니다.[14]

만일 선남자나 선여인이 세존·법·성중의 삼존(三尊)을 생각하면, 결코 세 갈래의 나쁜 세계에 떨어지는 일이 없을 것이요,[15] 만일 선남자나 선여인이 세존·법·성중의 삼존을 생각하면, 반드시 천상이나 인간 세계의 좋은 곳에 태어날 것입니다.

장자여, 물질[色]에 대해 집착하지 않고 물질에 의지하여 인식작용에 집착하지 않으며,[16] 소리[聲]에 대해 집착하지 않고 소리에 의지하여 인식작용에 집착하지 않으며, 냄새[香]에 대해 집착하지 않고 냄새에 의지하여 인식작용에 집착하지 않으며, 맛[味]에 대해 집착하지 않고 맛에 의지하여 인식작용에 집착하지 않으며, 감촉[細滑]에 대해 집착하지 않고

---

12 이 번역에서 '해탈'을 추가한 것은 이체자를 선택한 것이다. 해탈지혜를 헤탈지견으로 교정하였다.

13 '성스러운'이란 표현은 원래 텍스트에서 '비구'로 되어 있는 것을 교정한 것이다. 수행승가는 문맥에 맞지 않다. 수행승가는 의지처이지, 기억의 대상이 아니다. 자세한 것은 다음을 보라. Anālayo 2015b: 84f.

14 이 번역은 '맛'을 추가한 다른 번역을 채택하고 있다.

15 아나타삔디까는 예류과이므로, 그는 항상 세 가지 '악처'에 태어나는 것을 면하고 있다.

16 '일으키다'는 번역과 관련해서는 10장의 각주 13을 참조하라.

감촉에 의지하여 인식작용에 집착하지 않으며, 마음[意][의 대상]에 대해 집착하지 않고 마음[의 대상]에 의지하여 인식작용에 집착하지 않아야 합니다.[17]

금세(今世)와 후세(後世)에 대해 집착하지 않고 금세와 후세에 의지하여 인식작용에 집착하지 않아야 합니다.[18] 애욕[愛]에 집착하지 않고 애욕에 의지해 인식작용에 집착하지 않아야 합니다. 왜냐하면 애욕[愛]을 연(緣)하여 취함[取]이 있고 취함을 연하여 존재[有]가 있으며, 존재를 연하여 태어남[生]이 있고 태어남을 연하여 죽음[死][19]·근심[愁]·걱정[憂]·괴로움[苦]·번민[惱]이 이루 헤아릴 수 없이 있게 되기 때문입니다. 이것을 일러 오고성음(五苦盛陰)이라고 합니다."[20]

16.3 논 의

『증일아함경』의 가르침에서는 먼저 다섯 가지 무더기를 거론하고, 그다음으로 의지해서 일어남의 법칙, 즉 연기의 법칙을 여섯 감각의 문 하나하나에 적용하고 있다. 이 부분은 대응되는 다른 경전에서는 보이

---

17 여섯 가지 감각에 집착하는 것을 피해야 할 필요는 사리뿟따가 MN.143 at MN.III.259.12과 SĀ.1032 at T.2.269c16에서 가르침을 시작하는 주제이다. MN.143에서 이 주제는 여섯 가지 감각의 문을 통한 경험을 자세히 분석하는 것으로 나아간다.

18 MN.143 at MN.III.261.4는 또한 금생과 후생에 대해 집착하는 것을 피할 필요성을 언급한다. 이는 SĀ.1032에서는 나오지 않는다.

19 '태어남을 연해서 – 있다'를 추가하는 이체자를 기본으로 하고 있다.

20 이 마지막 부분은 MN.143 또는 SĀ.1032에는 상응하는 구절이 나오지 않는다.

지 않는다. 또한 다른 경전에는 경전의 초입부에 있는 사리뿟따의 가르침, 즉 붓다, 붓다의 법, 승가를 회상하라는 내용은 없다. 이 부분은 『증일아함경』에만 기록되어 있다.

『증일아함경』에서 회상해야 할 대상으로 거론하고 있는 것은 9장에서 언급한 예류과의 첫 세 가지 항목들, 즉 삼보에 대한 것이다. 이것에 대해 더욱 자세하게 언급하겠다. 첫 번째는 붓다에 대한 것이다. 붓다에 대한 표준적인 별칭들은 완전한 깨달음을 성취하고 연민어린 가르침을 펴는 자의 자질을 더 두드러지게 보여준다. 성스러운 가르침이자 존경의 마음을 불러일으키는 붓다의 법이 갖추고 있는 자질은 그 법을 갖춘 성스러운 사람들과 함께 한다. 이것은 성스러운 공동체를 형성하고 이 공동체는 다섯 가지 자질, 즉 계율, 집중, 지혜, 해탈, 해탈에 대한 지식과 비전을 성취하게 된다. 이는 14장에서 언급한 해탈에 이르는 다섯 가지 무더기에 대응한다.

또한 관심을 기울이게 되는 내용은 성스러운 공동체를 기술하면서 나오는 "네 가지 쌍과 여덟 종류의 사람들(사쌍팔배, 四雙八輩)"이다. 이것은 다른 초기경전에서도 볼 수 있는 내용이다.[21] 네 가지 쌍을 성취한 여덟 종류의 사람들은 깨달음의 네 가지 수준 가운데 하나의 과정에 있는 사람과 네 가지 수준 가운데 하나에 도달한 사람을 말한다.

「닷키나위방가경(Dakkhiṇāvibhaṅga-sutta)」과 이에 대응하는 경전에서는 보시를 받는 자들을 깨달음으로 나아가는 수준에 따라서 열거하고

---

21   예를 들어 AN.5.179 at AN.III.212.26(translated Bodhi 2012: 793)과 대응 경전 MĀ.128 at T.1.616c26을 보라.

있다.[22] 깨달음의 순간의 마음 상태인 도의 개념과 연관해서, 빠알리 주석서는 이 구절을 보시를 받으려는 순간 도에 참여하는 것과 같다고 설명한다.[23] 그러나 「닷키나위방가경」과 이에 대응하는 경전은, 보시를 받는 순간에 정확히 해탈이 일어난 경우만을 가리킨다면, 이미 깨달음을 이룬 사람이나 이루고 있는 과정에 있는 사람들에게 구체적인 지위를 부여하지 않았을 것이라는 것이 안전한 해석일 것이다.[24]

초기경전의 관점에서 보면 깨달음의 한 특별한 수준으로 나아가는 과정 가운데 있다는 개념은 실제적인 성취 바로 직전에 일어나는 한 순간의 사건을 언급하는 것이 아니라, 오랜 기간 명상 수행을 통해서 결국 깨달음의 그 수준을 실현하는 데 이르게 되는 과정을 말한다. 이것이 함축적으로 의미하는 바는 예류과를 성취하였거나 또는 그 성취의 근처에 제대로 이른 사람들뿐만 아니라, 그 성취를 위해 진지하게 수행하는 사람도 성스러운 공동체 안에 모두 포함된다는 것이다. 이들은 또한 삼보 가운데 하나이고 회상할 만한 가치가 있다. 이를 통해서 이런 형태의 회상을 정착시키는 것은 더 쉬워진다. 깨달음의 네 가지 수준 가운데 첫 번째 수준에 도달한 사람에게 지나친 관심을 기울이지 않고, 오히려 깨달음의 길을 진지하게 수행하고 있는 사람을 단순하게 회상한다.

세 가지 경전에서 유사하게 볼 수 있는 실제적인 통찰의 가르침으로

---

22 MN.142 at MN.III.254.28 (translated Ñāṇamoli 1995/2005: 1103) 대응 경전 MĀ.180 at T.1.722b14, T.84 at T.1.903c27, D 4094 *ju* 255b2 또는 Q 5595 *tu* 291a2, 토하라어 단편 Ji et al. 1998: 182, 위구르어 단편 Geng and Klimkeit 1988: 202.

23 Ps.V.72.15.

24 Gethin 1992: 131f, Bodhi 2012: 68-70을 보라.

돌아가보면, 사리뿟따는 여섯 가지 감각의 문에서 경험하는 것에 대한 집착을 피하라는 가르침을 주고 있다. 이 가르침은 죽음의 문턱에서 가장 필요한 가르침이다. 즉 모든 집착을 내려놓는 것이다. 이 점이 바로 지금의 경전에서 가장 두드러진다. 이는 계속해서 다음 장들의 논의에서 반복되는 주제이다. 현재 세 가지 경전에서 공통적으로 확인할 수 있는 것은 죽음이 가까이 왔을 때 이 가르침을 베푼다는 것이다. 사리뿟따의 통찰적인 가르침을 받은 지 얼마 지나지 않아 아나타삔디까는 죽음에 이른다.

죽을 때 애착에서 벗어나는 것의 중요성을 강조하는 것에 더하여 다른 경전들에 기록된 아나타삔디까에 대한 정보를 감안하면, 이 경전에서 주의깊게 읽어야 할 부분은 죽을 때가 되어서야 비로소 보다 깊은 통찰에 마음의 문을 열 수 있다는 것이다. 앞 장의 경전과 결합해서 이것이 의미하는 바는 죽음 직전에 놓인 사람과 함께 있을 때는 그 환자의 정신적 상황을 알아차리면서 마음의 문을 여는지를 잘 살펴야 한다는 것이다. 살아생전에 애써 피하고자 힘썼던 것을 직면하는 용기를 불러일으킬 수 있는 때는 바로 죽음의 문턱에 있을 때이다.

17
애착에서 벗어남과 말기 질병

애착에서 벗어남과 말기 질병

17.1 서 론

이 장에서는 죽음의 문턱에서 가르침을 받은 또 다른 재가 제자 이야기를 다루고 있다. 이번에는 붓다가 병들어 아픈 상태에 있는 재가 제자가 있다는 이야기를 듣고, 연민에 가득 찬 마음으로 직접 방문하여 가르침을 주고 있다. 『잡아함경』과 『상윳따니까야』에 있는 이 경전 내용은 두 명의 재가 제자를 주인공으로 한다.[1] 이들은 아들인 디가유(Dīghāvu) 장자와 그 아버지인 조띠까(Jotika) 장자이다.

붓다가 디가유 장자에게 준 가르침은 예류과의 네 가지 요소와 통찰, 특히 여섯 가지의 인식에 대한 가르침을 결합한 것이다. 붓다의 이러한 통찰의 가르침과 더불어 이 경전에서 부가적으로 기술하고 있는 것은

---

1   SN.55.3 at SN.V.344.8(translated Bodhi 2000: 1790). 두 명의 재가 제자 디가유와 조띠까는 이 경전에만 보인다. 더 이상의 정보를 얻기가 어렵다. Malalasekera 1937/1995: 1085, 970(no.2) 여기서의 조띠까와 같은 이름의 왕사성의 회계사는 구분된다.

죽음에 임박했을 때의 가족관계에 대한 것이다. 여기서 조띠까 장자는 자신의 아들이 말기 질환에 걸려 죽음에 직면하였을 때, 적절한 자세를 취한 모범적인 사례로 언급되고 있다.

17.2 경전 번역

『잡아함경』 1034. 장수경(長壽經)[2]

이와 같이 나는 들었다. 어느 때 부처님께서 왕사성 가란다죽원에 계셨다. 그 당시 조띠까[樹提] 장자의 아들인 디가유[長壽] 장자가 몸에 병이 들어 위독하였다.

세존께서 디가유 장자가 몸에 병이 들어 위독하다는 말을 들으시고[3] 이른 아침에 가사를 입고 발우를 들고 왕사성으로 들어가 차례로 걸식하시다가 디가유 장자의 집에 이르셨다. 디가유 장자는 멀리서 세존께서 오시는 것을 보고 침상을 붙들고 일어나려고 하였다.[4]

세존은 이를 보고 말씀하셨다. "장자여, 그대는 누워 있으라. 일어나지 말라. 고통이 더할 것이다." 세존은 평상에 앉으시고, 디가유 장자에게 말씀하셨다. "디가유 장자여, 병은 좀 차도가 있는가? 고통이 더하지

---

2   SĀ.1034 at T.2.270a18-270b14.

3   SN.55.3 at SN.V.344.14에서 디가유는 자신의 병세를 알리기 위해서 아버지 조띠까를 붓다에게 보낸다.

4   SĀ.1034에서 SĀ.1031과 같은 언급을 하고 있다. 9장을 보라. 서론에서 나머지 설명 부분은 케마까와의 대화에서 보충해야 한다.

는 않는가?"

디가유 장자는 세존에게 대답하였다. "제 병은 차도가 없어 몸이 안온하지 않으며, 여러 가지 고통은 갈수록 더해 나을 길이 없습니다. 비유하면 힘센 사람이 연약한 사람을 붙잡아 끈으로 머리를 동여매고 두 손으로 세게 조른다면 매우 고통스러울 것입니다. 지금 나의 고통은 그보다 더합니다.

또 비유하면 예리한 칼로 살아 있는 소의 배를 가르고 내장을 끄집어낸다면 그 소의 고통이 어떻겠습니까? 그러나 지금 내 배의 고통은 그 소보다 더합니다.

또 비유하면 마치 두 힘센 사람이 연약한 한 사람을 붙들어 불 위에 매달아놓고 두 발을 태우는 것과 같습니다. 지금 내 두 발의 열은 그보다 더합니다.[5] 고통이 점점 심해질 뿐 조금도 줄어들지 않습니다."

[부처님께서 말씀하셨다.] "그러므로 [디가유] 장자여, 이렇게 공부해야 한다. '부처님에 대한 흔들리지 않는 깨끗한 믿음과 법과 승가에 대한 흔들리지 않는 깨끗한 믿음과 성스러운 계를 성취하자.'[6] 이와 같이 공부해야 한다."[7]

[디가유] 장자가 부처님께 아뢰었다. "세존이시여, 세존께서 말씀하

5　SN.55.3에서 다가유는 자신의 아픈 상황을 설명하는 데 어떤 비유도 사용하고 있지 않다.

6　SN.55.3은 추가적으로 삼보의 각각의 특징을 기술하고 있고, 계(고귀한 덕)를 선정으로 나아가게 하는 것으로 특징짓는다.

7　이러한 명령은 예류과의 네 가지 요소를 기억하기를 북돋우는 것을 의미한다. 즉 디가유가 이러한 특징을 가지고 있다는 것을 붓다가 몰랐다는 것을 의미하지는 않는다.

신 네 가지 흔들리지 않는 깨끗한 믿음을 저는 지금 다 갖추고 있습니다. 그래서 저는 항상 부처님에 대한 흔들리지 않는 깨끗한 믿음과 법과 승가에 대한 흔들리지 않는 깨끗한 믿음과 성스러운 계를 성취하고 있습니다."

부처님께서 [디가유] 장자에게 말씀하셨다. "너는 네 가지 흔들리지 않는 깨끗한 믿음에 의지하여 거기에서 다시 여섯 가지 지혜로운 생각[六明分想]을 닦아 익혀야 한다. 어떤 것이 여섯 가지인가? 이른바 일체 행(行)은 다 무상한 것[無常]이라는 생각[想], 무상한 것은 괴로운 것[苦]이라는 생각, 괴로운 것은 나라고 할 것이 없다[無我]는 생각, 음식은 더러운 것이라는 생각,[8] 일체 세상은 좋아할 만한 것이 아니라는 생각, 죽는다는 생각이다."[9]

[디가유] 장자가 부처님께 아뢰었다. "세존께서 말씀하시기를 '네 가지 흔들리지 않는 깨끗한 믿음에 의지하여 여섯 가지 지혜로운 생각을 닦아야 한다'라고 하셨는데, 저는 지금 그것을 다 갖추고 있습니다. 그러나 저는 이런 걱정을 하고 있습니다. '내가 죽은 뒤에 내 아버지 조띠까 장자는 장차 어떻게 될지 알 수 없습니다.'"

그때 조띠까 장자가 디가유 장자에게 말했다. "너는 내 걱정을 하지 말아라.[10] 너는 지금 우선 세존의 설법을 듣고 생각하고 기억하면, 오랜

---

8 이 언급은 식(食), 촉, 의도, 식(識)의 네 가지 자양분을 언급하는 것 같다. 다음을 보라. SN.12.63 at SN.II.98.1(translated Bodhi 2000: 597) 대응 경전 SĀ.373 at T.2.102b18은 이들의 특징을 극명한 비유를 통해서 보여준다.

9 마지막 세 가지 생각은 SN.55.3. at SN.V.345.25와 다르다. 그곳에서는 포기, 버림, 소멸을 들고 있다.

10 '걱정을 하다'는 다른 독해에 근거한다.

세월 동안 행복과 이익과 안락의 요익함을 얻을 것이다."[11]

디가유 장자가 말했다. "저는 일체 행은 다 무상한 것이라는 생각, 무상한 것은 괴로운 것이라는 생각, 괴로운 것은 나라고 할 것이 없다는 생각, 음식은 더러운 것이라는 생각, 일체 세상은 즐거워할 만한 것이 아니라는 생각, 죽는다는 생각을 가져, 언제나 눈앞에 있게 하겠습니다."

부처님께서 [디가유] 장자에게 말씀하셨다. "너는 지금 스스로 사다함과를 예언하였다."[12]

디가유 장자가 부처님께 아뢰었다. "세존이시여, 오직 바라옵건대 세존께서는 저의 집에 머무시면서 공양하십시오."[13] 그러자 세존께서는 침묵으로 허락하셨다.

디가유 장자는 곧 갖가지 깨끗하고 맛있는 음식을 장만하여 세존께 공경을 다하여 공양하였다. 세존께서 공양을 마치시고 다시 [디가유] 장자를 위해 갖가지로 설법하시어 가르쳐 보이시고 [디가유 장자를] 기쁘게 한 뒤에 자리에서 일어나 떠나가셨다.

17.3 논 의

『잡아함경』은 여기에서 이야기를 끝맺고 있지만 『상윳따니까야』에

---

11 SN.55.3은 행복 등을 얻는 것을 언급하지 않고 있지만, 동일한 함의를 가진다.
12 여섯 가지 생각을 수행하겠다고 결정하는 것이 어떻게 사다함과를 성취하는지는 분명하지 않다. SN.55.3에서 붓다는 그가 죽은 후에 불환과를 성취하였다고 이야기한다.
13 SN.55.3에는 공양을 올렸다는 언급이 없다.

서는 붓다가 자리를 떠난 다음 다음과 같은 내용을 기록하고 있다. 이어지는 부분은 다음과 같다.[14]

> 디가유 장자는 세존께서 떠나신지 오래지 않아 임종을 하였다. 많은 수행승들이 세존께 다가갔다. 가서는 세존께 경의를 표하고 난 후 한쪽에 앉았다.
> 한쪽에 앉은 수행승들은 세존께 이와 같이 여쭈었다. "세존이시여, 디가유 장자가 세존의 간략한 가르침을 듣고 임종하였습니다. 그가 태어날 곳은 어디이고 그는 어떤 경지에 도달하였습니까?" [부처님께서 말씀하셨다.] "수행승들이여, 디가유 장자는 현자였다. 그는 법답게 수행하였다. 그는 법을 이유로 나를 성가시게 한 적이 없다.[15] 수행승들이여, 디가유 장자는 다섯 가지 낮은 단계의 족쇄를 완전히 없애고 정거천에 화생하여 그곳에서 완전한 열반에 들어 그 세계에서 다시 돌아오지 않는 법[不還果]을 얻었다."

빨리어 경전에서 볼 수 있는 바와 같이, 환자 디가유는 이처럼 붓다가 준 통찰의 가르침으로 인해 아버지에 대한 걱정을 내려놓고 불환과에 도달하였다. 두 경전은 이렇게 결론이 서로 다를 뿐만 아니라 붓다가 가르친 여섯 가지의 인식도 조금 다르다. 『상윳따니까야』는 다음 세 가지가 『잡아함경』과 다르다. 그 세 가지는 다음과 같다.

---

14 SN.55.3 at SN.V.346.6-346.19.
15 태국어판 SN.55.3에서 붓다는 디가유 장자를 진리를 설하는 자로 언급한다. 같은 판본에서 법 때문에 성가시게 하는 것과 관련해서 '나를'을 언급하지 않고 있다. PTS본에서도 발견되지 않는다. 미얀마본과 스리랑카본에서는 나타나고 있다.

- 버림의 인식
- 탐욕의 사라짐의 인식
- 소멸의 인식

이 인식들은 12장에서 언급한 「기리마난다경」의 명상 수행 프로그램에서 같은 순서로 부분적으로 언급되고 있다. 이것에 대해서는 이 책의 결론 부분에서 더 자세히 논의할 것이다.

두 경전에서 공통되는 세 가지 인식은 다음과 같다. 이것들은 초기불교의 사유에서 근본적인 통찰의 가르침이다. 그 세 가지는 다음과 같다.

- 모든 형성된 것은 무상하다는 인식
- 무상한 것은 둣카라는 인식
- 둣카는 무아라는 인식

이 세 가지 인식은 해탈의 통찰을 함양하는 기본 패턴이다.[16] 가장 근본적인 것은 형성된 것, 즉 상카라(saṅkhāra)는 모두 예외 없이 변화한다는 것을 명확하고도 지속적으로 알아차리는 것이다. 그다음 무상한 것은 지속적인 만족을 줄 수 없다는 통찰이 나온다. 그러므로 그것은 반드시 불만족스러운 것, 둣카일 수밖에 없다. 불만족스럽고 변화할 수밖에 없는 것은 결국 한 사람의 자아라고 하기에는 적합하지 않다. 정의상 한

---

16 이 패턴에 대한 더 자세한 것은 다음을 보라. Anālayo 2012c: 43-8.

사람의 자아라고 하면, '자아'라고 간주할 만한 자격이 있기 위해서는, 고대 인도의 자아 개념에 의하면 영원하지 않으면 안 된다. 이런 통찰은 무아, 즉 아낫따(anattā)의 인식으로 이어진다. 둣카를 절실하게 깨닫고 집착에서 벗어나게 되면, 바로 그것이 무아의 실현을 심화시키는 방향으로 진전하는 동력이 된다.

수행적인 관점에서 이런 세 가지 인식을 함양하기 위해서는 지금 내가 겪고 있는 모든 경험의 측면을 하나의 과정으로, 그리고 변화하는 그 무엇인가로 간주하는 것에서 시작해야 한다. 이렇듯 무상에 대한 인식이 일단 잘 확립되면 바로 그 변화하는 경험의 과정을 불만족과 환멸이라고 지속적으로 간주하게 된다. 이런 무상의 과정들을 동일하게 알아차리면서, 경험한 어떤 것이라도 나의 것으로 동일시하는 패턴을 내려놓고자 하는 태도를 취하게 된다.

『잡아함경』은 통찰의 함양을 위한 이런 기본적인 모습을 바탕으로 하여 버림의 인식, 탐욕의 사라짐의 인식, 소멸의 인식 대신 다음에서 열거한 세 가지 인식을 언급하고 있다.

- 영양분들을 관조하는 인식
- 온 세상에는 기쁨이 없다는 인식
- 죽음의 인식

이 세 가지 중 첫 번째인 영양분들을 관조하는 인식에서 말하는 영양분은 다음 네 가지라고 말할 수 있다.

- 음식[단식, 段食, kabaḷīkāra-āhāra]

- 접촉[촉식, 觸食, phassa-āhāra]

- 의도[의사식, 意思食, maonsañcetana-āhāra]

- 의식[식식, 識食, viññāṇa-āhāra]

영양분에 대한 가르침을 보면 이 네 가지가 존재의 영속성을 기르고, 존재의 본질적 상태로 작동한다는 것을 알 수 있다.[17] 음식은 몸을 키우고 보존해준다. 접촉은 느낌을 키우고 보존해준다. 신체적 굶주림이라는 자극이 음식물을 찾게 하듯이 자극에 대한 정신적 굶주림은 접촉을 찾게 해준다. 의도는 업이라는 초기불교 교리의 관점에서 보면 핵심적인 영양성분이다. 업은 한 사람의 의도적인 계획과 열망이라는 매개적인 힘을 통해서 그 사람이 누구인지, 무엇을 하고 있는지, 미래에 어떻게 될 것인지에 대해 조건적인 영향을 미치는 것을 말한다. 그리고 마지막으로 의식을 통해서 그런 것을 경험하고자 하는 열망은 존재의 연속성을 키우고 보존하게 된다.

이런 네 가지 영양분과 이것들이 자신의 존재를 유지하고 지속적으로 존재에 조건을 부여하는 방식에 대한 관조는 결국 강력한 "지식을 담보하는 인식"으로 귀결된다. 이런 인식에 얼마나 매달리게 되는지에 대한 정도는 이런 영양분들이 어느 정도 들어오는지에 달려 있다.

『잡아함경』에 실려 있는 나머지 두 가지 인식은 온 세상에는 기쁨이

---

17   네 가지 자양분에 대해서는 다음을 보라. Nyanaponika 1967/1981.

없다는 인식과 죽음의 인식이다. 첫 번째 인식은 이미 12장에서 기리마 난다에게 주는 가르침의 일부로 다루었고 또한 결론에서 다시 언급할 것이다. 현재의 맥락에서 이 기쁨이 없다는 인식은 네 가지 영양분의 관조라는 항목에 이어서 자연스럽게 열거되어 있다. 이런 인식으로 인해서 존재의 기쁨이 손상된다는 의미이다. 그다음 죽음의 인식을 통해서 자신은 죽을 수 밖에 없는 운명이라는 것을 알아차리는 항목이 나온다. 이것에 대해서는 24장에서 더 자세히 다루겠다.

이 장의 서론에서 언급한 바와 같이 이 장의 경전의 특별한 점은 죽음에 이르렀을 때 가족관계를 정립하는 방식에 대한 것이다. 조띠까는 자신의 아들 디가유가 지금 이 자리에 붓다가 있을 때 통찰과 애착에서 벗어나는 귀중한 기회를 최대한 이용하도록 순수한 마음으로 독려하고 있다. 사실 붓다가 말한 자질과 명상 수행의 인식은 디가유에게는 친숙한 것들이다. 그렇지만 아버지에 대한 걱정 때문에 전심전력을 다해서 그 가르침에 집중하지 못하는 것처럼 보인다. 이런 상황에서 조띠까의 태도는 사랑하는 사람이 죽어가는 모습을 보면서 취해야 하는 모범적인 사례이다. 여기서 중요한 목표는 죽어가는 사람이 자신의 애착에 매달리는 것이 아니라 모든 근심과 걱정을 놓아버리게끔 격려하는 것이다. 이렇게 붓다가 디가유에게 준 핵심적인 가르침에 따라서 조띠까는 스스로 명상을 하면서 자신의 아들이 죽음을 맞이할 때 가장 문제가 되는 것, 즉 애착을 버릴 것을 격려하고 있다.

18
완화적 돌봄에 대한 충고

18

완화적 돌봄에 대한 충고

18.1 서 론

이 장에서는 죽음에 임박하였을 때, 특히 가깝고 사랑스러운 사람들의 죽음에 직면하였을 때 애착에서 벗어나는 것에 대하여 계속해서 언급하고자 한다. 이 경전은 사카족의 재가 제자들의 요청에 의해서 붓다가 설한 완화적 돌봄에 대한 가르침을 보여주고 있다.

이 장에 실린 경전은 붓다가 한때 고향을 방문한 것을 다루고 있다. 붓다가 고향을 방문하자 사카족의 재가 제자들은 붓다와 그의 수행 제자들과 함께 지낼 수 있는 기회가 생겼다. 얼마 지나지 않아 붓다와 제자들이 다시 유행 생활을 할 것이라는 것을 알고, 사카족의 재가 제자들은 분명하게 답을 받아야 할 질문을 가지고 붓다에게 왔다. 이 질문은 재가 제자들의 연민어린 마음에서 나온 것이었다. 질문의 내용은 사람이 병들거나 죽을 때 어떻게 하는 것이 적절한지를 확실하게 알고 싶다는 것이었다. 이런 질문에 대해 붓다로부터 가르침을 받게 되면 붓다와 제자들이 다시 유행길에 오른다고 할지라도, 사카족의 재가 제자들은 병들거나 죽음에 임박한 사람을 보살피는 데 최대한의 노력을 기울일 수 있는 기본적인 지침을 갖게 된다.

다음에서 번역한 경전은 『잡아함경』에서 온 것이고 이에 대응하는 내용은 『상윳따니까야』에도 있다.[1] 『상윳따니까야』 버전의 주인공은 마하나마(Mahānāma)라는 이름의 사카족 재가 제자인 반면 『잡아함경』에는 난디야(Nandiya)라는 이름의 지도자가 이끄는 한 무리의 사카족 재가 제자들이 나온다.[2]

18.2 경전 번역

『잡아함경』 1122. 질병경(疾病經)[3]

이와 같이 나는 들었다. 어느 때 세존께서 가비라위국(迦毘羅衛國) 니구율원(尼拘律園)에 계셨다. 그때 많은 석가족들이 논의당(論議堂)에 모여 의논을 하고 있었다. 어떤 석가족이 석가족 난디야[難提]에게 말하였다.[4]

---

1   SN.55.54 at SN.V.408.6(translated Bodhi 2000: 1834).

2   마하나마와 난디야에 대해서는 다음을 참조하라. Malalasekera 1938/1998: 514f (no.3), 27(no.2)

3   SĀ.1122 at T.2.297c29-298b13.

4   석가족의 논의를 기록하는 대신, SN.55.54 at SN.V.408.8은 수행승들은 붓다가 곧 유행을 다시 시작할 것이라는 생각에 붓다에게 새 가사를 만들어드렸다고 이야 기한다. 이는 재가자 마하나마가 붓다께 나아가도록 하였다.

"나는 어떤 때에는 세존에게 나아가 공경을 다하여 공양하지만, 어떤 때에는 그렇게 하지 못하기도 합니다. 또 어떤 때에는 아는 수행승들을 친근히 하여 공양하기도 하고, 어떤 때에는 그렇게 하지 못하기도 합니다.[5] 또 나는 지혜로운 우바새들이 다른 지혜로운 우바새나 우바이가 병이 들어 고생하고 괴로워할 때에 어떻게 교화하고 교계하며 설법해야 하는지를 잘 알지 못합니다.[6] 우리는 이제 함께 세존의 처소로 나아가 이와 같은 뜻을 여쭈어서 세존의 가르침대로 마땅히 그대로 받들어 행합시다."

그때 난디야가 다른 석가족들과 함께 세존께서 계신 곳으로 나아가 머리를 조아려 그 발에 예경하고 한쪽에 물러앉았다. [난디야는] 세존께 여쭈었다. "저희 석가족들이 논의당에 모여 이렇게 의논하였습니다. 어떤 석가족들이 저에게 말하였습니다.

'난디야여, 우리는 어떤 때에는 여래를 뵙고 공경을 다하여 공양하기도 하고, 어떤 때에는 뵙지 못하기도 합니다. 어떤 때에는 아는 수행승들을 친근히 하여 공양하기도 하고, 어떤 때에는 그렇게 하지 못하기도 합니다. 또 나는 지혜로운 우바새들이 다른 지혜로운 우바새나 우바이가 병이 들어 고생하고 괴로워할 때에 어떻게 교화하고 교계하며 설법해야 하는지를 잘 알지 못합니다. 우리는 이제 함께 세존의 처소로 나아

5　SN.55.54에서는 비록 붓다가 곧 유행을 다시 시작한다는 함축은 동일하더라도, 붓다와 수행승들에게 비규칙적으로 나아가도록 하지 않는다.

6　SN.55.54 at SN.V.408.22는 명백하게 남자 재가자만이 아프다고 언급하고 있다. 비록 유사한 가르침이 아픈 여자 재가자에게도 적용된다고 할지라도 말이다.

가 이와 같은 뜻을 여쭈어서 세존의 가르침대로 마땅히 그대로 받들어 행합시다.'

그래서 저희들은 오늘 세존께 여쭙습니다. 지혜로운 우바새는 다른 지혜로운 우바새나 우바이가 병이 들어 고통스러워할 때에 어떻게 교화하고 가르치고 설법해야 합니까?"

세존께서 난디야에게 말씀하셨다. "만일 지혜로운 우바새라면 병이 들어 고통스러워하는 지혜로운 다른 우바새나 우바이에게 찾아가 세 가지 편안히 쉴 곳을 마땅히 가르쳐주어야 한다. 즉 그에게 "어진이여, 그대는 세존에 대한 흔들리지 않는 깨끗한 믿음과 법과 승가에 대한 흔들리지 않는 깨끗한 믿음을 성취하여야 한다"라고 말해주어야 한다.[7]

이 세 가지 편안히 쉴 곳을 가르쳐 준 다음에는 꼭 다시 이렇게 물어야 한다. "그대는 부모가 생각나고 그리운가?" 이렇게 물어 그가 만일 부모가 생각나고 그립다고 대답하거든 그 그리움을 버리도록 그에게 말해주어야 한다. "그대가 부모를 그리워해서 살아날 수 있다면 그리워해도 좋다. 그러나 그리워해도 살아날 수 없다면 그리워한들 무슨 소용이 있겠는가?"[8]

그가 만일 부모를 생각하거나 그리워하지 않는다고 대답하거든 홀

---

7 SN.55.54 at SN.V.408.29는 네 번째 쉴 곳으로 계(고귀한 덕)를 언급하고 있다. 이는 병자가 이러한 유형의 쉴 곳을 가지고 있다고 병자를 안심시킨다는 의미에서 좀 더 긍정적인 측면을 가지고 있다. SĀ.1122은 병자가 이러한 유형의 쉴 곳을 성취했다는 것을 기억하는 것을 북돋아야 한다는 더 많은 의미를 담고 있다.
8 SN.55.54 at SN.V.409.6의 가르침은 모든 사람은 부모님께 애착하든 하지 않든 상관없이 언제든 죽을 수 있다는 것이다. 그러므로 애착을 내려놓아야 한다.

륭하다고 칭찬해주고 기뻐해야 한다.[9] 그리고 다시 그에게 물어야 한다. '그대는 처자식과 하인들과[10] 재물과 살림살이 등에 애착하고 있는가?'[11] 애착하고 있다고 말하거든 그 애착을 버리도록 그에게 말해주어야 한다. '그대가 처자식과 하인들과 재물과 살림살이 등에 애착해서 가질 수 있다면 애착해도 좋다. 그러나 애착하는 것으로써 가질 수 없다면 생각한들 무슨 소용이 있겠는가?'

그가 만일 처자식과 하인들과 재물과 살림살이 등에 애착하지 않는다고 대답하거든 훌륭하다고 칭찬해주고 기뻐해야 한다. 또다시 물어야 한다. '그대는 인간의 다섯 가지 즐거움[五欲]에 대하여 애착하며 생각하는가?' 만일 그렇다고 대답하거든 그를 위해 인간의 다섯 가지 즐거움은 더러운 분비물처럼 깨끗하지 못하고 언젠가는 허물어지는 것이며 냄새 나는 것이어서 천상의 훌륭하고 묘한 즐거움보다 못하다고 말해주어라. 그리하여 그로 하여금 인간의 다섯 가지 즐거움을 버리고 천상의 다섯 가지 즐거움을 원하게 해야 한다.[12]

만일 그가 '마음이 인간의 다섯 가지 즐거움을 이미 멀리 여의었고,

---

9 여기와 밑의 SN.55.54에서는 병자가 집착을 놓게 하고 이를 기뻐하고 칭찬해주어야 한다고 언급하지는 않는다.

10 텍스트는 '처'를 언급하고 있다. 이는 남자 재가자가 병든 경우에 적합하다. 이 경은 여자 재가자에게도 적용할 수 있다고 명확히 언급하였으므로, 중립적인 '파트너'라는 표현을 사용할 수 있다.

11 SN.55.54 at SN.V.409.12는 단지 부인과 자식만 언급하고 있다.

12 천상의 감각적 즐거움 대신, SN.55.54 at SN.V.409.25는 같은 주제를 추가적인 단계와 함께 상세하게 들고 있다. 초기불교 우주론에서 나오는 다양한 감각적 영역의 천상계로 나아간다. 말하자면 사천왕, 삼십삼천, 야마천, 도솔천, 화락천, 타화자재천을 언급한다.

천상의 뛰어나고 묘한 즐거움을 벌써부터 원하고 있다'라고 말하거든, 훌륭하다고 칭찬해주고 기뻐해야 한다. 다시 그에게 '천상의 묘한 즐거움도 덧없는 것이고 괴로운 것이며, 공허한 것이고 변해 허물어지는 법이다.[13] 모든 천상에는 하늘의 다섯 가지 즐거움보다 훌륭한 색계의 천신의 [즐거움]이 있다'라고 말해주어라.

만일 그가 '하늘의 즐거움을 원하는 생각도 버렸고 대신 뛰어난 색계의 천신의 즐거움을 생각한다'라고 말하거든, 훌륭하다고 칭찬해주고 기뻐해야 한다. 그리고 다시 그에게 가르쳐 말하라. '색계의 영역의 즐거움도 덧없어 변하고 무너지는 법이다. 행(行)이 사라지는 것, 즉 열반은 출리의 즐거움이다. 그대는 색계에 집착하는 생각을 버리고 열반의 고요함의 즐거움을 즐겨야 한다. 그것이 가장 훌륭한 것이다.' 그 성스러운 제자가 이미 색계에 집착하는 즐거움을 원하는 생각을 버리고 열반을 즐거워하거든, 훌륭하다고 칭찬해주고 기뻐해야 한다.[14]

난디야여, 이와 같이 그 성스러운 제자를 차례에 따라 가르치고 훈계하여 집착이 일어나지 않게 하고 열반을 얻게 하려는 것은,[15] 마치 수행승들이 백 년 동안 해탈하고 열반하는 것과 같다.'"[16]

---

13   SN.55.54 at SN.V.410.16은 범천과 관련해서만 상당한 정도의 통찰을 소개하고 있다. 범천은 SĀ.1122에서는 색계에 대응한다.

14   SN.55.54 at SN.V.410.18은 브라흐만의 무상성을 자기의 소멸과 대비한다.

15   '집착 없음'으로 번역한 부분은 글자 그대로는 '일어나지 않음'이다. 이는 현재의 맥락에서 의미를 전하기에 부족하다. 10장 각주 13에서도 언급한 바와 같이 원래 인도적 표현은 집착 없음을 말한다. 한역을 하면서 '일어남(uppāda)'과 '집착(upādāna)'을 혼동한 것이다.

16   SĀ.1122에서의 함축은 대응하는 SN.55.54 at SN.V.410.21을 보면 명확하다. 후자는

세존께서 이 경을 말씀하시자, 석가족 난디야는 부처님 말씀을 듣고 기뻐하면서 예경하고 떠나갔다.

18.3 논 의

어떤 사람이 죽음의 입구에 있을 때는 애착과 집착에 계속 매달려도 아무런 의미가 없다. 『상윳따니까야』에서 제시한 논리에 의하면 애착을 갖고 있든 아니든 상관없이 어쨌든 죽게 되어 있다. 그러므로 모름지기 애착을 내려놓아야 한다. 이것이야말로 적절한 태도이다. 이런 적절한 태도는 앞 장의 디가유 장자와 그의 아버지 조띠까 장자에 대한 경전과 16장의 아나타삔디까 장자에서 준 가르침에서도 볼 수 있다.

이 장의 경전은 15장에서 이미 언급한 천상의 감각의 즐거움이라는 주제를 다시 계속해서 말하고 있다. 이런 즐거움은 『상윳따니까야』 버전에서 더 자세하게 다루고 있다. 15장에서 본 바와 같이 사리뿟따가 브라흐만인 다난자니에게 준 가르침에서 열거한 여러 천상 세계의 즐거움을 또한 볼 수 있고, 이것은 형태의 세계(色界) 또는 범천의 세계까지 이어진다.

이 장에서 경전의 가르침은 행복을 얻기 위한 기본적인 욕구에서 출발하여 점점 더 섬세하게 세부적으로 들어가고 있다. 점진적인 수행이라는 맥락에서 보면 선한 행동 덕분에 비난받지 않는 행복에서 시작하

이 시점에서 재가자가 도달한 해탈과 백 년 동안 해탈한 수행승의 마음과 차이가 없다는 것을 주장한다.

여 만족과 자기 억제의 행복으로 나아간다. 이런 것에 기반하여 깊은 집중의 행복에 들어가서 마침내 해탈의 행복에 이르게 된다.[17] 이 장의 경전에서도 이런 기본적인 원리가 나타난다. 병든 재가 제자의 경우 이런 원리에 바탕을 둔 지도를 받으면서 한 걸음 한 걸음 애착을 줄여나가서 마침내 보다 섬세한 행복에 도달하게 된다.

오늘날의 상황에서 현대인은 위에서 말한 천상의 세계에 친숙하지 않기 때문에 점진적인 수행의 기법은 조정되어야 한다. 그리하여 환자의 마음이 점차 거친 것에서 섬세한 것으로 나아가는 길을 발견하고, 결국에는 애착에서 완전히 자유로운 상태에 도달하게 된다. 이런 기법은 그 사람의 성격, 성향, 신념에 따라 최적으로 맞추어져야 한다. 이런 조정의 기본 패턴은 당시 환자가 애착을 보이는 것에서 시작하여 점차 강도를 올려서 애착에서 벗어나는 순서로 진행되어야 한다. 그렇게 하여 환자가 최대한 짜낼 수 있는 힘을 다하여 애착을 내려놓을 수 있는 곳까지 나아간다.

행복을 위한 기본 욕구를 더욱 세밀하게 정제하는 기법은 위에서 번역한 『잡아함경』의 가르침에서 아주 분명하게 드러난다. 경전에 의하면 환자가 거친 것을 내려놓고 보다 섬세한 것에 머물 때마다 "칭찬해주고 기뻐해라"고 말하고 있다. 이렇게 환자는 세밀한 행복을 향하여 나아가라고 지지를 받는다. 그리하여 결국 이 기법에 따라서 애착을 완전히 내려놓고 아주 높은 단계의 자유에 도달하게 된다.

---

17 더 자세한 논의는 다음을 참조할 수 있다. Anālayo 2007b.

이 장의 경전은 완화적 돌봄을 위한 기본 지침을 제공하는 것에 더하여, 이전에는 가능하지도 않았을 해탈이 죽음에 임박해서는 가능할수 있다는 것을 또한 강조하고 있다. 두 경전의 마지막 부분에서 명백하게 주장하는 바와 같이 재가 제자에게 죽음의 순간이야말로 뛰어난 수행승이 오랜 기간 수행을 통해 도달할 수 있는 수준의 해탈로 나아갈수 있는 기회이다. 이런 놀라운 결과가 일어나기 위해서는 죽음이 우리의 마음을 변화시키고 해방시킬 수 있다는 사실을 단순히 인정하기만하면 된다.

죽음이 우리 마음에 주는 변화의 충격, 즉 죽기 바로 전에 이 충격이이상적으로 잘 형성되고 함양될 경우 어떤 결과로 이어지는지 레이놀즈(Reynolds)는 다음과 같이 표현하고 있다.

죽음은 우리가 이 세속에서 얻을 수 있는 모든 만족과 즐거움의 가치에 의문을 제기하고 그 한계가 무엇인지를 지속적으로가르쳐주는 기능을 한다. … 삶, 죽음, 재탄생 그리고 다시 죽음이라는 지속적인 과정에서 죽음이 주는 고통을 진정으로 이해하고자 하는 사람들에게 … 유일한 해결책은 붓다와 붓다의 성스러운 제자들의 가르침을 따르는 것이다. 그런 성스러운 분들은 현상세계를 무상하고, 죽음에 감염되고, 고통에 가득 찬 것으로 철저히 인식한다. 그 결과 욕망은 정복되고 죽음의 힘에서 풀려나는 열반을 성취한다.[18]

---

18   Reynolds 1992: 160f.

물론 이렇게 죽음의 힘에서 풀려난 사람들도 결국 죽는다는 점에서는 예외가 없다. 그러나 이런 사람들은 신체가 병들거나 죽을 때조차도 내적인 자유와 흔들리지 않는 정신적 건강을 얻게 된다. 죽음의 힘에서 벗어나기 위해서는 알아차림이 가장 핵심적인 역할을 한다. 이 점에 대해서는 다음 장에서 언급할 것이다. 이렇게 신체적 통증 또는 비통함이라는 정신적 고통에 직면하는 적절한 방식이자 말기 질병을 수용하는 데 필요한 자질로서의 알아차림은 생명이 붙어 있는 마지막 순간까지 도움이 된다.

19
알아차림과 죽음

19

알아차림과 죽음

19.1 서 론

이 장에서 번역한 경전에서 붓다는 다시 연민에 가득 찬 마음으로 자신의 역할을 수행한다. 붓다가 직접 먼저 나서서 병든 수행승을 방문하여 가르침을 주고 있다. 앞 장의 사카족에게 설한 경전과 다소 유사하게 붓다는 죽음에 바로 직면한 사람에게 도움이 되는 적절하고 일반적인 지침을 여기서 다시 한번 제시한다.

앞 장에서 재가 제자가 다른 재가 제자를 돕는 과정에서 자연스럽게 그 초점이 위로와 세속적인 삶의 애착을 포기하는 것에 맞추어졌다. 이 장에서 붓다는 승가 제자에게 죽음을 어떻게 직면할 것인지에 대한 지침을 주고 있다. 초기불교적 사유에서 출가 수행승이 된다는 것은 해탈을 위한 명상과 통찰의 함양을 자기 삶의 핵심과제로 삼는다는 것을 의미한다. 바로 이런 지향점을 가진 수행자들은 이 장의 경전을 특별히 흥미롭게 여기게 될 것이다.

이 장의 가르침의 초점은 느낌의 체험에 대한 것이다. 이것은 병들어 있고 통증을 겪고 있는 사람에게 가르침을 줄 때 자연스러운 선택이다. 이 가르침에서는 세 종류의 느낌이 잠재 성향과 어떻게 연관되어 있는지를 강조한다. 3장에서 언급한 일곱 가지 잠재 성향 가운데 세 가지 느낌과 직접적으로 연관이 있는 세 가지만 뽑아서 다음에 열거하였다.

- 감각적 욕망의 잠재 성향(↔ 즐거운 느낌)
- 분노의 잠재 성향(↔ 고통스러운 느낌)
- 무지의 잠재 성향(↔ 중립적인 느낌)

3장에서 번역한 경전에 있는 두 개의 화살의 비유를 상기해보면, 느낌을 경험하지만 거기에 반응하지 않는 것이 다음에서 번역한『잡아함경』과 이에 대응하는『상윳따니까야』에서 볼 수 있는 가르침의 핵심적인 내용이다.[1]

19.2 경전 번역

『잡아함경』 1028. 질병경(疾病經) ①[2]

이와 같이 나는 들었다. 어느 때 부처님께서 사위국 기수급고독원에 계셨다.[3] 그 무렵 모든 수행승들이 가리예 강당에 모여 있었는데, 그때

1   SN.36.7 at SN.IV.210.21(translated bodhi 2000: 1266).
2   SĀ.1028 at T.2.268b27-269a11.
3   SN.36.7 at SN.IV.210.21에 따르면 붓다는 웨살리의 큰 숲에 머물고 계셨다.

질병에 걸린 수행승이 많았다.[4]

세존께서 해질 무렵에 선정에서 깨어나시어 가리예 강당으로 가셨고, 대중들 앞에서 자리를 펴고 앉아 여러 수행승들에게 말씀하셨다.

바르게 알아차리고[正念] 분명하게 알면서[正智] [죽음의] 때를 기다려야 한다. 그것이 곧 나의 가르침을 따르는 것이다.

말하자면 몸 안[內身]에서 몸을 관찰하는 알아차림의 확립에 머물면서 열심히 노력하며 바르게 알아차리고 분명하게 알아서 세상의 탐욕과 근심을 극복하였다.[5] 또 몸 바깥[外身]에서 몸을 관찰하는 알아차림의 확립에 머물면서 열심히 노력하며 바르게 알아차리고 분명하게 알아서 세상의 탐욕과 근심을 극복하였다. 또 몸 안팎[內外身]에서 몸을 관찰하는 알아차림의 확립에 머물면서 열심히 노력하며 바르게 알아차리고 분명하게 알아서 세상의 탐욕과 근심을 극복하였다.

안의 느낌[內受]에서 느낌을 관찰하는 알아차림의 확립에 머물면서 열심히 노력하며 바르게 알아차리고 분명하게 알아서 세상의 탐욕과 근심을 극복하였다. 또 바깥의 느낌[外受]에서 느낌을 관찰하는 알아차림의 확립에 머물면서 열심히 노력하며 바르게 알아차리고 분명하게 알아서 세상의 탐욕과 근심을 극복하였다. 또 안팎의 느낌[內外受]에서 느낌을 관찰하는 알아차림의 확립에 머물면서 열심히 노력하며 바르게 알아차리고 분명하게 알아서 세상의 탐욕과 근심을 극복하였다.

---

4   SN.36.7은 많은 수행승들이 아프다고 언급하지 않는다.
5   SN.47.30 at SN.V.178.7은 안과 밖으로 알아차림을 확립하는 수행을 구분하지 않고
    있다.

마음 안[內心]에서 마음을 관찰하는 알아차림의 확립에 머물면서 열심히 노력하며 바르게 알아차리고 분명하게 알아서 세상의 탐욕과 근심을 극복하였다. 또 마음의 바깥[外心]에서 마음을 관찰하는 알아차림의 확립에 머물면서 열심히 노력하며 바르게 알아차리고 분명하게 알아서 세상의 탐욕과 근심을 극복하였다. 또 마음 안팎[內外心]에서 마음을 관찰하는 알아차림의 확립에 머물면서 열심히 노력하며 바르게 알아차리고 분명하게 알아서 세상의 탐욕과 근심을 극복하였다.

안의 법[內法]에서 법을 관찰하는 알아차림의 확립에 머물면서 열심히 노력하며 바르게 알아차리고 분명하게 알아서 세상의 탐욕과 근심을 극복하였다. 또 바깥의 법[外法]에서 법을 관찰하는 알아차림의 확립에 머물면서 열심히 노력하며 바르게 알아차리고 분명하게 알아서 세상의 탐욕과 근심을 극복하였다. 또 안팎의 법[內外法]에서 법을 관찰하는 알아차림의 확립에 머물면서 열심히 노력하며 바르게 알아차리고 분명하게 알아서 세상의 탐욕과 근심을 극복하였다.

어떤 것이 수행승의 분명한 앎[正智]인가? 이른바 수행승이 오거나 가거나 분명하게 알면서 머물고, 바라보고, 관찰하는 것과 굽히고 펴는 것과 구부리고 우러러보는 것과 옷이나 발우를 지니는 것과, 다니고·서고·앉고·눕고 자고 깨는 것과, 나아가 50번·60번에 이르기까지 말하고[6] 침묵하기를 분명하게 알면서 행하는 것이다.[7] 수행승들이여, 이것을 분

---

6   이러한 언급은 텍스트상의 오류로 좀 애매하다. 의미를 부여하지만, 오육십 번까지는 아니더라도 아마 밤에 자고 깨면서도 분명히 알아야 한다는 것으로 해석될 수 있을 것이다.
7   SN.36.7 at SN.IV.211.11은 추가적으로 먹고, 마시고, 맛보는 것 그리고 배변, 배뇨

명한 앎이라고 한다.

　이와 같이 수행승들이여, 바른 알아차림과 분명한 앎에 머무는 사람이 즐거운 느낌을 일으키는 경우, 이것은 인연이 있는 것이지 인연이 없는 것이 아니다. 어떤 인연인가? 즉 몸을 인연하는 것으로 이와 같이 생각해야 한다. '나의 이 몸은 무상(無常)한 것이요 유위(有爲)의 것이며, 마음은 이것[무상하고 유위적이라는 것]을 인연으로 생긴 것이다. 즐거운 느낌도 무상한 것이요 유위의 것이며, 마음은 이것[무상하고 유위적이라는 것]을 인연으로 생긴 것이다.'[8]

　그리하여 몸과 즐거운 느낌에 대해 무상한 것이라 관찰하고, 일어나고 사라지는 것이라고 관찰하며, 욕심을 버려야 할 것이라고 관찰하고, 사라져 없어지는 것이라고 관찰하며, 버려야 할 것이라고 관찰하여야 한다. 그는 이 몸이나 즐거운 느낌은 무상한 것이라 관찰하고, 일어나고 사라지는 것이라고 관찰하며, 욕심을 버려야 할 것이라고 관찰하고, 사라져 없어지는 것이라고 관찰하여 그것을 다 버리면, 그때에는 몸과 즐거운 느낌에 대한 탐욕의 어떤 번뇌도 다시는 번뇌가 되지 않을 것이다.

　이와 같은 바른 알아차림과 분명한 앎에 머무는 사람이 괴로운 느낌을 일으키는 경우 그것도 인연이 있는 것이지 인연이 없는 것이 아니다. 어떤 인연인가? 그때도 몸을 인연하는 것으로 이렇게 생각해야 한다. '나의 이 몸은 무상한 것이요 유위의 것이며, 마음은 이것[무상하고 유위적이라는 것]을 인연하여 생긴 것이다. 괴로운 느낌도 무상한 것이요 유

에 대해서는 분명하게 알라고 언급하고 있다.
8　SN.36.7은 마음이 몸이나 느낌을 인연으로 생긴다고 언급하지 않는다.

위의 것이며, 마음은 이것[무상하고 유위적이라는 것]을 인연하여 생긴 것이다.'

그리하여 몸과 괴로운 느낌에 대해 무상한 것이라 관찰하고, 일어나고 사라지는 것이라고 관찰하며, 욕심을 버려야 할 것이라고 관찰하고, 사라져 없어지는 것이라고 관찰하며, 버려야 할 것이라고 관찰하여야 한다. 그는 이 몸이나 괴로운 느낌은 무상한 것이라 관찰하고, 일어나고 사라지는 것이라고 관찰하며, 욕심을 버려야 할 것이라고 관찰하고, 사라져 없어지는 것이라고 관찰하며 그것을 다 버리면, 그때에는 [몸과] 괴로운 느낌과 성냄의 번뇌도 영원히 다시는 번뇌가 되지 않을 것이다.

이와 같이 바른 알아차림과 분명한 앎에 머무는 사람이 또 만일 괴롭지도 않고 즐겁지도 않은 느낌을 일으키는 경우, 그것도 인연이 있는 것이지 인연이 없는 것이 아니다. 어떤 인연인가? 이른바 몸을 인연하는 것으로 이렇게 생각해야 한다. '나의 이 몸은 무상한 것이요 유위의 것이며, 마음은 이것[무상하고 유위적이라는 것]을 인연하여 생긴 것이다. 또 괴롭지도 않고 즐겁지도 않은 느낌도 모두 무상한 것이요 유위의 것이며, 마음은 이것[무상하고 유위적이라는 것]을 인연하여 생긴 것이다.'

그리하여 그 몸과 괴롭지도 않고 즐겁지도 않은 느낌에 대해 모두 무상한 것이라고 관찰하고, 일어나고 사라지는 것이라고 관찰하며, 욕심을 버려야 할 것이라고 관찰하고, 사라져 없어지는 것이라고 관찰하며, 버려야 할 것이라고 관찰하여야 한다. 그는 이 몸이나 괴롭지도 않고 즐겁지도 않은 느낌은 무상한 것이라 관찰하고, 일어나고 사라지는 것이라고 관찰하여 욕심을 버려야 할 것이라고 관찰하고, 사라져 없어지는 것이라고 관찰하여 그것을 다 버리면, 몸과 괴롭지도 않고 즐겁지도 않은 느낌에 대한 무명의 번뇌도 영원히 다시는 번뇌가 되지 못할 것이다.[9]

많이 들은 성스러운 제자로서 이렇게 관찰하는 사람은 색(色)을 싫어하여 여의고, 수(受)를 싫어하여 여의고, 상(想)을 싫어하여 여의고, 행(行)을 싫어하여 여의고, 식(識)을 싫어하여 모두 여읜다. [많이 들은 성스러운 제자는] 이런 것들을 다 싫어하여 여의고 나면 탐욕도 여의게 되고, 탐욕을 여의고 나면 [많이 들은 성스러운 제자는] 해탈하고 또 해탈지견(解脫知見)이 생긴다. 그래서 [많이 들은 성스러운 제자는] '나의 생은 이미 다하고, 범행은 이미 섰으며, 할 일은 이미 마쳐 후세의 몸을 받지 않는다'라고 스스로 안다."[10]

그때 세존께서 곧 게송으로 말씀하셨다.[11]

"즐거운 느낌을 느낄 그때도
그것을 즐거운 느낌이라고 인식하지 말라.
탐욕이란 번뇌의 부림을 받아
거기서 벗어날 방법을 알지 못한다.

---

9   이 번역은 번뇌를 반복적으로 언급하는 것을 피하는 독해에 근거하고 있다. Yinshùn 1983c: 40 note 18을 보라.

10   SN.36.7 at SN.IV.213.1은 대신 통찰과 비집착을 세 가지 느낌 그리고 몸과 관련된 생이 다하는 느낌과 관련해서 기술하고 있다. SN.36.7은 느낌에 대한 집착으로부터 완전한 해탈을 얻은 상황을 다음과 같이 비유하고 있다. 등잔의 기름이 잦아들어 꺼지는 예를 죽은 이후에 차갑게 되는 것에 비유하고 있다.

11   SN.36.7은 게송에 대해서 언급하지 않고 있다.

괴로운 느낌을 느낄 그때도

그것을 괴로운 느낌이라고 인식하지 말라.

성냄이란 번뇌의 부림을 받아

거기서 벗어날 방법을 알지 못한다.

괴롭지도 즐겁지도 않은 느낌에 대해서도

등정각(等正覺)께서 말씀하셨으니

그것을 있는 그대로 알지 못하면

마침내 저 언덕에 이르지 못하리라.

만일 수행승으로서 열심히 노력하고

분명한 앎이 흔들리지 않으면

저 일체의 느낌에 대해

지혜로서 참되게 다 아느니라.

이 모든 느낌을 참되게 알고 나면

현재 세상의 모든 번뇌가 다 없어져서

목숨이 다하고도 지혜의 힘에 의지하여

열반에 들어 중생 무리에 끼지 않으리."

부처님께서 이 경을 말씀하시자, 모든 수행승들은 부처님의 말씀을 듣고 기뻐하며 받들어 행하였다.

19.3 논 의

우리가 반응하지 않고 어떻게 느낌을 경험할 것인지에 대해 기록한 위의 경전은 특히 알아차림을 강조하고 있다. 두 경전 모두 네 가지 알아차림의 확립을 함양할 것을 가르치고 있다. 『상윳따니까야』는 이런 알아차림의 확립의 내적인 차원과 외적인 차원의 차이를 명시적으로 구별하고 있지는 않지만, 「사띠빳타나경」과 이에 대응하는 경전에서 이런 내적 차원과 외적 차원의 구별이 알아차림의 확립의 전형적인 내용의 일부라는 것을 고려하면 『상윳따니까야』에서도 묵시적으로 이런 구별을 하고 있다고 보아도 무방할 것으로 보인다.[12] 위의 경전과 이에 대응하는 『상윳따니까야』에서는 네 가지 알아차림의 확립 가운데 올바른 알아차림을 언급함과 동시에 분명한 앎(clear comprehension)에 대해서도 다루고 있다. 이것은 「사띠빳타나경」과 『중아함경』에서 몸에 대한 명상에서 언급되는 것 가운데 하나이다.[13]

이런 명상 수행의 탄탄한 기초 위에서 우리는 의존해서 일어남, 즉 연기(緣起, paṭiccasamuppāda)의 핵심적인 고리인 느낌의 일어남에 주의를 기울여야 한다. 초기불교적 사유의 이 핵심적인 가르침은 일련의 인과적 관계를 통해 둣카의 발생이 조건적이라는 것을 보여준다. 이 열두 가지 연결 고리는 언제나 변함없이 이렇게 열거할 수 있다.

---

12 Anālayo 2013b: 15f.

13 MN.10 at MN.1.7.5(translated Ñāṇamoli 1995/2005: 147) 대응 경전 MĀ.98 at T.1.582b20. 다음을 보라. Anālayo 2013b: 50-2.

- 무지(무명, 無明, ignorance)

- 형성(행, 行, formations)

- 의식(식, 識, consciousness)

- 이름과 형태(명색, 名色, name-and-form)

- 여섯 감각(육입, 六入, six senses)

- 접촉(촉, 觸, contact)

- 느낌(수, 受, feeling)

- 갈망(애, 愛, craving)

- 집착(취, 取, clinging)

- 생성(유, 有, becoming)

- 탄생(생, 生, birth)

- 늙음과 죽음(노사, 老死, old age and death)

이런 조건적인 연쇄 과정에서 알아차림이 엄청난 영향을 미치는 핵심적인 연결 고리는 느낌과 갈망 사이에 있다. 여섯 감각, 접촉과 이에 의존해서 일어나는 느낌은 인간 경험에서 기본적으로 주어진 것이지만 느낌이 반드시 갈망을 일으킬 필요는 없다. 느낌의 성질을 알아차리고 자각함으로써, 정확히 바로 이 지점에서 갈망으로 반응하는 성향은 점차로 줄어들고 마침내 제거된다.

알아차림과 분명한 앎에 바탕을 두고 끊임없이 변화하는 느낌의 성질을 분명하게 자각하게 되면 그런 잠재 성향을 제어할 수 있다. 이런 성향들은 즐거운 느낌을 욕망으로 받아들이고, 괴로운 느낌은 혐오하고,

중립적인 느낌은 무지로 반응하게 한다. 이렇게 알아차림을 통해서 수행하게 되면 우리 마음의 상황에 실질적인 변화가 일어나게 할 수 있다. 우리가 할 수 있는 모든 것은 느낌이 무상한 현상이라는 것을 끊임없이 알아차리는 것이다.

느낌이 무상하다는 것을 기본적으로 깨닫는 것, 이것은 병과 죽음의 문턱에서 경험하는 자연스러운 현상이다. 이런 깨달음은 탐욕의 사라짐과 해탈로 이어진다. 이렇게 병과 죽음에서 통증을 명상하는 것은 완전한 깨달음을 이루는 데서 그 절정에 이른다. 위에서 번역한 『잡아함경』의 시구에서 보는 바와 같이 느낌의 진정한 성질을 완전히 깨닫게 됨으로써 우리는 피안에 도달하여 저 너머로 갈 수 있다.

20
죽음, 해탈의 잠재적 가능성

20

죽음, 해탈의 잠재적 가능성

20.1 서 론

이 장에서 붓다는 연민에 가득 찬 마음으로 아픈 환자를 방문하여 가르침이라는 선물을 다시 베풀고 있는 모습으로 나온다. 다음에서 번역한 『잡아함경』과 이에 대응하는 『앙굿따라니까야』는 붓다가 베푼 실제적인 가르침의 내용을 기록하고 있지 않다.[1] 두 경전에서 강조하고 있는 것은 말기 질병 때 가르침을 받는 것이 해탈의 잠재적인 가능성을 갖고 있다는 점과 그렇게 하여 죽음의 순간이 해탈의 순간으로 바뀌는 방법에 대한 것이다.

---

1   AN.6.56 at AN.III.379.5(translated Bodhi 2012: 936).

20.2 경전 번역

『잡아함경』 1023. 파구나경(叵求那經)[2]

이와 같이 나는 들었다. 어느 때 부처님께서 사위국(舍衛國) 기수급고
독원(祇樹給孤獨園)에 계셨다. 그 무렵 팍구나[巴求那] 존자가 동쪽 동산에
있는 녹모(鹿母) 강당에 있었는데,[3] 병에 걸려 매우 위독한 지경이었다.

아난 존자는 부처님께서 계신 곳으로 나아가 부처님의 발에 머리 조
아려 예경하고 한쪽으로 물러나 부처님께 아뢰었다.

"세존이시여, 존자 팍구나가 동쪽 동산 녹자모 강당에 있사온데 병
에 걸려 지금 몹시 위독합니다. 이런 병으로 인하여 많은 수행승들이 죽
어가고 있습니다.[4] 훌륭하신 세존이시여, 그를 가엾게 여기시어 동쪽 동
산 녹자모 강당에 있는 팍구나 존자의 처소를 찾아주십시오."

그러자 세존께서는 침묵으로 허락하셨고, 해질 무렵에 선정에서 깨
어나시어 동쪽 동산의 녹자모 강당으로 가셨다.[5] 그리고 팍구나 존자의
처소로 들어가시어 자리를 펴고 앉아 팍구나 존자를 위해 갖가지로 설
법하시어 가르쳐 보이고 기쁘게 하셨고, 가르쳐 보이고 [팍구나 존자를]
기쁘게 하신 뒤에 자리에서 일어나 떠나가셨다.

---

2   SĀ.1023 at T.2.266c9-267b4.
3   AN.6.56은 붓다나 팍구나가 어디에 계신지 구체적으로 언급하지 않고 있다.
4   많은 수행승들이 병에 걸려 죽어가고 있다는 언급은 AN.6.56에는 없다.
5   AN.6.56 at AN.III.379.15는 팍구나 존자가 일어나려고 할 때 붓다는 그대로 있으
     라고 말했다고 한다. AN.6.56은 팍구나 존자는 그의 상태를 칼로 머리를 쪼개고,
     머리를 끈으로 묶고, 소의 배를 가르고, 두 힘센 사람이 연약한 한 사람을 붙들어
     불 위에 매달아놓고 두 발을 태우는 비유로 제시한다.

세존께서 떠나신 뒤에 팍구나 존자는 이내 숨을 거두었는데, 임종에 다다랐을 때 모든 감관이 기쁨에 찼고 얼굴 모습도 청정해졌으며 살빛도 희고 고왔다.[6]

그때 아난 존자는 팍구나 존자의 사리에 공양을 올린 다음 부처님께서 계신 곳으로 나아가 부처님의 발에 머리를 조아리고는 한쪽으로 물러나 부처님께 아뢰었다.

"세존이시여, 팍구나 존자는 세존께서 [돌아]오신 뒤에 이내 숨을 거두었습니다. 임종 때 모든 감관은 기쁨에 차 있었고 살빛은 맑고 고와 빛났었습니다. 세존이시여, 그는 어느 세계에 태어나서 어떤 생을 받고, 그의 후세는 어떠하겠습니까?"[7]

부처님께서 아난에게 말씀하셨다. "만일 어떤 수행승이 병이 들기 전에 오하분결(五下分結)을 아직 끊지 못하였더라도, 만약 병이 든 것을 깨닫고서 그 몸이 괴롭고 마음이 언짢으며 회생할 기운이 미약할 때[8] 큰 스승의 가르침과 교계와 갖가지 설법을 듣게 되면,[9] 그는 그 법을 듣고 나서 오하분결이 끊어질 것이다. 아난이여, 이것을 큰 스승이 가르치고

---

6 AN.6.56 at AN.III.380.25는 감관의 상태만 언급한다.
7 AN.6.56 at AN.III.380.25.4에서 아난은 팍구나 존자의 감관의 상태만 기술한다. 후세에 대한 질문은 없다. 붓다는 팍구나 존자가 다섯 가지 낮은 결박을 제거했다고 대답한다. 이 대답은 SĀ.1023에 마지막에 나오는 언급과 비슷하다. AN.6.56은 법을 듣고 적절한 때에 그 의미를 숙고하는 것에는 여섯 가지 유익이 있다는 설명을 이어가고 있다.
8 여기와 밑의 AN.6.56 at AN.III.381.14는 단순히 죽음의 때를 언급한다.
9 여기와 밑의 AN.6.56 at AN.III.381.16는 추가적으로 법의 특징을 언급한다. 법은 처음도, 중간도, 끝도 좋고 깨끗하고 성스러운 삶을 드러낸다.

설법한 복덕과 이익이라고 한다.[10]

또 아난이여, 만일 어떤 수행승이 아직 병이 들기 전에 오하분결을 끊지 못하고, 그 뒤에 병이 들어 몸이 괴롭고 회생할 기운이 자꾸 미약해질 그때, 큰 스승의 가르침과 교계와 설법을 듣지 못했을지라도, 많이 아는 다른 큰 스승이나 범행을 닦는 사람의 가르침과 교계와 설법을 듣게 되면, 그는 그 설법을 듣고 나서 오하분결이 끊어질 것이다. 아난이여, 이것을 가르침과 교계와 법을 들은 복덕과 이익이라고 한다.

다시 아난이여, 만일 어떤 수행승이 아직 병이 들기 전에는 오하분결을 끊지 못하고, 그 뒤에 병이 들어 몸이 괴롭고 회생할 기운이 미약할 때 큰 스승이나 범행(梵行)을 닦는 사람들의 가르침과 교계와 설법을 듣지 못했더라도 그가 일찍이 들은 법을 혼자 고요히 생각하고 헤아리고 관찰하면 오하분결이 끊어지게 될 것이다. 아난이여, 이것을 일찍이 들은 법을 생각하고 관찰하여 얻는 복덕과 이익이라고 한다.

또 아난이여, 만일 어떤 수행승이 아직 병이 들기 전에 오하분결을 끊었지만, 번뇌에 집착하지 않고 탐애가 다하고 마음이 잘 해탈한 최상의 해탈은 얻지 못했다고 하자.[11] 그러다가 병이 들어 몸이 괴롭고 회생할 기운이 미약해졌더라도 큰 스승의 가르침과 교계와 설법을 들으면, 탐애가 다한 최상의 해탈을 얻고 모든 번뇌에 집착하지 않으며, 욕심을 여읜 해탈을 얻게 된다. 아난이여, 이것을 큰 스승이 설법한 복덕과 이익

---

10 '가르침'이라는 번역은 이전에 사용된 형식과 동일한 독해에 기반하고 있다.
11 '집착하지 않고'라는 번역은 10장 각주 13을 보라. AN.6.56 at AN.III.382.11은 '탐애가 다한 최상의 성취'라는 표현을 통해서 완전한 깨달음을 언급한다.

이라고 한다.

또 아난이여, 만일 어떤 수행승이 아직 병이 들기 전에 오하분결을 끊었지만, 번뇌에 집착하지 않고 탐애가 다하고 마음이 잘 해탈한 최상의 해탈은 얻지 못했다고 하자. [이후에] 몸에 병이 생기고 지독한 괴로움을 경험한다고 하자. 큰 스승의 가르침과 교계와 설법을 듣지 못했더라도, 다른 많이 아는 덕 높은 스승이나 범행(梵行)을 닦는 사람들의 가르침과 교계와 설법을 들으면, 번뇌에 집착하지 않고 탐애가 다하고 마음이 잘 해탈한 최상의 해탈을 얻게 된다. 아난이여, 이것을 가르침과 교계와 법을 들은 복덕과 이익이라고 한다.

또 아난이여, 만일 어떤 수행승이 아직 병이 들기 전에 오하분결은 끊었지만, 번뇌에 집착하지 않고 탐애가 다하고 마음이 잘 해탈한 최상의 해탈은 얻지 못했다고 하자. [이후에] 몸에 병이 생기고 지독한 괴로움을 경험한다고 하자. 큰 스승의 가르침과 교계와 설법도 듣지 못하고 다른 많이 아는 덕 높은 스승의 가르침과 교계와 설법도 듣지 못했더라도, 일찍이 들었던 법을 혼자 고요한 곳에서 생각하고 헤아리고 관찰하면, 탐애가 다하고 모든 번뇌에 집착하지 않으며, 욕심을 여읜 최상의 해탈을 얻게 된다. 아난이여, 이것을 일찍이 들은 법을 생각함으로써 얻는 복덕과 이익이라고 한다.

그러니 어찌 팍구나 수행승의 모든 감관이 기쁨에 차고 얼굴은 청정하며 피부가 맑고 빛나지 않겠는가? 팍구나 수행승은 아직 병들기 전에는 오하분결을 끊지 못했으나 그는 직접 큰 스승의 가르침과 교계와 설법을 듣고 오하분결을 끊었다."

세존께서는 그 팍구나 존자가 아나함이 될 것이라고 예언하셨다.[12] 부처님께서 이 경을 말씀하시자, 아난 존자는 부처님의 말씀을 듣고 기뻐하면서 예경하고 물러갔다.

20.3 논 의

위에서 번역한 경전과 이에 대응하는 빨리어 경전에서 사소해 보이지만 세밀하게 보아야 할 점은 붓다가 병든 팍구나(Phagguna)를 방문하기 전에 명상 수행에 들었다는 사실이다. 이것은 『잡아함경』 버전에서 특히 주목할 만하다. 이 경전을 보면 붓다는 팍구나의 질병 소식을 듣게 된다. 그리고 이런 병에 걸린 많은 사람들이 죽어가고 있다는 것을 이 경전에서는 명백히 밝히고 있다.

그럼에도 불구하고 붓다는 서둘러서 팍구나를 방문하지 않는다. 이 장면이 말하고 있는 것은, 병에 걸려 있거나 죽음의 문턱에 있는 사람을 연민에 가득 찬 마음으로 도와주고자 하는 사람은 반드시 자신의 수행을 게을리해서는 안 된다는 점이다. 아무리 완전히 깨달은 사람이라고 할지라도 바로 환자를 방문하려고 서둘러 나가지 않고 정식적인 좌식 명상에 충분히 시간을 들인다는 것을 알 수 있다. 이것은 아픈 사람에게 관심이 없다는 것이 아니다. 4장에서 서술한 바와 같이 붓다는 심지어

---

12   AN.6.56에는 이러한 언급에 대응하는 부분이 없다. 팍구나 존자의 성취를 붓다가 언급한 AN.6.56의 이전 장에는 대응 구절이 있다. 20장 각주 7을 보라.

아픈 수행승을 직접 씻겨주기까지 했다는 기록과 함께 읽어야 하는 대목이다.[13]

이 장에서 언급한 붓다의 모범적인 모습은 아직 깨달음에 이르지 못한 사람이 다른 사람에게 내적인 평화와 힘을 주기 위해서는 지속적이고 규칙적인 명상 수행이 얼마나 필수적인지를 잘 보여주고 있다. 이렇게 명상 수행으로 자신을 잘 보살피지 않고서는 최선을 다해 다른 사람을 도와주는 것이 가능하지 않다.

위에서 번역한 경전의 또 다른 측면은 죽음에 도달하였을 때 붓다의 법이 갖는 해탈의 잠재적 가능성에 대한 것이다. 죽는 순간이 얼마나 중요한지에 대해서는 「마하깜마위방가경(Mahākammavibhaṅga-sutta)」과 이에 대응하는 『중아함경』에서도 잘 볼 수 있다. 이 두 경전은 업의 복잡함을 섬세하게 탐구하고 있다. 누군가가 나쁜 행동을 하여 천한 곳에 다시 태어날 가능성이 있다고 해도 바로 죽는 순간에 선한 마음의 상태를 잘 확립하면 천한 곳에 태어나는 것을 피할 수 있다. 그렇다고 해서 나쁜 행동에 대한 과보가 전혀 작용하지 않는다는 의미가 아니라, 단지 이런 경우는 과실을 맺지 않는다는 것이다. 이와 연관해서 『중아함경』은 다음과 같이 기록하고 있다.[14]

어떤 사람이 살생, 도둑질, 사음, 거짓말을 삼가지 않고 … 그러

---

13 붓다의 연민에 관한 수행에 대해서는 다음을 보라. Anālayo 2015b: 16f.
14 MĀ.171 at T.1.708b13f 그리고 708b12-708b22. 대응 경전 MN.136 at MN.III.214.17 (translated Ñāṇamoli 1995/2005: 1064)

나 [그 사람이] 죽을 때에 좋은 마음을 일으켜, 마음의 상태가
올바른 견해와 호응한다고 해보자. 그는 이것이 인연이 되어
몸이 무너지고 목숨이 끝난 뒤에 [그 사람이] 천상과 같은 좋은
곳에 태어난다.

여기서 인용하여 번역한 경전의 내용은 도덕적 행동은 유지하지 못
했지만 죽음에 직면할 수밖에 없는 상황을 기록한 경전과 함께 읽어야
한다. 이런 상황은 「발라빤디따경(Bālapaṇḍita-sutta)」의 내용에 대응하는
『중아함경』에 다음과 같이 기록되어 있다.[15]

어떤 어리석은 사람이 몸으로 악행을 행하고 말과 마음으로 악
행을 행한다. 그는 훗날에 병이 들어 자리에 눕거나 또는 땅에
앉거나 누우면, 괴로움이 몸을 핍박하여 지극히 심한 고통을
받는다. 그가 몸과 말과 마음으로 저지른 악행이 죽음에 임박
해서 그의 앞에 드리워진다.
마치 해가 지려할 때 큰 산등성이의 그림자가 땅을 덮는 것과
같다. 이와 같이 그가 몸과 말과 마음으로 저지른 악행이 그때
에 그의 앞에 드리워진다.
[그는] 생각한다. "내가 몸과 말과 마음으로 저지른 악행이 나를

---

15 MĀ.199 at T.1.759b25-759c6. 대응 경전 MN.129 at MN.III.164.24 (translated Ñāṇamoli
   1995/2005: 1017) 어리석은 사람은 병 없이 잠자리에 들 때조차 그러한 후회를
   경험한다. 다른 대응 경전인 T.86 at T.1.907a26은 어리석은 사람이 아플 때 어떻게
   자는지를 기술하면서 시작한다. 성문지(Śrāvakabhūmi)에서 현재 구절을 인용하면
   서 잘못된 행위를 하는 자는 병이 든다고 말한다. Śrāvakabhūmi Study Group 1998:
   124.11와 한역 대응 경전 T.1579 at T.30.408c26을 보라. MN.129에서 자고 있는 자
   보다는 맥락에 적합한 아픈 자에 대한 언급이 빠졌다는 것이 그럴듯하다.

덮는구나. 나는 본래 복된 업을 짓지 않고 악업을 많이 지었다. 만일 흉악하고 사나운 짓을 하여 오직 죄를 행하고 복을 짓지 않고 선을 행하지 않았으며, 두려워한 바가 없고 의지한 곳이 없으며 돌아갈 곳이 없는 사람이 태어나는 곳이 있다면, 나는 반드시 그곳에 날 것이다.”

그래서 뉘우치지만 뉘우치는 사람이 선하지 않으므로 죽으면 서 복 없이 목숨을 마치게 된다.

이전에 저지른 선하지 못한 행동에서 오는 후회와 죄책감은 말기 질 병으로 죽음에 도달한 사람들에게서 흔히 볼 수 있는 모습이다.[16] 그러므 로 9장에서 언급한 바와 같이 살아 있을 때 가능한 한 악한 행동의 두려 운 그림자가 드리우지 않도록 선한 행동으로 인한 두려움 없음의 경지 를 확립하는 것이 가장 좋은 일이다.

그러나 이런 선한 행동을 하는 데 성공하지 못한 경우라고 할지라도 죽는 순간에, 적어도 올바른 견해에 입각한 선한 마음의 상태를 불러일 으킨다면, 이것은 마치 햇빛처럼 과거의 잘못된 행동이 드리우는 후회 의 그림자를 없앨 수 있다. 특히 여기서 말하는 올바른 견해는 사성제에 입각한 이해를 함양하는 것을 말한다. 예를 들면 과거에 선하지 못한 행 동을 하게 만든 무지에 가득 찬 갈망에 책임감을 느낀다든지 또는 그런 갈망을 넘어서게 하는 통찰과 애착으로부터 자유를 함양하는 기반으로 서 이런 이해를 사용하는 것이다.

죽어가고 있는 중대한 순간에 붓다의 법이 주는 열린 안목은 마음의

---

16 예를 들어 다음을 보라. Saunders and Baines 1983/1989: 52.

변화를 야기하는 촉매이고 또한 환생에도 강력한 영향을 미칠 뿐만 아니라, 이전에 건강할 때는 불가능하였던 깊은 전환점을 마련하는 데 엄청난 영향력을 발휘한다. 위에서 인용한 경전 내용에서 환생에 대한 부분을 파악하지 못했다고 하여도, 죽음을 앞에 둔 마지막 순간은 평소에 지닌 마음의 성향을 변화시키고 향상시키는 강력한 시간이라는 점에 대해서는 의심할 여지가 없다.

이러한 계기는 애착의 벗어남과 통찰로 이끌어주는 사람들에 의존한다. 붓다의 법을 수행하는 동료를 포함해서 모든 좋은 사람이 도와주고 용기를 북돋아주고 심지어 죽음을 위해 잘 선택된 경전 구절을 읽어줄 수 있다. 그러나 실제로 죽을 때 이런 기회가 자신에게 주어질지는 아무도 보장할 수 없다. 그렇기 때문에 위에서 번역한 경전은 "이전에 들었던 붓다의 법을 주의해서 잘 새기고 알아듣고 명상하라"고 언급하고 있다. 이것은 죽는 순간 법의 동료나 스승이 없을 때, 붓다의 법을 마음속에 떠올리는 하나의 대안이 될 수 있다.

그러므로 우리는 평소에 붓다의 법을 충분히 잘 파악하면서 마음속에 새기고, 그리하여 어떤 죽음의 경우에 임해서도 붓다의 법을 명상할 수 있어야 한다. 그렇게 하여 혼자서 죽음을 맞이하여도 붓다의 법을 간직하도록 잘 준비되어 있어야 한다. 이렇게 이 장의 경전은 붓다의 법을 익히고 내면화하는 것의 중요성을 보여주고 있다. 특히 핵심적인 가르침인 통찰과 애착에서 벗어나는 것에 대해서는 말할 것도 없다.

이런 점에서 유용한 경전 구절이 있다고 하여도 그것이 도움이 될 수 있게끔 이런 붓다의 법에 친숙해져야 한다. 고대 인도의 관점에서 보면 이것은 바로 암기를 의미한다. 오늘날 책을 비롯한 많은 기록 매체를 통해 쉽게 붓다의 법을 접할 수는 있지만, 죽는 순간 이런 매체를 이용할 수 있다는 보장이 없다. 갑작스런 사고가 생길 수도 있다. 이런 경우 붓다의 법을 수행할 수 있게 도와주는 동료가 없을 수도 있고, 또한 인쇄물이든 디지털이든 개인 도서를 이용할 수 없는 경우도 생기기 마련이다. 이런 경우를 대비해서 적어도 아주 짧은 구절이나 간결하고 의미심장한 가르침을 간단히 선택하여 어느 정도 친숙하게 몸에 익혀놓는 것이 좋다. 그러면 이런 구절을 스스로 회상할 수 있게 마음속에서 불러올 수 있다. 이렇게 준비한 경전 구절을 실제 죽음의 상황에서 가장 적절하게 사용할 수 있게 되려면, 그 전에 미리 마음속으로 자신이 죽는 상황을 머리에 생생하게 그리면서 적절한 경전 구절을 선택하여야 한다. 이렇게 스스로 자신에게 의지하는 마음을 기르는 것이 죽음이 갖는 해탈의 잠재적 가능성을 최대한 이용하는 튼튼한 기반이 된다.

21

죽는 순간 통찰이 갖는 힘

21

죽는 순간 통찰이 갖는 힘

21.1 서 론

이 장의 경전에서는 또 다시 붓다의 연민을 기록하고 있다. 이번에 붓다가 방문한 사람은 새로 계를 받은 수행승이다. 그는 아직 수행승 동료 또는 재가 제자들과 친해질 정도로 시간을 갖지 못하였다. 어쨌든 그의 질병 상태는 누워는 있었지만 친지들 또는 친구들의 방문이 별로 없고, 그래서 간호하는 사람이나 의사의 친절함이 더 필요한 그런 환자 상태와 유사하였다.

다음에서 번역한 경전은 『잡아함경』의 연속된 두 경전 가운데 첫 번째 것이다. 이 경전을 보면 붓다는 최근에 계를 받은 잘 모르는 수행승을 방문한다. 이 『잡아함경』의 내용에 대응하는 경전은 『상윳따니까야』에 실려 있다.[1]

---

1   여기서 번역한 SĀ.1025에 대응하는 경전은 SN.35.74 at SN.IV.46.1(translated Bodhi 2000: 1157)이다. SĀ.1026에 대응하는 경전이 SN.35.75이다.

21.2 경전 번역

『잡아함경』 1025. 질병경(疾病經) ①[2]

이와 같이 나는 들었다. 어느 때 부처님께서 사위국 기수급고독원에 계셨다. 그 무렵 새로 배우는 승랍이 적은 어떤 수행승이 있었는데, 그는 이 법과 율에 출가한 지 오래되지 않아 혼자이고 친구가 적었으며 아무도 돌봐주는 이가 없었다. 그때 마침 그는 변두리 마을의 어느 객승들이 머무는 방에서 병에 걸려 위독한 지경에 처해 있었다.

여러 수행승들이 부처님이 계신 곳에 찾아가서 부처님의 발에 예경하고 한쪽에 물러앉아 아뢰었다.[3] "세존이시여, 새로 배우는 승랍이 적은 어떤 수행승이 [이 법과 율에 출가한 지 오래되지 않아 혼자이고 친구가 적으며 아무도 돌봐주는 이가 없습니다. 그때 마침 그는 변두리 마을의 어느 객승들이 머무는 방에서] 병에 걸려 위급한 지경에 있습니다. 저 병으로 인하여 많은 수행승이 많이 죽어가고 있으며 살아남는 이가 없습니다. 거룩하신 세존이시여, 그를 가엾게 여기시어 그가 머무는 곳을 찾아주셨으면 합니다."

세존께서는 침묵으로 허락하셨고, 해질 무렵에 선정에서 깨어나시어 그가 머물고 있는 곳을 찾으셨다. 그 병든 수행승은 멀리서 세존께서 오시는 것을 보고 침상을 붙들고 일어나려고 애를 썼다.

그러자 부처님께서 수행승에게 말씀하셨다. "그대로 누워 있어라. 일

---

2   SĀ.1025 at T.2.267c7-268a19.

3   SN.35.74 at SN.IV.46.2에서는 한 명의 수행승이 지인이 없는 새로 들어온 수행승의 아픈 상태를 붓다에게 알린다.

어나지 말라. 수행승이여, 어떤가? 고통은 어떻게 견딜 만한가?"[4]

그 수행승이 대답하였다. "제 병은 예사롭지 않아 참고 견디기 어려우며, 몸의 고통은 갈수록 더하여 덜하질 않습니다. 비유하면 힘센 사람이 연약한 사람을 붙잡아 끈으로 머리를 동여매고 두 손으로 세게 조른다면 매우 고통스러울 것입니다. 지금 저의 고통은 그보다 더합니다.

또 비유하면 예리한 칼로 살아 있는 소의 배를 가르고 내장을 끄집어낸다면 그 소의 고통이 어떻겠습니까? 그러나 지금 제 배의 고통은 그 소보다 더합니다.

또 비유하면 마치 두 힘센 사람이 연약한 한 사람을 붙들어 불 위에 매달아놓고 두 발을 태우는 것과 같습니다. 지금 제 두 발의 열은 그보다 더합니다. 병의 괴로움은 더하지 줄어들지 않습니다."

부처님께서 병든 수행승에게 말씀하셨다. "내가 지금 그대에게 물을 것이다. 이해한 만큼 내게 대답하라. 너는 후회스러운 것이 있는가?" 병든 수행승이 부처님께 아뢰었다. "저는 참으로 후회스러운 것이 있습니다, 세존이시여."

부처님께서 병든 수행승에게 말씀하셨다. "그대는 계율을 범한 일이 있는가?" 병든 수행승이 부처님께 아뢰었다. "세존이시여, 참으로 계율을 범한 적이 없습니다."

부처님께서 병든 수행승에게 말씀하셨다. "그대가 계율을 범하지 않았다면 무엇이 후회스러운가?"

---

4 SĀ.1025는 약술되어 있고, SĀ.103에서 케마까가 기술한 것을 보충해야 한다고 기록하고 있다. 11장을 보라. SN.35.74는 병든 수행승의 상태를 비유로 설명하지 않는다.

병든 수행승이 부처님께 아뢰었다. "세존이시여, 저는 승랍이 적고 출가한 지도 오래되지 않아서 [범부의 능력을] 넘어서는 뛰어난 법과 지견을 아직 얻지 못하였습니다. 그래서 저는 '내가 목숨을 마치면 어디에 가서 태어날 것인가를 알아야겠다'라고 생각하였습니다. 그 때문에 후회가 생겼습니다."⁵

부처님께서 [병든] 수행승에게 말씀하셨다. "내가 이제 그대에게 물을 것이다. 이해한 만큼 내게 대답하라. 어떠한가? 수행승이여, 눈이 있기 때문에 안식(眼識)이 있다고 생각하는가?"⁶ 병든 수행승이 부처님께 아뢰었다. "그렇습니다, 세존이시여."

또 [부처님께서] 물으셨다. "수행승이여, 그대 생각은 어떠한가? 안식이 있기 때문에 안촉(眼觸)이 있고, 그 안촉으로⁷ 말미암아 괴로운 느

---

5   "[범부의 능력을] 넘어서는 뛰어난 법과 지견을(uttarimanussadhamma)" 아직 얻지 못한 것과 관련하는 대신, SN.35.74 at SN.IV.47.5에서 수행승은 붓다의 가르침은 계의 정화를 위한 것이 아니라, 이욕(離欲)을 위한 것이라고 언급한다. 다른 빨리어판 SN.35.75 at SN.IV.48.4에서 또는 유사한 SN.35.74에서 주인공인 수행승은 붓다의 가르침이 집착 없는 열반을 위한 것을 알고 있다. 두 가지 버전 모두에서 붓다는 감각 영역의 본질을 드러내고 있다. 분명히 각각의 수행승을 집착 없는 열반 또는 이욕으로 이끄는 것을 목적으로 한다.

6   SN.35.74 at SN.IV.47.15 또한 SN.35.75의 가르침은 각각의 감각영역의 무상한 특징으로 시작한다. 그리고 무상한 것은 둣카이고, 둣카인 것을 "이것은 내 것이다. 이것이 나이다. 이것이 나 자신이다"라고 여겨서는 안 된다고 지적한다. 두 빨리어판이 같은 가르침을 보여주고 있지만, SA.1026 at T.2.268a22는 SA.1025에서 제시하는 있는 가르침과 비교해서, 붓다의 다른 가르침을 언급하고 있다. 여섯 가지 감각 영역을 언급하는 대신, SA.1026의 가르침은 의식과 다른 외부적 신호를 가진 몸이 무아적 특징을 가진다는 것과 연관된다.

7   '안촉'이라는 번역은 씨베타의 교정을 따르고 있다. '눈' 대신 '한계'를 의미하는 비슷한 한자가 원텍스트에 있다. 이는 필사가의 오류에서 비롯된 것이다.

낌[苦受]·즐거운 느낌[樂受]·괴롭지도 않고 즐겁지도 않은 느낌[不苦不樂受]이 있는가?" 수행승이 부처님께 아뢰었다. "그렇습니다, 세존이시여."

부처님께서 수행승에게 말씀하셨다. "내가 이제 그대에게 물을 것이다. 이해하는 만큼 대답하라. 어떠한가? 수행승이여, 귀가 있기 때문에 이식(耳識)이 있다고 생각하는가?" 병든 수행승이 부처님께 아뢰었다. "그렇습니다, 세존이시여."

또 부처님께서 물으셨다. "수행승이여, 그대 생각은 어떠한가? 이식이 있기 때문에 이촉(耳觸)이 있고, 그 이촉으로 말미암아 괴로운 느낌[苦受]·즐거운 느낌[樂受]·괴롭지도 않고 즐겁지도 않은 느낌[不苦不樂受]이 있는가?" 수행승이 부처님께 아뢰었다. "그렇습니다, 세존이시여."

부처님께서 수행승에게 말씀하셨다. "내가 이제 그대에게 물을 것이다. 이해하는 만큼 대답하라. 어떠한가? 수행승이여, 코가 있기 때문에 비식(鼻識)이 있다고 생각하는가?" 병든 수행승이 부처님께 아뢰었다. "그렇습니다, 세존이시여."

또 물으셨다. "수행승이여, 그대 생각은 어떠한가? 비식이 있기 때문에 비촉(鼻觸)이 있고, 그 비촉으로 말미암아 괴로운 느낌[苦受]·즐거운 느낌[樂受]·괴롭지도 않고 즐겁지도 않은 느낌[不苦不樂受]이 있는가?" 수행승이 부처님께 아뢰었다. "그렇습니다, 세존이시여."

부처님께서 수행승에게 말씀하셨다. "내가 이제 그대에게 물을 것이다. 이해하는 만큼 대답하라. 어떠한가? 수행승이여, 혀가 있기 때문에 설식(舌識)이 있다고 생각하는가?" 병든 수행승이 부처님께 아뢰었다. "그렇습니다, 세존이시여."

또 물으셨다. "수행승이여, 그대 생각은 어떠한가? 설식이 있기 때문에 설촉(舌觸)이 있고, 그 설촉으로 말미암아 괴로운 느낌[苦受]·즐거운 느낌[樂受]·괴롭지도 않고 즐겁지도 않은 느낌[不苦不樂受]이 있는가?" 수행승이 부처님께 아뢰었다. "그렇습니다, 세존이시여."

부처님께서 수행승에게 말씀하셨다. "내가 이제 그대에게 물을 것이다. 이해하는 만큼 대답하라. 어떠한가? 수행승이여, 몸이 있기 때문에 신식(身識)이 있다고 생각하는가?" 병든 수행승이 부처님께 아뢰었다. "그렇습니다, 세존이시여."

또 물으셨다. "수행승이여, 그대 생각은 어떠한가? 신식이 있기 때문에 신촉(身觸)이 있고, 그 신촉으로 말미암아 괴로운 느낌[苦受]·즐거운 느낌[樂受]·괴롭지도 않고 즐겁지도 않은 느낌[不苦不樂受]이 있는가?" 수행승이 부처님께 아뢰었다. "그렇습니다, 세존이시여."

부처님께서 수행승에게 말씀하셨다. "내가 이제 그대에게 물을 것이다. 이해하는 만큼 대답하라. 어떠한가? 수행승이여, 마음이 있기 때문에 의식(意識)이 있다고 생각하는가?" 병든 수행승이 부처님께 아뢰었다. "그렇습니다, 세존이시여."

또 물으셨다. "수행승이여, 그대 생각은 어떠한가? 의식이 있기 때문에 의촉(意觸)이 있고, 그 의촉으로 말미암아 괴로운 느낌[苦受]·즐거운 느낌[樂受]·괴롭지도 않고 즐겁지도 않은 느낌[不苦不樂受]이 있는가?" 수행승이 부처님께 아뢰었다. "그렇습니다, 세존이시여."

[부처님께서 수행승에게 말씀하셨다.] "어떠한가? 수행승이여, 만일 눈이 없으면 안식이 없을 것이라고 생각하는가?" 수행승이 부처님께 아

뢰었다. "그렇습니다, 세존이시여."

또 [부처님께서] 물으셨다. "수행승이여, 만일 안식이 없으면 안촉도 없고, 안촉이 없으면 생겨나는 괴롭거나 즐겁거나, 또는 괴롭지도 않고 즐겁지도 않은 느낌이 없을 것이라고 생각하는가?" 수행승이 부처님께 아뢰었다. "그렇습니다, 세존이시여."

부처님께서 수행승에게 말씀하셨다. "어떠한가? 수행승이여, 만일 귀가 없으면 이식이 없을 것이라고 생각하는가?" 수행승이 부처님께 아뢰었다. "그렇습니다, 세존이시여."

또 부처님께서 물으셨다. "수행승이여, 만일 이식이 없으면 이촉도 없고, 이촉이 없으면 생겨나는 괴롭거나 즐겁거나, 또는 괴롭지도 않고 즐겁지도 않은 느낌이 없을 것이라고 생각하는가?" 수행승이 부처님께 아뢰었다. "그렇습니다, 세존이시여."

부처님께서 수행승에게 말씀하셨다. "어떠한가? 수행승이여, 만일 코가 없으면 비식이 없을 것이라고 생각하는가?" 수행승이 부처님께 아뢰었다. "그렇습니다, 세존이시여."

또 부처님께서 물으셨다. "수행승이여, 만일 비식이 없으면 비촉도 없고, 비촉이 없으면 생겨나는 괴롭거나 즐겁거나, 또는 괴롭지도 않고 즐겁지도 않은 느낌이 없을 것이라고 생각하는가?" 수행승이 부처님께 아뢰었다. "그렇습니다, 세존이시여."

부처님께서 수행승에게 말씀하셨다. "어떠한가? 수행승이여, 만일 혀가 없으면 설식이 없을 것이라고 생각하는가?" 수행승이 부처님께 아뢰었다. "그렇습니다, 세존이시여."

또 부처님께서 물으셨다. "수행승이여, 만일 설식이 없으면 설촉도 없고, 설촉이 없으면 생겨나는 괴롭거나 즐겁거나, 또는 괴롭지도 않고 즐겁지도 않은 느낌이 없을 것이라고 생각하는가?" 수행승이 부처님께 아뢰었다. "그렇습니다, 세존이시여."

부처님께서 수행승에게 말씀하셨다. "어떠한가? 수행승이여, 만일 몸이 없으면 신식이 없을 것이라고 생각하는가?" 수행승이 부처님께 아뢰었다. "그렇습니다, 세존이시여."

또 부처님께서 물으셨다. "수행승이여, 만일 신식이 없으면 신촉도 없고, 신촉이 없으면 생겨나는 괴롭거나 즐겁거나, 또는 괴롭지도 않고 즐겁지도 않은 느낌이 없을 것이라고 생각하는가?" 수행승이 부처님께 아뢰었다. "그렇습니다, 세존이시여."

부처님께서 수행승에게 말씀하셨다. "어떠한가? 수행승이여, 만일 마음이 없으면 의식이 없을 것이라고 생각하는가?" 수행승이 부처님께 아뢰었다. "그렇습니다, 세존이시여."

또 부처님께서 물으셨다. "수행승이여, 만일 의식이 없으면 의촉도 없고, 의촉이 없으면 생겨나는 괴롭거나 즐겁거나, 또는 괴롭지도 않고 즐겁지도 않은 느낌이 없을 것이라고 생각하는가?" 수행승이 부처님께 아뢰었다. "그렇습니다, 세존이시여."

부처님께서 말씀하셨다. "그러므로 수행승이여, 이와 같은 법을 잘 생각하면 목숨을 잘 마칠 수도 있고, 다음 세상도 또한 좋을 것이다."

세존께서 그 병든 수행승을 위해 갖가지 방법으로 설법하여 가르쳐 보이시고 기쁘게 하신 뒤에 자리에서 일어나 떠나가셨다.

병든 수행승은 세존께서 떠나신 뒤에 이내 숨을 거두었는데, 그 수행승이 임종할 때에 모든 감각기관이 기쁨에 차 있었고 얼굴은 청정하며 살빛은 곱고 희었다.

여러 수행승들이 부처님께서 계신 곳으로 나아가 부처님의 발에 예경하고 한쪽으로 물러앉아 부처님께 아뢰었다.

"세존이시여, 그 승랍이 적은 수행승은 병이 위독하더니 결국 그 존자는 이제 숨을 거두고 말았습니다. 임종할 무렵에는 모든 감각기관이 기쁨에 가득 차 있었고 얼굴 모습이 청정하였으며, 살빛은 곱고 희었습니다. 세존이시여, 그는 어느 세계에 태어나서 어떤 생을 받고, 그의 후세는 어떠하겠습니까?"

부처님께서 여러 수행승들에게 말씀하셨다. "그 목숨을 마친 수행승은 참으로 보배로운 사람이었다. 그는 내 설법을 듣고 분명히 깨달아 알았고 법에 대해 두려움 없이 반열반(般涅槃)에 들었다. 너희들은 마땅히 그 사리에 공양해야 한다."[8]

세존께서 그 수행승에게 최고의 기별(記)을 주셨다. 부처님께서 이 경을 말씀하시자, 모든 수행승들은 그 말씀을 듣고 기뻐하며 받들어 행하였다.

---

8   SN.35.74 at SN.IV.47.27은 붓다가 설하는 동안에 그 수행승은 예류과를 성취하였다고 간단하게 언급하고 있다. SN.35.75 at SN.IV.48.12의 경우에 그 수행승은 완전한 깨달음에 이른다. 두 가지 가운데 어떤 경도 붓다의 가르침이 끝나자마자 그 수행승이 목숨을 마쳤다고는 언급하지 않고 있다. 따라서 SĀ.1025의 다음 이야기와 대응하지 않는다. SĀ.1025에 따르면 다른 수행승들이 그에 대해서 묻는다.

21.3 논 의

이 장의 경전은 죽음의 순간이 갖는 잠재적인 해탈의 힘을 다시 보여주고 있다. 앞 장에서 번역한 경전은 다섯 가지 낮은 단계의 장애를 제거하지 못한 사람이 죽는 순간에 그 다섯 가지 장애를 제거할 수 있거나, 또는 이미 그 다섯 가지를 제거한 사람은 완전한 깨달음에 도달할 수 있다는 것을 강조하고 있다. 이 장의 경전에서는 깨달음이 전혀 없는 상태에서 완전한 해탈로 나아가는 전체적인 과정이 죽는 순간에 일어날 수 있다고 말한다. 이런 내용은 18장의 가르침, 즉 한 재가 제자가 죽는 순간에 애착에서 완전히 벗어나는 것을 통해 완전한 깨달음을 얻은 수행승과 동일한 해탈을 얻을 수 있다는 점을 보완하고 있는 것으로 보인다. 이런 모든 경전에서 지적하고 있는 것은 죽음의 문턱에서 갖는 통찰이 내포하는 강력한 잠재적 가능성이다.

이 경전과 이에 대응하는 빨리어 경전에서 제시하는 애착의 벗어남이라는 양식은 여섯 가지 감각 영역에 기반을 두고 있다. 두 경전에서는 통찰을 위해서 서로 다른 방식을 서술하고 있다. 여섯 가지 감각 영역은 다음과 같다.

- 눈과 형태(eye and forms)
- 귀와 소리(ear and sounds)
- 코와 냄새(nose and odors)
- 혀와 맛(tongue and tastes)
- 몸과 접촉물(body and tangibles)

• 마음과 마음 대상(mind and mind-objects)

이 분석의 근본적인 핵심은 우리의 경험이 복합적이고 조건적인 성질을 띠고 있다는 사실을 드러내는 것이다. 분석의 시작은 개별적인 감각에 대한 경험을 서로 다른 통로로 간주하고 따로 떼어놓는 것에서 출발한다. 주목해야 할 점은 마음과 마음 대상을 다섯 가지 신체적 감각보다 더 우위에 놓고 보는 것이 아니라 동등하게 다루고 있다는 점이다. 각각 개별적인 감각을 서로 다른 경험의 영역으로 다루고 있어서 경험의 조건성이라는 점을 더 쉽게 알아볼 수 있게 하였다.

『상윳따니까야』 버전에 따르면 우리는 개별 감각 영역의 무상한 성질을 잘 알아야만 한다. 이런 사실을 바탕으로 영원하지 않은 것은 둣카이고, 둣카는 '이것은 나의 것, 이것은 나라는 것, 이것은 나의 자아라는 것'이 적합하지 않다고 말하고 있다. 이것은 17장에서 언급한 세 가지 특성과 연관되어서 통찰로 나아가는 모습을 이루게 된다.

위에서 번역한 『잡아함경』은 이런 여섯 가지 감각 가운데 어느 하나를 통한 접촉, 거기에서 발생하는 느낌의 조건적 성질에 초점을 맞추고 있다. 이런 조건성은 발생의 조건이 사라지면 느낌이 사라지는 것과 짝을 이룬다. 『잡아함경』에서 언급하는 이런 사라짐에 대한 의미를, 감각 등 앞부분에 대한 서술을 단순히 보조하는 것으로 과소평가할 수 있다. 그러나 우리가 열반(nirvāṇa)에 주목하여 바라보면 더 깊은 의미가 드러난다. 열반에서는 감각과 대상이 사라지고 느낌 또한 마찬가지이다. 이렇게 이해하면서 위에서 번역한 경전의 가르침을 살펴보면 조건성을 갖고 발생하는 느낌이 더 이상 발생할 조건이 없는 상태로 나아가게 된다는 것을 알 수 있다. 그리고 이런 점은 명상 수행의 길잡이 역할을 하게 된다.

수행적인 관점에서 『잡아함경』과 『상윳따니까야』의 두 가지 접근방법을 결합할 수도 있을 것이다. 이렇게 하려면 우선 어떤 느낌이든 개별적인 감각과 그에 해당하는 의식이 조건화된 산물이라는 것을 명백하게 알아차리는 것이 우선이다. 조건화된 것은 무상한 것이고 무상한 것은 지속적인 행복을 줄 수 없으며 따라서 '나의 것'이라고 동일화해서는 안 된다. 이런 통찰에 기반을 둔 마음은 조건화 없는 상태로 향하게 된다. 죽음의 순간에 이런 심오한 통찰의 마음가짐을 기르는 것은 드넓은 해탈의 가능성을 안정적으로 기대할 수 있게 해준다. 이렇게 하기 위해서는 경험을 그 개별적인 부분으로 나누고, 그 개별적인 부분들이 갖는 진정한 성질을 꿰뚫어 보는 통찰력이 필요하다.

22
깨달음에 도달한
어느 재가 제자의 마지막 말

22

깨달음에 도달한 어느 재가 제자의 마지막 말

22.1 서 론

죽음을 통해서 통찰을 개발하는 방식에 대해 여러 장을 할애하면서 언급하였다. 이번 장과 다음 장은 통찰에서 이미 최고의 경지에 도달한 사람의 죽음 자체가 가르침이 된다는 것에 대해서 언급하고자 한다. 11장에서 언급한 케마까(Khemaka)와 유사한 경우로 이번 장에서 인용하는 경전의 주인공은 찟따(Citta) 장자라는 환자이다. 그는 비록 재가 제자이지만 가르침을 주는 훌륭한 사람이다. 그는 초기경전에서 재가 수행자로서 최고의 경지에 도달한 사람으로 나오고 있다.[1]

『잡아함경』과 이에 대응하는 『증일아함경』에서 찟따는 모범적인 장자의 전형적인 인물로 나온다. 이 두 경전에서 일치하는 내용은 만약 재

---

1   찟따에 대한 전기는 Malalasekera 1937/1995: 865f(no.1), Nyanaponika and Hecker 1997: 365-72를 보라. Pāsādika 1972: 23은 현명하고 모범이 되는 재가 제자로서의 찟다의 역할을 위말라끼르띠(Vimalakīrti)의 선구자로 생각할 수 있다고 언급한다.

가 제자로서 살아가야 한다면 찟따 장자를 모범으로 삼으라는 것을 어머니가 아들에게 가르치라고 붓다가 권하고 있는 장면이다.[2] 붓다는 찟따가 남성 재가 제자로서 표준이 되는 삶을 살아간 두 장자 중의 한 사람이라고 설명하고 있다.

『앙굿따라니까야』에서 열거하고 있는 붓다의 뛰어난 제자들 가운데 찟따는 붓다의 법을 가르치는 남성 재가 제자들 중 첫 번째로 올라가 있다. 동일한 내용을 전하고 있는 『증일아함경』에서는 찟따를 남성 재가 제자들 가운데 지혜 제일이라고 말하고 있다.[3]

찟따의 수행 능력은 놀랍도록 탁월하여 자이나교의 지도자와 논쟁하면서 그를 능숙하게 물리쳤다는 이야기가 경전에 나온다. 그 논쟁에서 찟따는 선정에 들어가는 자신의 능력을 유감없이 발휘하였다.[4] 또 다른 경전에서는 그를 집중 명상의 대가일 뿐만 아니라 통찰에서도 불환과를 성취할 정도로 뛰어났다고 기록하고 있다.[5]

또 다른 경전에서는 심지어 수행승들을 대상으로 가르침을 폈다고 전하고 있다. 이런 경전 가운데 하나는 장애가 어떻게 작용하는지에 대해 서로 다른 견해를 피력하며 논쟁하는 장면을 보여준다. 찟따는 그 논

---

2   SN.17.23 at SN.II.235.18(translated Bodhi 2000: 688), EĀ.9.1 at T.2.562a23.

3   AN.1.14 at AN.I.26.5(translated Bodhi 2012: 112) 대응 경전 EĀ.6.1 at T.2.559c10.

4   SN.41.8 at SN.IV.298.29(translated Bodhi 2000: 1327)에서 그는 사선정을 성취하는 능력을 기술하고 있다. 반면 대응 경전인 SĀ.574 at T.2.152c15에서 그는 첫 번째 두 선정에 대해서만 언급하고 있다. 여기서는 자이나교의 지도자와 논쟁하는 주제이기 때문에 이 만남에서 첫 번째 두 선정만에 이를 수 있다고 함축할 필요는 없다고 보인다.

5   SN.41.9 at SN.IV.301.22(translated Bodhi 2000: 1329) 대응 경전 SĀ.573 at T.2.152b11.

쟁에 참가하여 장애의 작동을 멍에에 서로 묶여 있는 황소에 비유하면서 이 문제를 아주 명확하게 정리하고 있다.[6] 황소 자체는 서로에게 장애가 되지 않지만, 두 황소를 묶고 있는 멍에는 서로를 잡고 있다. 이와 마찬가지로 감각과 대상 그 자체는 아무런 장애가 되지 않지만, 멍에처럼 서로 묶이고 의존하여 발생하게 되면 욕망이 일어나고 그것은 장애가 된다.

이 경전은 세상과 단절해서 생활하고 있는 수행승들이 뛰어난 재가 제자의 분명한 가르침을 받아들이고 있음을 분명하게 보여준다. 찟따는 집중적인 수행을 하기에 그리 좋은 환경이 아닌 속세에서 살아가면서도, 자신의 장애와 욕망을 줄이는 하나의 방법으로서 세속적인 삶에서 발생하는 감각 대상의 경험을 아주 성공적으로 다루고 있다. 황소 그 자체가 아니라 황소를 묶고 있는 멍에가 문제라는 것을 찟따 스스로가 살아 있는 증거로 생생하게 보여준다.

또 다른 경전은 찟따가 수행승에게 붓다의 짧은 가르침의 의미를 자세히 설명하고 있는 장면을 기록하고 있다.[7] 그리고 해탈이 갖는 다양한 형태의 차이를 또 다른 수행승에게 명확하게 밝혀주는 장면도 있다.[8] 이런 것을 보면 찟따의 심오한 지혜가 돋보이는 것뿐만 아니라 초기경전에서 통찰은 수행승만의 영역이 아니라는 것을 다시 한번 확인할 수 있다. 재가 제자들도 심오한 가르침을 받고 깨달음의 높은 수준에 도달하

---

6   SN.41.1 at SN.IV.282.32(translated Bodhi 2000: 1315) 대응 경전 SĀ.572 at T.2.152a15.

7   SN.41.5 at SN.IV.292.1(translated Bodhi 2000: 1321) 대응 경전 SĀ.566 at T.2.149b14.

8   SN.41.7 at SN.IV.296.9(translated Bodhi 2000: 1325) 대응 경전 SĀ.567 at T.2.149c20.

였을 뿐만 아니라 수행승들에게 붓다의 법을 가르치고 논쟁적인 주제들을 명확하게 밝힐 수 있었다는 것을 보여주고 있다. 찟따의 경우가 대표적인 예이다.

『잡아함경』에서 번역한 다음의 경전과 이에 대응하는 『상윳따니까야』에서[9] 찟따는 임종의 순간을 맞이하고 있음을 알 수 있다. 다른 여러 상황에서도 모범적인 실례를 보였지만, 죽어가고 있는 임종의 순간에도 찟따는 붓다의 법을 가르치고 애착에서 자유로운 모습을 보이고 있다. 찟따의 해탈의 통찰은 높은 수준의 경지에 이른 것이었다.

22.2 경전 번역

『잡아함경』 575. 병상경(病相經)[10]

이와 같이 나는 들었다. 어느 때 부처님께서는 암라 마을 암라림에서 많은 상좌 수행승들과 함께 계셨다.[11]

그 무렵 찟따[質多羅] 장자는 병이 들어 여러 친족들에게 에워싸여 있었는데, 많은 천신들이 장자의 처소에 내려와 말했다.[12] "장자여, 그대가 장차 발원하기만 한다면 전륜왕(轉輪王)이 될 수 있을 것이다. [발원

---

9   SN.41.10 at SN.IV.302.19(translated Bodhi 2000: 1330).

10   SĀ.575 at T.2.153a3-153b12.

11   SN.41.10은 붓다가 어디 계신지에 대해서 언급하지 않고 있다.

12   SN.41.10 at SN.IV.302.21은 어떤 종류의 천신이 왔는지를 구체적으로 기술하고 있다. 말하자면 공원에 살고 있는 천신, 숲에 살고 있는 천신, 나무에 살고 있는 천신, 식물에 살고 있는 천신, 수풀에 살고 있는 천신 등이다.

에 따라 과보를 얻을 것이다.]"¹³

찟따 장자가 여러 천신들에게 말했다. "만일 전륜왕이 된다고 해도 그것 역시 무상(無常)한 것이요, 괴로움[苦]이며, 공(空)이요, 무아(無我)인 것이다."

그때 장자의 친족들이 [찟따] 장자에게 말했다. "그대는 정신 차려라, 정신 차려라."

찟따 장자가 친족들에게 말했다. "그대들은 왜 나를 보고 '정신 차려라, 정신 차려라'라고 하였습니까?"

그 친족들이 말했다. "그대가 '무상(無常)한 것이요, 괴로움[苦]이며, 공(空)이요, 무아(無我)인 것이다'라는 말을 했기 때문에 그대에게 '정신 차려라, 정신 차려라'라고 말한 것입니다."

[찟따] 장자가 친족들에게 말했다. "여러 천신들이 내 처소에 와서 나에게 말하기를 '그대가 발원만 한다면 전륜성왕이 될 것이요, 발원에 따라 과보를 얻을 것이다'라고 말하기에, 내가 '그 전륜왕도 또한 무상한 것이요, 괴로움이며, 공(空)이요, 무아인 것이다'라고 대답했던 것입니다."

그 여러 친족들이 찟따 장자에게 말했다. "전륜왕에게는 무엇이 있기에 그 천신들이 그대에게 발원하여 구하라고 하였습니까?"

[찟따] 장자가 대답하였다. "전륜왕은 바른 법으로 다스려 교화합니다. 천신들은 이러한 복과 이익을 보았기 때문에, 내게 와서 발원하여 그것을 구하라고 한 것입니다."¹⁴

---

13 보충하는 부분이 여기서 필요해 보인다. 찟따가 친족과 이야기할 때, 이는 천신이 말했다고 나중에 인용하는 부분이다.

14 SN.41.10 at SN.IV.303.18은 이 천신들은 찟따가 계행을 잘 지키는 훌륭한 인물이

여러 친족들이 말했다. "그대는 지금 잘 생각해보십시오. 장차 어떻게 할 것입니까?"[15]

장자가 대답하였다. "여러 친족들이여, 제가 지금 잘 생각해보니 저는 다시 어머니 태로 말미암은 생을 받지 않을 것이요, 또 무덤에 먼지를 보태지도 않을 것이며, 혈기(血氣)를 [다시] 일으키지 않을 것입니다. 세존께서 말씀하신 오하분결(五下分結)을 저에게서는 발견할 수 없고, 제가 끊지 못한 번뇌는 한 가지도 발견할 수 없습니다. 만일 번뇌를 끊지 못했다면 이 세상에 도로 태어날 것입니다."[16]

그리고 장자는 곧 자리에서 [일어나] 가부좌를 하고 바르게 알아차리면서 게송으로 말했다.[17]

의복과 음식을 쌓고 또 쌓아
온갖 어려움에서 널리 벗어나고자
훌륭한 복전에 보시를 행하여
이러한 다섯 가지 힘을 심는 것

고 이러한 발원을 실현할 수 있을 것이라는 것을 알고 있었다고 한다.

15 그의 발원을 묻는 대신, SN.41.10 at SN.IV.303.28에서 친족들은 찟따에게 가르침을 주기를 요청한다.

16 이 구절은 SN.41.10에는 대응구절이 없다. SN.41.10에는 불환과의 성취와 관련된 명확한 언급이 없다.

17 SN.41.10은 그가 일어났다고는 언급하지 않는다. SN.41.10 at SN.IV.304.1에서 찟따는 붓다, 법, 승가에 대한 흔들리지 않는 믿음을 가지도록 북돋우면서 가르침을 시작한다.

이러한 발원을 이루기 위해
속인으로서 집에 살면서
나는 이런 이익 모두 다 얻고
온갖 어려움 이미 벗어났다네.

세상에서 듣고 말한 것에서
여러 가지 어려운 일을 멀리 여의고
삶의 즐거움이 어렵다는 것을 알아
등정각(等正覺)을 따르고

계 가진 이에게 공양 올리며
여러 범행(梵行)을 잘 닦는 이에게
번뇌가 다한 아라한이나
성문이나 성자[牟尼]들에게

이러한 뛰어난 지견을 가진 이
그 모든 훌륭한 분들에게
언제나 보시를 행하면
마침내 큰 과보를 얻으리.

갖가지 많은 보시를 꾸준히 행하고
모든 훌륭한 복전에 보시를 행하면

이 세상에서 목숨 마칠 때
저 천상에 변화해 태어날 것이네.

다섯 가지 향락을 두루 갖추고
마음은 한량없이 즐거우리니
인색한 마음 없기 때문에
이러한 묘한 과보 얻네.

어디든 태어나는 그곳마다
항상 즐거울 것이라네.[18]

찟따 장자는 이 게송을 말하고는 이내 숨을 거두어 불번열천(不煩熱天)에 태어났다.[19]

22.3 논 의

천신(deva, 데바)들은 찟따에게 전륜성왕(cakkavattin, 짯까왓띤)을 제

18　이 긴 게송은 SN.41.10 at SN.IV.304.14에서는 한 문장으로 대신하고 있다. 그곳에서 찟따는 그의 친족이 보시를 하도록 권고하고 있다.

19　SN.41.10 at SN.IV.304.20은 어디에 태어났는지를 언급하지 않고 단지 죽었다고만 언급하고 있다. SĀ.575는 정토의 신으로 태어난 찟따가 어떻게 망고 숲을 방문하는지를 언급하고 있다. 망고 숲에서 밤에 밖에서 경행 수행을 하는 수행승에게 자신의 정체를 밝힌다.

안한다. 붓다의 법을 최고로 받들면서 권력이나 강제에 의하지 않고 올바른 방법으로 세상을 다스리는 전륜성왕은 초기불교경전에서 반복해서 나오는 주제이다.[20] 위의 경전을 보면 세상을 붓다의 법으로 다스리면서 평화롭게 만드는 전륜성왕보다 해탈의 통찰이 더 우월하다는 것을 강조하고 있다. 이런 통찰이 적어도 이론적으로 세상을 버리고 전문적으로 명상하는 수행승의 입에서 나온 것이 아니라 재가 제자 입에서 나왔다는 것이 더 강렬한 느낌을 준다. 이 재가 제자는 바로 깊은 통찰을 얻고 명상 수행의 높은 경지에 도달한 사람이다. 그런 사람에게 전륜성왕이 된다는 것은 무상하고, 둣카이고, 공허하고, 자아가 아닌 그 무엇에 불과하다.

여기서 가장 핵심적인 사항은 자신의 미래를 드높이고 다른 사람을 위해서 선한 행동을 하여 영광에 가득 찬 사람이 된다고 하여도 해탈을 향해 나아가는 것보다 더 우선되는 것은 없다는 점이다. 찟따는 여러 가지 면에서 성공적인 재가 수행을 상징하는 강력한 인물이다. 그리고 동시에 내면적인 속박과 장애를 진정으로 부수고 나오는 것이 얼마나 중요한 것인지를 보여주고 있다. 또한 찟따는 세속적인 삶의 환경과 의무를 하나의 핑계로 삼으면서 번뇌와 적당히 타협하는 모습을 보여주지 않는 모범적인 실례이다.

위에서 번역한 경전에 나오는 천신들은 찟따가 도달한 높은 경지를 몰랐음에 틀림없다. 찟따는 이렇게 높은 경지를 성취하였기 때문에 한

---

20 전륜성왕의 모티브에 대해서는 다음에서 자세히 살펴볼 수 있다. Anālayo 2011c, 2012f, 2014e.

인간으로 다시 태어나는 것이 불가능하였다. 그것이 전륜성왕이든 무엇이든 말이다.[21] 마찬가지로 찟따의 친지들은 천신의 존재를 알 수 없었다. 그래서 찟따가 중얼거리는 것을 보고 친지들은 그가 정신적 혼란에 빠졌다고 여기면서 다시 정신을 차리라고 말했다. 경전의 후반부를 보면 찟따는 숨을 거두기 전에 천신들에게 자신의 입장을 명확히 밝히고 친지들에게도 상황을 잘 설명하고 있다.

아위하(Avihā) 천신과 아땁빠(Ātappa) 천신은 초기불교 우주론에서 '순수한 거처(淨居天, 수다와사, sudhāvāsa)'라고 부르는 두 장소를 그가 환생할 곳으로 언급하고 있다. 이곳은 불환과의 경지를 성취한 자만이 갈 수 있는 천상의 영역이다. 이 장소는 다섯 가지 낮은 장애를 제거하였다고 하는 찟따 자신의 주장과 일치하는 곳이다.

찟따는 이런 높은 영역에 다시 태어나기 전에 마지막 숨이 다할 때까지 다른 사람들을 가르쳤다. 그는 전륜성왕이라는 지도자의 자리에는 아랑곳하지 않는 그 너머의 경지에 도달해 있지만, 자신과 함께 있는 사람들에 대한 연민의 감정으로 가득 차 있었다. 말하자면 그의 가르침은 보시에 바탕을 두고 있었다. 그러나 이런 보시는 그가 성취한 지혜와 반드시 항상 함께 한다는 것을 명심해야 한다. 이에 더하여 가르침의 내용조차도 사실상 그 가르침을 듣는 사람들의 성향과 기질을 잘 고려하여 면밀하게 선택하였다는 점도 고려하면서 경전을 읽어나가야 한다. 이

---

21   Nyanaponika and Hecker 1997: 372는 "찟다가 전륜성왕이 되기를 추천할 때, 천신들은 그의 수행의 성취를 알지 못했음에 틀림없다. 그의 수행의 성취는 그가 인간의 영역으로 돌아오는 것이 불가능하게 한다."

장의 경전 도입부에 나오는 내용을 보면 그가 심오한 가르침을 펼 수 있는 경지에 도달해 있음에도 불구하고, 그와 함께 있는 사람들에게 바로 이 자리에서 가장 도움이 되고 알아듣기 쉽고 또한 바로 수행에 적용할 수 있는 것을 가르치면서 격려하고 있다. 위에서 번역한『잡아함경』을 보면 알 수 있듯이 그가 죽음 바로 직전에 놓여 있었지만 자세를 고쳐 앉고서 마지막 가르침을 주고 있는 것도 바로 이런 연민에 가득 찬 관심에서 나온 행동이다. 두 경전 모두에서 우리가 알 수 있는 것은 그의 죽음 자체가 어떻게 가르침을 펴야 하는지에 대한 모범적인 실례라는 점이다. 말하자면 죽는 순간까지 가르침을 듣는 사람들의 수준에 맞추는 연민을 보인 것이다.

23

붓다의 명상적인 죽음

23

붓다의 명상적인 죽음

23.1 서 론

이 장은 붓다 자신이 죽음 직전에 놓여 있음에도 불구하고 연민에 가득 찬 마음으로 지속적으로 가르침을 펴고 있는 장면을 보여준다. 번역된 경전을 보면 붓다는 비통함으로 울부짖는 아난다를 위로하고 주위에 모여 있는 제자들에게 법을 설하고 있다. 다음에서 번역한 경전은 두 개의 내용을 담고 있는데, 그중 첫 번째 내용을 14장의 경전과 비교해보면 아난다의 비통함과 붓다의 위로라는 점에서는 서로 공통되지만, 이 장의 경전 내용은 아난다의 비통함이 붓다 자신이 죽음의 상황에 놓여 있기 때문이라는 점에서 차이가 있다. 이런 상황에서 아난다에게 주는 붓다의 충고야말로 죽음의 현장에서 일어나는 비통함을 어떻게 다루어야 하는지를 잘 보여주고 있다. 사랑하는 스승이 이제 죽음에 직면하고 있다는 엄청난 사실에 너무나 정신이 혼란스러워진 아난다가 균형을 잡게 하기 위해서, 붓다는 자신의 곁에서 함께 지내면서 오랜 기간 동안 받은 수많은 좋은 일을 회상하라고 말하고 있다. 이와 유사하게 사랑하는 사람의 죽음이 임박할 때 더 넓은 시각으로 이전에 그 사람과 함께한 모든 좋은 추억들을 받아들이고 심지어는 감사하는 마음을 가져야한다.

두 번째 내용에서 볼 수 있는 붓다의 가르침은 앞의 장에서 나온 찟따의 모범을 떠올리게 한다. 앞 장에서 찟따는 죽음을 맞이하는 침상에서도 여전히 주위 사람에게 붓다의 법을 가르치고 있었다. 찟따가 자신의 주위에 모인 친지들에게 붓다의 법을 가르친 다음 세상을 떠난 것처럼 붓다 또한 자신을 둘러싼 제자들에게 마지막 설법을 하고 열반에 든다.

다음에 번역한 두 개의 경전은 『장아함경』에서 인용한 것이다. 이에 대응하는 경전은 『디가니까야』의 「마하빠리닛바나경(Mahāparinibbāna-sutta)」이다. 대응하는 산스크리트 단편, 『증일아함경』, 개별적으로 한역된 경전들 모두 붓다의 마지막 사건들을 기록하고 있다.[1] 두 내용 중 첫 번째를 언급한 다음 「마하빠리닛바나경」과 이에 대응하는 경전은 붓다의 마지막 가르침과 죽음을 기록하기에 앞서, 마지막 순간에 붓다의 탁월한 명상 수행이 드러나는 몇 가지 다른 일화에 대해서 언급한다. 나는 단지 두 가지 내용, 즉 아난다의 비통함과 붓다의 마지막 가르침과 명상에 대해서만 번역하겠다.

---

[1]　아난의 슬픔에 관한 첫 번째 에피소드는 다음에서 볼 수 있다. DN.16 at DN.II.143.20 (translated Walshe 1987: 265) Waldschmidt 1951: 294, T.5 at T.1.169b10, T.6 at T.1.184c21, T.7 at T.1.200b4, EĀ.42.3 at T.2.751a21.

23.2 경전 번역

『장아함경』 유행경 번역 (1)[2]

이때에 아난은 부처님 뒤에 서서 침상을 만지면서 슬피 울다가 스스로를 억제하지 못하고 흐느끼면서 말하였다. "여래께서 멸도하심이 어찌 이리도 빠른가, 세존께서 멸도하심이 어찌 이리도 빠른가, 큰 법이 사라져 어두워짐이 어찌 이리도 빠른가? 중생은 영영 쇠하고 세간의 눈이 사라지는구나. 무슨 까닭인가? 나는 부처님의 은혜를 입어 이미 학지(學地)에는 있지만 아직 공부를 다 이루지 못했는데, 부처님께서 그만 멸도하시는구나."

그때에 세존께서는 그것을 아시고 일부러 물으셨다. "아난 수행승은 지금 어디에 있는가?"[3] 그때 여러 수행승들이 여래께 아뢰었다. "아난 수행승은 지금 부처님 뒤에서 침상을 어루만지면서 슬피 울다가 스스로를 억제하지 못하고 흐느끼면서 '여래께서 멸도하심이 어찌 이리도 빠른가, 세존께서 멸도하심이 어찌 이리도 빠른가, 큰 법이 사라져 어두워짐이 어찌 이리도 빠른가? 중생은 영영 쇠하고 세간의 눈이 사라지는구나. 무슨 까닭인가? 나는 부처님의 은혜를 입어 이미 학지(學地)에는 있

---

2   DĀ.2 at T.1.25b26-25c11 그리고 26b19-26c8. DĀ.2에 대한 완전한 번역은 영어, 독어, 불어판이 있다. Weller 1939 and 1940, Jin 2013, Ichimura 2015: 63-171. 반열반에 대한 비교연구에 관해서는 Waldschmidt 1944 and 1948을 보라. 붓다가 실제로 입멸할 때와 이에 대한 학자들의 코멘트를 비판적으로 검토한 것에 대해서는 Anālayo 2014a를 보라.

3   DN.16 at DN.2.143.24는 붓다가 무슨 일이 일어났는지를 알았다고는 언급하지 않는다. 실제로 여기서 아난은 울면서 자리를 떴다.

지만 아직 공부를 다 이루지 못했는데, 부처님께서 그만 멸도하시는구나.' 이렇게 말했습니다."⁴

부처님께서 아난에게 말씀하셨다. "그만 그쳐라, 그만 그쳐라. 걱정하지 말라, 슬피 울지 말라. 네가 나를 섬긴 뒤로 지금까지 몸으로 행함이 자상했고 두 마음을 품은 적이 없고 한량없이 나를 잘 모셔왔다. 말로 행함에도 자상했고 두 마음을 품은 적이 없고 한량없이 나를 잘 모셔왔다. 마음으로 행함도 자상했고 두 마음을 품은 적이 없고 한량없이 나를 잘 모셔왔다. 아난이여, 네가 나에게 공양한 그 공덕은 매우 크구나. 비록 모든 천신이나 악마나 범천이나 사문이나 바라문들이 공양한 일이 있지만, 아무도 너에게 미치지 못한다.⁵ 너는 오로지 정진(精進)하라. 머지않아 도를 이루리라."⁶

『장아함경』 유행경 번역 (2)

[부처님께서 말씀하셨다.] "그러므로 수행승들이여, 방일하지 말라. 나는 방일하지 않았기 때문에 스스로 정각(正覺)을 이루었다. 한량없는 온갖 선함도 방일하지 않음으로 말미암아 얻는 것이다. 모든 것은 영원히 머물지 않는다." 이것이 여래 최후의 말이다.⁷

---

4   DN.16 at DN.II.143.21에서 아난의 슬픔을 짧게 이야기하고 있고, 주로 학지(學地)로서의 그의 상태에 언급하고 있다.
5   이러한 비교는 DN.16에는 나오지 않는다. DN.16에서 붓다는 추가적으로 태어난 것은 무엇이든지 소멸하기 마련이라고 강조하고 있다.
6   이 시점에서 텍스트는 붓다가 실제로 열반하기에 앞서 일어난 일을 보여주고 있다.
7   DN.16 at DN.II.156.1에서 붓다는 단지 "형성된 것은 무상하다. 부지런히 노력하

그리고 세존께서는 곧 초선정에 들어가셨다.[8] 초선에서 나와서 이선정에 들고, 이선정에서 나와서 삼선정에 들고, 삼선정에서 나와서 사선정에 드셨다.

사선정에서 나와서 공처정(空處定)에 들고, 공처정에서 나와서 식처정(識處定)에 들고, 식처정에서 나와서 불용정(不用定)에 드셨다. 불용정에서 나와서 유상무상정(有想無想定)에 들고, 유상무상정에서 나와서 멸상정(滅想定)에 드셨다.[9]

이때에 아난이 아누룻다[阿那律]에게 물었다. "세존께서 이미 반열반에 드셨습니까?"

아누룻다가 말했다. "아직 들지 않으셨습니다. 아난이여, 세존은 지금 멸상정(滅想定)에 계십니다. 저는 전에 부처님으로부터 직접 들었습니다, 사선정에서 나와서 곧 반열반하신다고 하셨습니다."

그때 세존께서는 멸상정에서 나와서 유상무상정에 드시고, 유상무상정에서 나와서 불용정에 드시고, 불용정에서 나와서 식처정에 드시고, 식처정에서 나와서 공처정에 드셨다.

공처정에서 나와서 사선정에 드시고, 사선정에서 나와서 삼선정에 드시고, 삼선정에서 나와서 이선정에 드시고, 이선정에서 나와서 초선정에 드셨다.

라"라고만 말하고 있다.

8   이 번역은 '집중'이라는 말을 추가적으로 언급하지 않고 있다.

9   멸상정의 성취는 SN.6.15 at SN.I.158.11에서 붓다의 마지막 선정을 언급하고 있는 PTS판에서는 언급되지 않고 있다. 이는 텍스트가 소실된 것으로 보인다. Bodhi 2000: 442 note 421, Anālayo 2014a: 8f를 보라.

초선정에서 나와서 이선정에 드시고, 이선정에서 나와서 삼선정에 드시고, 삼선정에서 나와서 사선정에 드시고, 사선정에서 나와서 반열반 하셨다.

23.3 논 의

위의 경전에서 보이는 바와 같이 붓다의 마지막 가르침은 모든 것은 영원하지 않고 무상하다는 것이다. 『디가니까야』도 유사하게 무상함을 강조하고 있다. 이것은 대응하는 산스크리트 단편들에서도 마찬가지이 다.[10] 붓다는 이렇게 자신의 죽음을 통해서 제자들에게 가르침을 주고 있 다. 자신의 죽음을 직접 눈으로 목격하면서 모든 가르침의 핵심 결론이 무상의 인식에 있다는 사실을 확실하게 알기를 원하였다. 물론 이런 결 론은 다른 사람의 죽음을 보면서도 동일하게 내릴 수 있다. 사실 무상의 인식은 앞 장들에서 언급한 바와 같이 질병 및 죽음과 연관된 통찰이라 는 측면에서 보면 여러 관점들이 수렴하는 지점으로 볼 수 있다. 해탈의 지혜라는 보물창고를 여는 열쇠에 비견할 수 있는 무상의 통찰은 진정 으로 붓다의 마지막 가르침이라는 주제에 어울리는 명예로운 자리를 차 지할 만하다.

무상이라는 핵심적인 통찰을 마음에 새겨야 한다고 강조하고 난 다 음 붓다는 마지막으로 죽음의 시간에서조차 성숙한 수행의 마음이 가장

---

10   DN.16 at DN.II.156.1, Waldschmidt 1951: 394.

우월하다는 것을 보여준다. 그리고 자신의 마지막 가르침에서 부지런히 수행하는 것의 장점을 열거하고 있다. 붓다의 마지막 명상 수행은 초기 불교 사유에서 드러난 선정의 모든 범위를 포괄하고 있다.[11] 이것들은 네 가지 선정으로 이루어져 있고 다음에 각 선정의 주된 특징을 함께 열거 하였다.

- 첫 번째 선정(初禪定): 모든 것에서 멀리 떨어져 조용히 머무는 데 서 오는 기쁨과 행복
- 두 번째 선정(二禪定): 집중에서 오는 기쁨과 행복
- 세 번째 선정(三禪定): 행복
- 네 번째 선정(四禪定): 평온

이 네 가지 선정 중 첫 번째 선정은 미묘하게 마음을 내고 그 마음을 유지하는 상태, 즉 위땃까(vitakka)와 위짜라(vicāra), 그리고 감각과 외부 세계로부터 멀리 떨어져 조용한 곳에서 거하면서 오는 기쁨과 행복이 특징이다.[12] 두 번째 선정에서는 마음을 내어서 유지하는 위땃까와 위짜 라가 떨어져 나가고 말 그대로 집중의 기쁨과 행복만 남는다.[13] 세 번째 선정에서는 기쁨이 떨어져나가고 행복만 남는다. 선정이 깊어져 가면서 도 함께 하는 알아차림은 이 시기에 더 두드려져서 선정의 특징적인 모

---

11   선정과 무색정을 수행 지향적으로 탐구한 것에 대해서는 Catherine 2008을 보라.
12   초선정에 대한 자세한 탐구는 다음을 참조할 수 있다. Anālayo 2014d.
13   이선정에 대한 자세한 탐구는 다음을 참조할 수 있다. Anālayo 2016.

습이라고 할 만한 가치가 있다. 네 번째 선정에서는 심지어 행복마저 떨어져나가고 확고하며 깊게 안정된 마음만이 평온 속에서 확립됨과 동시에 이것은 순수하고 높은 알아차림의 경험이 된다.

일단 이런 명상 수행의 전 과정에 완전히 숙달되면 네 가지 무색계 선정으로 들어갈 수 있다. 네 가지 무색계 선정의 종류는 네 번째 선정의 집중 수준에 따라 구별된다. 이 연속적인 무색계의 성취는 집중 대상에 따라서 일어난다.[14]

- 무한한 공간의 영역(空無邊處)
- 무한한 의식의 영역(識無邊處)
- 아무것도 없음의 영역(無所有處)
- 인식도 아니고 인식도 아닌 것이 아닌 영역(非想非非想處)

무한한 공간의 영역에서는 이전 네 번째 선정의 대상은 물러나고 그 대상이 무한한 공간으로 대체된다. 이제 그런 무한한 공간을 대상으로 경험하는 마음의 관점은 무한한 의식의 경험으로 귀결된다. 이런 무한한 의식은 다시 그다음 단계 선정의 대상이 된다. 의식의 실체가 없다는 것을 성취하고 난 다음 선정 대상으로 아무것도 없음이 나타난다. 이렇게 더욱 세밀하게 진전되어 가는 마음의 상태는 더욱 깊은 체험으로 계속 이어진다. 결국 마지막으로 거기에는 아무런 인식도 작용하지 않는

---

14 공에 대한 이러한 명상의 대상에 대해서는 Anālayo 2015b를 보라.

다. 그리하여 최종적으로 도달하는 곳은 인식도 아니고 인식이 아닌 것도 아닌 상태이다.

붓다가 열반하는 저녁 선정의 여덟 단계를 모두 거치고 마지막 단계로 명상 수행의 최고 정점인 인식과 느낌의 소멸, 즉 상수멸에 도달하였다고 기록되어 있다. 6장과 7장에서 이미 언급한 바와 같이 병든 아누룻다와 붓다 자신은 심한 통증이 있을 때 이런 상수멸에 들어가는 능력을 이용하지 않고 그 대신 네 가지 알아차림의 확립에 머물렀다. 지금도 붓다는 상수멸에 머무르면서 죽음을 맞이하고 있지 않다. 사실 붓다가 이미 죽은 것이 아닐까 하고 생각하는 아난다에게 이 점을 지적하고 있는 사람은 바로 아누룻다이다.

상수멸의 경지에서 죽음을 맞이하는 대신 붓다는 상수멸까지 이르렀다가 다시 첫 번째 선정으로 돌아오는 명상 수행의 궤적을 그리고 있다. 선정의 모든 단계를 오르내리는 능력은 명상 수행의 최고 단계에 있는 분들의 특징적인 모습이다. 붓다는 첫 번째 선정에서 네 번째 선정에 이르기까지 앞으로 쭉 나아간다. 붓다가 입멸하는 것은 네 번째 선정에서 나온 다음이다. 그러므로 붓다는 깊은 집중의 상태뿐만 아니라 평온과 함께 하는 완전히 순수한 알아차림의 상태에서 반열반하신 것이다.

이러한 붓다의 마지막 명상 수행은 두 가지 측면에서 살펴볼 수 있다. 첫 번째는 이전의 부지런한 수행으로 얻은 명상의 최고 경지이다. 그리하여 죽음의 문턱에서도 모든 선정의 단계들을 오르내리면서 명상의 전 범위를 거치는 모습을 보여준다. 두 번째는 이런 여러 명상의 상태가 가능함에도 불구하고 붓다는 알아차림이 아주 순수해진 상태에서 입멸하였다는 점이다. 이것은 이 책의 다른 장들 전체를 통하여 반복되는 주제이다. 알아차림은 질병과 죽음을 직면할 때 그 중요성과 가능성이 두드러지게 드러난다. 이런 자질은 통증 또는 비통함에 직면할 때, 다른 사람을 보살필 때, 자신이 죽을 때 갖추어야 하는 것이다. 알아차림은 명상 수행의 모든 단계 중 첫 단계에서부터 그 정점에 이를 때까지 유지해야 하는 마음의 자질이다.

이렇게 붓다의 마지막 가르침과 마지막 명상 수행은 무상과 알아차림에 대한 통찰의 중요성을 강조하고 있다. 무상과 알아차림 수행은 부지런히 이루어져야 한다. 무상, 자신의 죽음이라는 냉혹한 측면과 관련하여 어떻게 진정으로 알아차림을 부지런히 기를 것인지에 대한 것이 다음 장의 주제이다.

24

죽음의 회상

24

죽음의 회상

24.1 서 론

앞 장의 경전에서는 여러 다양하고 보완적인 방식으로 무상(無常) 특히 죽음의 필연성과 이에 대한 알아차림의 중요성에 대해 초점을 맞추어 서술하였다. 죽음이라는 주제에 대한 일련의 경전들은 빠세나디왕이 할머니의 죽음에 비통해하는 모습을 그리고 있는 13장에서부터 죽음의 불가피성이라는 내용으로 출발하였다.

죽음의 불가피성은 또한 이 장의 중심 주제이다. 자신이 죽을 때 실제적인 수행 방식으로 알아차림을 어떻게 이용할 것인지가 이 장에서 보여주고자 하는 점이다. 다음에 번역한 『증일아함경』에서 이런 가르침을 찾을 수 있다. 이에 대응하는 내용은 『앙굿따라니까야』의 두 경전에 있다.[1] 대응 경전들과 다음에서 번역한 경전 내용은 붓다가 제자들이 죽

---

1   AN.6.19 at AN.III.303.23, AN.8.73 at AN.IV.316.22(translated Bodhi 2012: 876, 1219).

음을 회상하는 수행을 어떻게 하고 있는지 점검하고, 제자들이 충분할 정도로 부지런히 수행을 하고 있지 않다는 것을 알게 되었다는 점에서 일치한다. 그래서 붓다는 제자들이 자신들의 죽음을 온몸으로 맞이하는 힘든 과제를 어떻게 진정으로 부지런히 수행할 것인지에 대한 가르침을 주고 있다.

24.2 경전 번역

『증일아함경』 40. 칠일품(七日品) [8][2]

이와 같이 들었다. 어느 때 부처님께서는 사위국 기수급고독원에 계셨다.[3] 그곳에서 세존께서 모든 수행승들에게 말씀하셨다. "너희들은 죽음에 대한 생각을 닦고 죽음에 대해 깊이 사유해야 한다."[4]

그러자 그 자리에 있던 어떤 수행승이 세존께 아뢰었다. "저는 항상 죽음에 대한 생각을 닦고 깊이 사유하고 있습니다." 세존께서 말씀하셨다. "너는 죽음에 대해 어떻게 사유하고 수행하는가?"

그 수행승은 세존에게 말씀하였다. "죽음에 대해 사유할 때 '이레 동

---

2   EÃ.40.8 at T.2.741c27-742b2(Anālayo 2013b:104에서 부분적으로 번역하고 있다). 죽음 일반에 대해서 생각하는 수행에 관해서는 다음을 보라. Boisvert 1996, Karunaratne 2002.

3   AN.6.19 at AN.III.303.23, AN.8.73 at AN.IV.316.22에서는 나디까에서 머물고 계신다고 한다.

4   AN.6.19 at AN.III.304.4, AN.8.73 at AN.IV.317.4에서 붓다는 불사로 나아가는 데서, 죽음에 대한 생각의 이익을 강조한다.

안만 살 수 있다면 칠각의(七覺意, 일곱 가지 깨달음의 요소)를 사유하여 여래의 법에서 많은 이익을 얻고, 죽은 뒤에도 여한이 없을 것이다'라고 마음먹고 있습니다. 세존이시여, 저는 이와 같이 죽음에 대해 사유합니다."

세존께서 말씀하셨다. "그만해라, 그만해라. 수행승이여, 그것은 [참으로] 죽음에 대해 생각하는 것이 아니다. 그것은 방일한 법이다."

또 다른 어떤 수행승이 세존께 아뢰었다. "저는 능히 죽음에 대한 생각을 닦을 수 있습니다." 세존께서 말씀하셨다. "그대는 죽음에 대한 생각을 어떻게 수행하고 사유하는가?"

그 수행승이 세존에게 말씀하였다. "저는 이렇게 생각합니다. '엿새 동안만 살 수 있다면 여래의 바른 법을 사유한 뒤에 곧 목숨을 마치더라도 그것은 매우 유익한 일이다'라고 마음먹고 있습니다. 이렇게 죽음에 대해 사유합니다."

세존께서 말씀하셨다. "그만해라, 그만해라. 수행승이여, 그대도 또한 방일한 법이다. 그것은 [참으로] 죽음에 대해 사유하는 것이 아니다."

또 다른 어떤 수행승이 부처님께 아뢰었다. "저는 닷새만 살았으면 좋겠습니다." 또 다른 어떤 수행승이 부처님께 아뢰었다. "저는 사흘만 살았으면 좋겠습니다." 또 다른 어떤 수행승이 부처님께 아뢰었다. "저는 이틀만 살았으면 좋겠습니다." 또 다른 어떤 수행승이 부처님께 아뢰었다. "저는 하루만 살았으면 좋겠습니다."

그때 세존께서 수행승들에게 말씀하셨다. "그만해라, 그만해라. 수행승들이여, 그것 역시 방일한 법이다. 그것은 [참으로] 죽음에 대해 사유하는 것이 아니다."

그때 다른 어떤 수행승이 세존께 아뢰었다. "저는 효과적으로 죽음에 대한 생각을 닦을 수 있습니다."[5] 그 수행승이 부처님께 아뢰었다. "제가 때가 되어 가사를 입고 발우를 가지고 사위성에 들어가 걸식하고는,[6] 다시 사위성을 나와서 머물던 곳으로 돌아와 고요한 방에서 칠각의를 사유하고 목숨을 마치면, 이것이 곧 죽음에 대해 사유하는 것이라 여깁니다."

세존께서 말씀하셨다. "그만해라, 그만해라. 수행승이여, 그것도 [참으로] 죽음에 대해 사유하고 수행하는 것이 아니다. 너희 여러 수행승들이 말한 것은 모두 방일한 행이요, 죽음에 대한 생각을 수행하는 법이 아니다."

세존께서 거듭 수행승들에게 말씀하셨다. "만일 저 박칼리[婆迦利] 수행승과 같은 자라면 그는 곧 죽음에 대해 사유한다고 할 수 있다.[7] 그 수행승은 죽음에 대하여 잘 사유하고 이 몸의 지저분한 분비물과 더러움을 싫어하였다.

만일 수행승이 죽음에 대해 사유하며 그 생각을 매어 앞에 두고 알아차리고,[8] 마음이 움직이지 않으며 드나드는 호흡의 들어오고 나가는 횟수를 줄곧 알아차리면서 그 사이에 칠각의를 깊이 사유한다면, 여래

---

5   '효과적으로'라는 번역은 이체자에 근거하고 있다.
6   '걸식하고'라는 표현을 추가한 것은 이체자에 근거한 것이다.
7   AN.6.19, AN.8.73에서는 왁깔리 수행승에 대해서 언급하지 않고 있다. AN.1.14 at
     AN.I.24.15(translated Bodhi 2012: 110)와 EĀ.4.5. at T.2.557c20에서 뛰어난 제자를
     언급하면서 왁깔리를 믿음으로 해탈한 자 가운데 제일이라고 말하고 있다. 왁깔
     리의 자살에 관한 경전의 기술에 대한 비교연구는 다음을 보라. Anālayo 2011d.
8   '알아차리고'는 이체자에 근거하고 있다.

의 법에서 많은 이익이 [그에게] 있을 것이다.[9]

왜냐하면 모든 행(行)은 다 비고 고요하여 생기는 것이나 사라지는 것 모두 허깨비이고 진실함이 없기 때문이다.[10]

수행승들이여, 만일 드나드는 호흡 속에서 죽음에 대해 사유한다면 곧 태어남·늙음·병듦·죽음·근심·걱정·괴로움·번민을 벗어날 수 있을 것이다.[11] 수행승들이여, 이와 같이 공부해야 한다."[12]

수행승들은 부처님의 말씀을 듣고 기뻐하며 받들어 행하였다.

24.3 논 의

『앙굿따라니까야』에 있는 두 경전 내용은 붓다의 법을 배우기 위해 하루 낮과 밤이라도 살아 있기를 원하는 수행승의 생각에서 시작하고 있다.[13] 그 두 경전 내용 중 짧은 경전은 계속 이어서 하루 낮, 한 끼의 식사 시간, 여러 입을 먹는 식사 시간, 한 입을 먹는 식사 시간, 들숨 날숨의 시간으로 점점 짧게 이어진다. 보다 긴 경전에서는 이에 더하여 하

---

9   AN.6.19, AN.8.73은 깨달음의 요소를 언급하지 않는다.
10 AN.6.19, AN.8.73에는 이러한 언급이 없다.
11 AN.6.19 at AN.III.306.15, AN.8.73 at AN.IV.319.32는 죽음을 생각하는 수행은 번뇌를 제거하는 것으로 이끌 수 있다는 것을 강조하면서 결론을 맺고 있다.
12 이 번역은 이체자에 근거하고 있다.
13 AN.6.19 at AN.III.304.9, AN.8.73 at AN.IV.317.9. T.1509 at T.25.228a25(translated Lamotte 1970: 1424)에서 인용하고 있는 경은 일곱 달에서 시작해서, 칠일, 육일, 오일, 사일, 삼일, 이일, 하루, 한 끼 식사하는 동안, 숨이 들고 나는 동안으로 짧아지고 있다. 붓다는 마지막 경우를 추천한다.

루의 반나절, 반 토막 식사 시간을 더하고 있다. 『앙굿따라니까야』에서 붓다는 한 술의 밥을 넘기는 시간 또는 한순간의 들숨 날숨의 시간 동안만 살기를 기대하라고 제자들에게 말한다.

이 두 경전 내용과 위에서 번역한 『증일아함경』의 핵심적인 메시지는 죽음이 바로 이 순간에 일어난다고 회상하라는 것이다. 죽음은 언젠가는 일어나지만 죽는 시간이 언제일지 모르기 때문에 이렇게 생각하지 않을 수 없다. 자신의 죽음이 미래 언젠가, 아니 단 하루 이후에 일어난다고 생각하는 사람은 수행을 게을리하기 마련이다. 그런 '게으름'을 피우지 않고 죽음이 바로 지금 일어날 수 있다고 자각하게 되면 죽음을 생각하는 것이 부지런함과 자연스럽게 결합되지 않을 수 없다. 죽음은 바로 지금 나에게 접근하고 있다. 보커(Bowker)는 다음과 같이 말하고 있다.

> 죽음에 대한 알아차림은 일종의 집중이다. … 죽음(maraṇa, 마라나)이 나에게 접근하고 있다는 사실에 대한 집중이다. 이것은 일반적인 죽음에 대한 명상이 아니라 바로 나에게로 다가오고 있는 죽음에 대한 명상이다.[14]

이렇게 죽음을 자기 자신에게 적용하고, 바로 이 순간에 일어날 수 있다고 생각하는 것은 일반적으로 죽음에 대해 생각하는 것과 근원적으로 다르다. 와이만(Wayman)은 다음과 같이 말하고 있다.

---

14 Bowker 1991: 187.

인간은 대개 이렇게 생각하지 않는다. 그러므로 … 일종의 사고의 전환이 필요하다. 죽음을 명상함으로써 이전 사고방식의 '죽음'이 필요하다.[15]

불교의 관점에서 보면 죽음이 인간에게 제시하는 존재론적인 질문은 현재의 삶 속에서 해결할 수 있다. 이 삶 속에서만 그 문제를 해결할 수 있다. 더 나아가서 말한다면 해결할 수 있을 뿐만 아니라 해결해야만 한다.[16] 클리마(Klima)가 지적한 바와 같이.

이것은 신체가 흩어지고 죽는다는 고통스럽고 낙담스러운 사실을 직접적으로 바로 대면할 필요가 있다. 이런 진실에 친숙해져야만 정서적으로 죽음에 굴복하지 않을 수 있고 이것이 수행자들의 신념이다.[17]

살아 있을 때 자신의 죽음에 직면하는 것이 실제로 죽음을 잘 맞이할 수 있는 최고의 준비이다. 이런 마음으로 수행을 하면 죽음의 공포가 주는 치명적인 영향 없이 살아갈 수 있는 가능성이 열린다. 일단 죽음이 삶의 자연스러운 일부가 되면 실존적인 공포의 영향을 넘어설 수 있고, 그렇게 되면 현재의 순간적인 삶을 온전하고 충분히 살아갈 수 있게 된다. 죽음이 주는 실존적인 공포가 얼마나 널리 퍼져 있는지에 대해 벡커

---

15 Wayman 1982: 289.
16 Schmidt-Leukel 1984: 166.
17 Klima 2002: 173, 198.

(Becker)는 다음과 같이 잘 표현하고 있다.

> 죽음에 대한 생각, 죽음에 대한 공포는 다른 어떤 것과 비교할 수 없을 정도로 인간이라는 동물을 무섭게 사로잡고 있다. 이 것은 인간 활동의 주된 원인이다. 인간의 활동은 죽음의 숙명을 피하고자 하고, 죽음이 인간의 마지막 운명이라는 것을 어떤 식으로든지 부인함으로써 극복하고자 하는 그런 활동이다.[18]

인간 활동의 다양한 측면들이 죽음의 공포에 대한 반응이라는 사실은 현대 심리학에서 자세히 연구되고 있다. 여러 연구들 가운데 테러 관리 이론(Terror Management Theory)이라는 것이 있다. 여기서는 죽어야만 하는 운명이 갖는 실존적인 공포를 인간이 어떻게 다루고 있는지를 연구한다.[19] 기본적인 문제들은 다음과 같이 요약된다.

> 죽음에 대한 공포는 다른 종과 마찬가지로 인간의 자기 보존 본능에 뿌리를 두고 있다. 우리는 이런 본능을 다른 종들과 공유하고 있지만 단지 인간만이 죽음이 불가피하다는 것을 인식한다. 우리는 자기 보존 본능이 결국 좌절될 것이라는 것을 알고 있다. 자기 보존이라는 본능적 욕구와 죽음의 불가피성에 대한 인식의 결합은 충격적인 테러와 같은 엄청난 공포를 불러일으킨다.[20]

---

18 Becker 1973: xvii.
19 Greenberg et al. 1996; Burke et al. 2010.
20 Harmon-Jones et al. 1997: 24.

이렇듯 테러와 맞먹는 정도의 충격을 주는 죽음에 대한 연구는 우리 자신이 결국 죽음의 불가피성에서 빠져나올 수 없다는 것에 대해서 보이는 뿌리 깊은 반응을 더 잘 이해하게 해준다. 다시 말하자면 우리는 이런 진실을 보지 않고 멀리 달아나려고 시도한다.

> 자신의 죽음에 대한 생각이 머리에 들어오면 ⋯ 우리는 그 생각에서 멀리 달아나서 다른 것을 생각하거나, 또는 죽음은 먼 미래에 일어날 것이라고 하면서 자신의 취약성을 부인하는 식으로 반응한다.[21]

죽음의 공포를 해결하지 않는 이상, 방어적인 심리 태도를 취하게 마련이다. 이런 것들 가운데 하나는 죽음을 먼 미래로 밀어넣는 것이다. 『증일아함경』과 이에 대응하는 경전에 의하면 붓다는 이런 태도를 비판하였다. 죽을 수밖에 없는 운명을 지금 알아차리지 않으면 바로 다른 심리적 방어 기제들이 작동한다.

> 죽음에 대한 생각은 종종 너무나 위협적이기 때문에 오랜 시간 동안 이 생각에 집중할 수 없다. ⋯ 일단 죽음에 대한 생각이 눈앞에서 사라지면 사람들은 두 가지 문화적인 불안 완충 장치에 의존하게 된다. 이 완충 장치는 문화적 세계관과 자부심으로 이루어져 있다. 이 장치를 사용하면 불가피한 죽음에 대한 잠재적인 생각을 다소 달랠 수 있다. 사람들은 삶에 질서

---

21   Pyszczynski et al. 2004: 445.

와 의미, 가치 기준, 상징적인 불멸성의 모습을 갖고 보호막을
제공해주는 신념과 행동 체계, 즉 문화적 세계관을 창조하고
유지한다.[22]

이렇게 죽음의 공포는 마치 히드라의 촉수처럼 여러 모습으로 팔을
뻗어 한 개인의 정체성을 형성하고 강화한다. 이것이 초기불교경전에서
묘사하고 있는 죽음의 회상과 깨달음 사이의 관계 그리고 불사의 실현
에 대한 배경을 이룬다. 죽음의 공포는 유신견(有身見, sakkāyadiṭṭhi)이라
는 잘못된 견해에 매달리는 것과 밀접하게 연관되어 있다. 그러므로 무
아의 진리를 완전히 깨달은 사람은 죽음의 공포를 넘어서 있다.

이것을 치료하는 약은 놀랄 정도로 간단하다. 자신이 지금 바로 여기
서 죽을 수 있다는 것을 받아들이는 것이다. 자신이 죽을 수밖에 없는
운명이라는 것을 현재 이 순간에 알아차리는 것이다. 이런 수행은 자신
에게뿐만 아니라 자신과 연관된 다른 사람에게도 중대한 변화의 영향력
을 발휘한다. 퀴블러 로스(Kübler-Ross)는 다음과 같이 말한다.

> 우리 모두가 자신의 죽음을 명상하고, 죽음을 둘러싼 불안을
> 다루고, 다른 사람들이 죽음에 대한 이런 생각에 익숙해지도록
> 도와주는 데 최선을 다하게 된다면 아마도 우리 세상은 훨씬
> 덜 파괴적이게 될 것이다.[23]

---

22 Niemic et al. 2010: 345.
23 Kübler-Ross 1969/1982: 12.

우리는 자신의 죽음을 이 순간의 알아차림으로 가져오는 명상 수행을 할 수 있다. 이런 수행은 호흡의 알아차림을 통해서 위에서 언급한 가르침과 조화를 이룰 수 있다. 뒤이어 결론 부분에서 수행의 열여섯 단계를 포함하는 호흡의 알아차림에 대해 자세하게 언급할 것이다. 죽음을 회상하는 경우 수행의 과제는 더욱 간단하다. 한번 호흡을 알아차릴 때 이 호흡이 마지막이 될 수 있다는 인식과 단단하게 결합하여야 한다.

내가 여기서 추천하는 실제적인 수행 방법은 숨을 들이쉴 때 죽을 수밖에 없는 자신의 운명을 인식하는 것이다. 이렇게 하면서 이 호흡이 마지막 들이쉬는 호흡이라고 알아차리고 내쉬는 숨에서는 모든 것을 내려놓고 이완한다.

이렇게 수행하게 되면 죽음을 회상하는 강도가 균형을 이루게 되고 개인적 능력과 실제 수행이 조화를 이루면서 나아가게 된다. 때로는 죽음에 대한 생각이 너무 강해서 공포와 초조함으로 이어질 수도 있다. 이런 경우에는 내쉬는 숨을 알아차리고 모든 것을 내려놓는다. 마음이 편해지는 데 도움이 된다. 이것과는 달리 수행이 다소 태만하거나 타성에 빠지는 경우도 있다. 자신의 죽음이 마음에 실제적인 영향을 미치지 못하는 경우이다. 이런 상황에서는 들이쉬는 숨에 마음을 두고 이것이 마지막 숨이 될지 모른다고 생각한다.

이제 이것이 마지막 호흡이 될지 모른다는 것은 의심할 여지가 없는 사실이다. 이와 마찬가지로 확실한 것은 호흡을 할 때마다 죽음이 점점 다가오고 있다는 것이다. 비록 지금의 호흡이 마지막은 아닐지라도 확실히 죽음에 한 걸음 다가가고 있는 호흡인 것만은 분명하다.

　　모든 호흡, 죽음에 더 가까이

　　모든 호흡, 죽음에 더 가까이

　　모든 호흡, 죽음에 더 가까이

결론과 명상수업

결론과 명상수업

1. 서 론

병과 죽음을 어떻게 직면할지에 대해서, 앞의 24장을 통해 도출할 수 있는 몇 가지 중요한 점을 우선 요약하고자 한다. 그리고 12장에서 번역한 경전의 병든 기리마난다에게 가르쳐 준 명상법을 수행적으로 접근할 것이다.

병과 죽음에 대한 초기불교적 관점은 사성제의 가르침을 기본으로 하고, 토대로 한다. 자기 자신의 갈망과 집착이 둣카를 경험하는 원인이 된다고 정직하게 인식하는 것은, 병과 죽음으로 고통받을 때 초기불교의 지혜라는 처방을 하기 위해서 반드시 필요한 기초적인 진단이다. 완전한 깨달음을 통해서 전체적인 마음의 건강상태를 실현하고자 하는 팔정도는 이 가르침을 포괄하고 있다. 초기불교에서 마음을 수행하는 많은 부분이 치유나 말기 환자를 돌보는 것과 연관되지만, 궁극적인 목표는 이를 넘어선다.

사성제에 기반해서 고통을 경험하는 마음의 요소와 몸의 요소를 중요하게 구분한다. 마음의 고통을 가져다주는 화살을 피하기 위해서, 몸은 비록 아플지라도 마음은 건강하게 유지할 수 있어야 한다. 마음이 건강하기 위해서는 명상 수행이 필요하다. 특히 알아차림은 깨달음의 요소 가운데 첫 번째이고, 네 가지 알아차림의 확립 수행을 통해서 계발해야 할 가장 중요한 자질이다. 이제까지 살펴본 경전에서 알 수 있듯이, 고통을 직면하고 치유로 나아가는 데 알아차림이 가지고 있는 잠재력을 초기불교에서는 결코 잊지 않고 있다. 이는 느낌이 완전하게 소멸되는 깊은 명상 상태에 머물 수 있는 수행자들이 고통을 알아차리는 것을 선택하는 것에도 해당된다.

병과 죽음을 대하는 초기불교의 태도에서 알아차림과 더불어 또 다른 중요한 측면은 애착하지 않음(non-attachment)을 반복해서 강조하는 것이다. 특히 집착하는 다섯 무더기[五取蘊]와 여섯 가지 감각 영역[六入處]과 연관해서 그러하다. 애착하지 않음의 토대는 무상에 대한 통찰이고, 이로 인해서 지속적인 만족이 불가능하며, 그것은 무아라는 결론이다. 애착으로부터 해탈하는 통찰을 기르는 것은 선한 행위에 토대를 두고 있다. 이런 행위는 그 자체로 아프거나 죽음에 가까워질 때, 두려움 없음의 원천이 된다.

마지막 순간에 남을 가르칠 때, 행복을 추구하고자 하는 내재적인 추동이 점점 더 정미해질수록 내적인 평화는 커지고 큰 형태의 집착은 사라지면서 죽음으로 나아갈 수 있게 된다. 죽음의 때에 도움이 되는 수행은 신의 영역에 머무는 것[梵住, brahmavihāras]이다. 이는 각자의 마음속에서 '땅 위의 천상'을 경험하는 것으로 나아간다.

병뿐만 아니라 죽음에 직면할 때도 알아차림의 힘은 그 가치를 입증한다. 알아차림은 느낌을 균형 있게 경험하고, 마음속에 있는 불선한 반응을 일으키려는 경향성을 견디도록 한다. 이런 식으로 접근하면 죽음의 때는 잠재적으로 해탈의 통찰을 가져오는 시간이 될 수 있을 것이다. 자신의 죽음을 직면하는 것에 도움이 된다는 것을 입증함과 더불어, 알아차림은 비통함을 경험할 때 변형적인 역할을 할 수 있다. 자신이 죽을 수밖에 없는 존재라는 것을 회상하기 위해서 호흡을 알아차리는 것은 다음 호흡 때까지만 살아 있을 수 있다는 사실을 완전히 이해하게 한다.

지금까지의 논의를 통해서 나온 주요한 측면은 기리마난다에게 주는 가르침의 틀 안에서 볼 수 있을 것이다. 그 가르침은 집착하는 다섯 무더기의 무상한 본성에 대한 통찰, 여섯 감각 영역의 무아적 본성, 아픈 것은 몸의 원래 특징이라는 것, 마음을 정화할 필요가 있다는 것, 완전한 마음의 건강이 궁극적 목표라는 것, 그리고 호흡을 알아차리는 것에 대한 구체적인 가르침을 포함하고 있다. 기리마난다를 회복시킨 명상 프로그램을 보완하여, 개인적인 명상 수행으로써 병과 죽음에 대한 초기 불교적 태도의 주요한 측면을 통합적으로 접근하도록 한다.

2. 기리마난다에게 베푼 붓다의 명상수업

여기서는 12장에서 번역한 「기리마난다경」과 그에 대응하는 티벳 경전에 나타난 가르침을 수행으로 바꾸고자 한다. 수행을 위한 하나의 아이디어를 제공하는 것이지, 이것만이 올바른 방법인 것은 아니다. 수행자들은 내가 여기서 단지 예시로 제시하는 것을 자신의 개인적인 요구나 성향에 맞추어 자유롭게 적용할 수 있어야 한다.

다시 한번 요약하자면 붓다는 아난다에게 다음의 열 가지를 병든 기리마난다에게 전해주라고 한다.

- 다섯 무더기에서 '무상의 인식'
- 여섯 가지 감각과 대상에서 '무아의 인식'
- 몸을 해부해서 볼 때 '부정의 인식'
- 아프려는 몸의 경향성에 대한 '위험의 인식'
- 불선한 생각을 '버림의 인식'
- 열반으로 나아가는 '이욕의 인식'
- 열반으로 나아가는 '소멸의 인식'
- 열반으로 나아가는 '온 세상에 기쁨이 없다는 인식'
- 열반으로 나아가는 '모든 형성된 것은 무상하다는 인식'
- 열여섯 단계의 '호흡의 알아차림'

12장에서 논의한 것처럼 「기리마난다경」의 첫 번째 네 가지는 네 가지 왜곡에 상응한다. 네 가지 왜곡은 영원한 것, 자아, 매혹적인 것, 즐거움으로 잘못 투사한 것이다. 실제는 이것들의 반대에 있는 것이다. 다음과 같이 대응시켜볼 수 있다.

인식	왜곡
1) 무상	a) 무상한 것에서 영원한 것을 찾는 것
2) 무아	c) 무아에서 자아를 찾는 것
3) 아름답지 않음	d) 매혹적이지 않은 것에서 매혹적인 것을 찾는 것
4) 위험	b) 둣카에서 즐거움을 찾는 것

(6) 이욕의 인식, (7) 소멸의 인식, (8) 온 세상에 기쁨이 없다는 인식, (9) 모든 형성된 것은 무상하다는 인식 네 가지는 또 다른 그룹으로 묶을 수 있다. (5)번과 (10)번은 각각 다시 4개의 하위 요소로 나누어 볼 수 있다. (5) 버림의 인식은 (5a) 감각적 사고의 제거, (5b) 나쁜 의도의 제거, (5c) 해로움의 제거, (5d) 그 외의 다른 악과 불선한 자질의 제거와 연관되어 있다. (10) 열여섯 단계의 호흡의 알아차림은 네 가지 알아차림의 확립에 대응하는 네 가지씩 네 개로 구성되어 있다. 열 가지를 네 개씩 리듬감 있게 볼 수 있다.

- (1) 무상의 인식, (2) 무아의 인식, (3) 부정의 인식, (4) 위험의 인식
- (5a) 감각적 욕망의 버림, (5b) 나쁜 의도의 버림, (5c) 해로움의 버림, (5d) 그 외의 다른 악과 불선한 자질의 버림
- (6) 이욕의 인식, (7) 소멸의 인식, (8) 온 세상에 기쁨이 없다는 인식, (9) 모든 형성된 것은 무상하다는 인식
- (10) 호흡의 알아차림: (10a) 첫 네 가지, (10b) 두 번째 네 가지, (10c) 세 번째 네 가지, (10d) 네 번째 네 가지

네 가지 알아차림의 확립은 기리마난다에게 주는 가르침을 평가하는 것과도 연관되어 있다. 6장에서 간략하게 언급했듯이, 「사띠빳타나경」과 이에 대응하는 한역 아함경에서의 알아차림의 확립을 비교하는 것은 다음과 같은 주요 주제를 제안한다. (A) 매혹적이지 않고, 무아이고, 죽을 수밖에 없는 운명인 몸의 본래적인 성질을 명상하는 것, (B) 느낌의 본래적인 성질을 명상하는 것, (C) 마음의 본래적인 성질을 명상하는 것, (D) 깨달음으로 이끄는 마음의 조건을 갖추는 방향으로 다르마를 명상하는 것이다.

기리마난다에게 주는 가르침에서 호흡에 대한 알아차림을 시작하기 전에 이미 연관된 주제들을 거론하고 있다. (3) 몸이 아름답지 않다는 인식은 모든 버전의 「사띠빳타나경」에서 볼 수 있는 몸에 대한 명상의 하나와 일치한다.[1]

「기리마난다경」과 그에 대응하는 티벳 경전에서는 (4) 위험의 인식에 대해서 몸이 많은 고통을 낳는다고 정리한다. 두 번째 알아차림의 확립의 주제인 세 가지 느낌 가운데 하나이다. (5) 버림의 인식은 명백히 마음과 연관되어 있고, 「사띠빳타나경」과 마음을 관조하는 것과 관련된 경전에서 첫 번째로 언급하고 있는 선한 것과 불선한 것의 기본적인 구분에 기초한다. 「기리마난다경」의 (6)에서 (9)까지의 가르침은 궁극적인 목표로 나아간다. 따라서 「사띠빳타나경」과 그에 대응하는 경전에서 네

---

1   AN.10.60에서 첫 번째 두 가지 인식에 대응하는 것에 관해서 오온에 대한 숙고는 MN.10에 대응하는 한역경전에는 없다. 여섯 가지 감각영역에 대한 숙고는 모든 버전에서 발견되지 않고, 무아에 대한 숙고가 아니라 족쇄가 발생하는 것과 연관된다. Anālayo 2013b: 169-74.

번째 알아차림의 확립의 중심이 되는 깨달음의 요소를 기르는 방향으로 나아간다.

「기리마난다경」에서 (3)에서 (9)까지의 가르침과 네 가지 알아차림의 확립은 결과적으로 다음과 같이 연결지을 수 있을 것이다.

가르침	알아차림의 확립
(3) 부정의 인식	(A) 몸
(4) 위험의 인식	(B) 느낌
(5) 버림의 인식	(C) 마음
(6)–(9) 이욕의 인식 등	(D) 담마들

이러한 관점에서 보면 「기리마난다경」에서 호흡을 알아차리는 것은 (3)부터 (9)까지의 가르침을 이미 포함하는 명상 영역에서 작용하고 있다. (3)부터 (9)까지의 가르침은 (1), (2)의 가르침에 대한 통찰을 토대로 나아간다. 호흡을 알아차리는 것은 한편으로 변화하는 호흡의 과정을 알아차리는 것에 기반해서 다양한 주제를 하나의 통합된 전체로 마무리하는 것이다. 「기리마난다경」에서 이야기하는 것은 기리마난다에게 주는 가르침을 수행하는 것과 연관이 있다. 아난다가 암송한 것이 명상을 위한 가이드 역할을 했다는 합리적인 전제하에서 보면, 기리마난다는 아난다가 열 가지 명상법을 암송하는 동안 함께 명상을 했을 것이다. 이를 통해서 열 가지 명상법을 모두 행하는 데 필요한 시간을 알 수 있을 것이다.

암송 속도를 생각해보면 명상법 전체를 암송하는 데 걸리는 시간은 20, 30분을 넘기지 않을 것이다. 10가지 가르침 하나하나를 암송하고 그 가르침을 마음에 새기는 데 짧은 시간이 걸린다고 하더라도, 전체 암송을 마무리하는 데는 1시간 또는 그 안쪽으로 시간이 걸릴 것이다. 「기리마난다경」과 그에 대응하는 티벳 경전은 기리마난다가 어떤 방법으로 암송을 따라했든지, 그가 회복하는 데 확실히 효과가 있었다는 점을 분명히 한다. 이를 바탕으로 45분에서 60분 정도 걸리는 한 주기의 명상시간 안에 10가지 가르침을 모두 진행하는 것은 「기리마난다경」이 이야기하는 것과 비슷하다고 할 수 있다.

각각의 수행에 익숙해지는 것은 의심할 여지 없이 더 많은 시간이 걸린다. 각각의 명상 주제를 잠시 동안이라도 들고 있기를 추천한다. 그리고 잠시 후 이들을 전체적인 명상의 진행과정과 연결시킬 수 있다. 기리마난다에 대한 정보가 적어서 이러한 수행과 어느 정도 친숙해졌는지는 분명하지 않다. 명상을 지속적으로 쭉 연결해서 진행하는 방식은 아마도 그에게는 새로운 것이었을 것이다.

그렇다고 할지라도 누구나 이 열 가지 가르침과 친숙해지면, 한 번에 10가지 명상 프로그램을 전부 진행할 수 있을 것이다. 다양한 명상주제를 제한된 시간 안에 수행하는 것의 장점은 마음이 산만해지지 않고 집중을 지속할 수 있다는 것이다. 그렇다고 해도 마음은 산만해지기 쉬우므로 잘 알아차려야 한다. 이러한 방식으로 수행에 활력을 불어넣을 수 있고 수행이 자동화되면서 생길 수 있는 단조로움을 피할 수 있을 것이다. 명상을 지속적으로 수행하고 이러한 방식의 접근법이 익숙해졌다는 전제하에, 나머지 명상 시간을 덜 구조화된 방식으로 진행할 수 있을 것이다. 예를 들어 지금 현재에 경험이 변화하는 흐름을 알아차리면서 명상하는 것처럼 말이다.[2] 이러한 예비적인 탐구에 기반해서 우리는 실제 수행으로 나아갈 준비를 하게 된다.

1) 무상의 인식 (1)

12장에서 번역한 가르침에 따라서 다음과 같이 명상하여야 한다.

> 몸은 무상하고, 느낌은 무상하고, 지각은 무상하고, 형상은 무상하고, 식은 무상하다. 다섯 가지 집착의 무더기는 무상하다고 명상해야 한다.

이 첫 번째 가르침은 우리가 집착하는 다섯 무더기[五取蘊]를 포함하고 있다.

- 몸(색, 色, bodily form)
- 느낌(수, 受, feeling)
- 지각(상, 想, perception)
- 형성들(행, 行, formations)
- 의식(식, 識, consciousness)

---

2 이것은 Anālayo 2003: 267과 일치한다. '고요히 변화를 알라'를 사념처 명상의 핵심요소를 요약한 것으로 제시한다.

2장에서 이미 논의하였듯이, 물질적인 몸은 '내가 어디에 있는지(where I am)'라는 위치에 집착하고자 한다. 느낌은 '내가 어떤지(how I am)'에 집착할 기회를 준다. 지각은 '내가 누구인지(what I am)'라고 집착할 대상이 될 수 있다. 형성은 어떤 행위를 할 때 '내가 왜 그런지(why I am)'에 집착할 토대를 제시한다. 식은 '그것이 나라는(whereby I am)' 경험에 집착할 토대를 제공한다. 이러한 집착에 대응하기 위해서 요구되는 처방전은 이러한 다섯 가지가 각각이든, 결합되어 있든 무상한 성질을 가지고 있다는 것을 직접적으로 알아차리는 것이다.

좌선을 하면서 몸을 알아차리는 수행을 실제로 하기를 권한다. 몸 전체를 알아차리는 것은 기리마난다에게 주는 가르침에 나오는 전체 명상 프로그램에서 알아차림을 지속하는 유용한 토대가 될 수 있다.

앉은 채로 몸[色蘊]을 아는 것은 이 몸이 무상하다는 것을 이해하는 것과 동반되어야 한다. 몸은 매순간 세포 수준에서 계속 변화한다. 결국 소멸하고 무너지고 해체된다.

몸 전체가 지금 앉아 있다는 것을 아는 것은 일종의 고유감각의 알아차림이다. 고유감각은 몸의 자세를 감각하는 능력이고, 눈뜰 필요없이 분명하게 아는 것이다. 이러한 방식으로 몸을 느끼는 것은 느낌의 무더기[受蘊]가 드러나는 것이다. 앉은 채로 있는 몸에 대한 이러한 명상 경험을 알아차리는 것은 다섯 무더기의 두 번째[受蘊]로 나아가게 한다. 여기서도 요구되는 것은 느낌 또한 변화한다는 것을 이해하는 것이다. 느낌은 무상하다.

앉아 있는 몸을 아는 것에는 이것이 '몸'이다, 몸이 '앉아 있다'라는 것을 인지하는 마음의 능력이 요구된다. 이것은 다섯 무더기의 세 번째 인 지각의 영역[想蘊]이다. 몸이 앉아 있다는 명상 경험을 똑같이 인지하 기 위해서는 지각 또한 변화하는 성질을 가진다는 이해가 수반되기 때 문이다.

마음은 종종 판타지나 생각으로 빠지는 경향이 있지만, 앉아 있기로 하는 결정은 형성의 무더기[行蘊]를 표현한 것이다. 형성 또한 변화를 지 속한다. 산만해진다는 바로 그 사실이 형성이 무상하다는 분명한 증거 이기도 하다.

앉아 있는 몸을 경험하는 이러한 측면을 아는 것은 다섯 무더기의 마지막인 식[識蘊]에 의해서 이루어진다. 이러한 앎이 다른 대상에 대해 서도 가능하다는 사실은 식 또한 변화하는 성질에 속한다는 것을 함축 한다. 불변한다면 오직 하나의 대상만을 알게 된다.[3]

이처럼 다섯 무더기는 앉아 있는 명상 자세의 다섯 측면을 구분하는 데 사용할 수 있다. 이것들은 과정이고, 변화하고, 어디서든 발견할 수 있는 무상한 것이다. 다섯 무더기를 하나하나 체크하면서, 다섯 무더기 의 결합은 단순히 흐름이라는 알아차림으로 나아갈 수 있다. '나'라고 집 착하는 것의 모든 측면이 과정이라는 것을 분명하게 알아차리고 있다면 수행은 적절하게 진행되고 있는 것이다.

---

3   Gunaratana 2014: 109에서는 다음과 같이 말하고 있다. "조건화된 존재가 변화하 는 것을 알아차릴 때 마음은 머물러 있지 않는다. … 달리 말하면 무상에 대해서 알아차리는 것은 또한 무상하다. 이것이 마음이 무상을 볼 때 알아차림으로부터 떠나는지에 대한 이유이다." 호흡을 알아차리는 것이 무상하다는 현재의 인식을 적용하는 것에 대해서는 다음을 볼 수 있다. Gunaratana 2014: 17f.

2) 무아의 인식 (2)

무상의 인식에서 적절하게 잘 머물다가, 모든 감각 경험이 공한 성질을 가진다는 의미에서 무아의 인식으로 나아간다. 무아의 인식의 가르침을 다음과 같이 명상한다.

> 눈은 무아이고, 형태는 무아이다. 귀는 무아이고, 소리는 무아이다. 코는 무아이고, 냄새는 무아이다. 혀는 무아이고, 맛은 무아이다. 몸은 무아이고, 촉감은 무아이다. 마음은 무아이고, 마음의 대상은 무아이다. 이러한 여섯 가지 내적 감각영역과 외적 감각영역은 무아이다.

우선 눈을 조금 뜨고, 어떤 특정 사물이 아니라, 눈앞의 어떤 지점을 응시하는 것이 도움이 될 것이다.

그다음 눈을 알아차리고, 좀 더 구체적으로는 눈의 보는 능력을 알아차린다. 보는 능력의 물질적 토대는 무아라는 것을 이해한 채로 알아차린다. 항상한 것은 공하다는 의미에서 무아이고, 참으로 영원히 소유할 수 있는 것은 없다는 의미에서 무아이다. 이제 눈에 보이는 것으로 넘어간다. 보이는 대상은 무엇이든지 또한 확실히 무아이다. 말하자면, 항상한 것은 없다. 참으로 영원히 소유할 수 있는 것은 없다는 의미에서 무아이다.

지금 또는 조금 있다가 눈을 다시 감고, 귀, 듣는 능력을 알아차리는 것으로 나아간다. 들리는 것에 주의를 기울인다. 한적한 곳에서 이 가르침을 따라하기를 추천한다. 숲 속의 나무 밑이나 빈 오두막에 앉아 있으면, 조만간 그곳에서 들리는 것이 있을 것이다. 한적한 곳에서 수행할 수 없을 때 더 그러할 수 있다. 예를 들어 '방해물'이 수행의 부분으로 바뀔 때 현재의 명상은 뛰어난 결과를 낼 수 있다. 어떤 소리를 듣더라도, 또한 무아이다. 어떤 소리든 상관없이 '나의' 방해물이 될 때 화가 난다.

동일한 과정이 코에도, 향이 아무리 흐릿할지라도 냄새 맡은 향에도 적용된다. 유사하게 혀와 맛에 대한 알아차림으로 나아간다. 앉아서 명상하는 동안 종종 자기 침을 맛볼 수도 있다.

몸과 감촉은 무아를 쉽게 적용할 수 있다. 몸의 어떤 부분은 바닥에 닿고, 옷에 닿는 감각, 명상도구에 닿는 감각이 있다. 오랜 시간 동안 자세를 바꾸지 않고 앉아 있기 때문에 때때로 고통이 드러날 수 있다. 그것이 무엇이든 몸과 감촉되는 것은 무아이다.

마지막으로 마음은 빠르든 늦든 산란해진다. 어떤 생각이나 공상 때문에 마음이 완전히 산란해지더라도, 이것 또한 무아라고 한순간에 이해하면 바로 지금 돌아갈 수 있다. 이것이 필요한 전부이다.

여섯 가지 감각영역 각각에 대해서 무아의 인식을 기르는 것으로부터, 수행은 여섯 가지 감각 전체와 그 대상들이 무아라는 특징을 가지고 있다는 것을 알아차리는 것으로 나아간다. 모든 경험이 내적이든 외적이든 예외없이 무아라는 성질을 인식하는 것은 수행이 잘 되고 있다는 증거이다.

3) 부정의 인식

부정의 인식은 「사띠빳타나경」에서 몸을 해부적으로 관조하는 가르침에 대응한다. 이 경전과 이에 대응하는 『중아함경』에는 추가적으로 비유가 나온다. 이 수행을 할 때 몸을 다양한 곡식을 안에 담고 있는 푸대로 보는 것은 적절한 태도이다.[4] 여기서의 함축은 다양한 곡식을 볼 때 성적으로 끌린다고 생각하지 않듯이, 성적인 집착으로부터 자유롭게 몸을 대하는 태도를 계발해야 한다는 것이다. 자기 몸이 성적으로 매력적이어야 한다, 타인의 몸이 성적으로 매력적이어야 한다는 강박에서 벗어나기 위해서 덜 매력적이거나 혐오스러운 부분을 강조하는 것은 때로는 좋은 방법이 될 수 있다. 그러나 과도한 혐오 때문에 균형감을 상실하지도 않고, 집착으로부터 자유로운 균형감에 도달하기 위해서는 전반적인 목표에 대한 세심한 주의와 분명한 인식을 필요로 한다.

티벳 경전에서는 "이 몸이 머리부터 발바닥까지 많은 불순물로 가득한 피부로 쌓여 있다고 관찰하라"는 가르침과 함께 몸의 다양한 해부학적 부분을 소개하고 있다. 빠알리 경전도 유사하게 "이 몸을 발바닥부터 위로, 머리카락부터 아래까지 피부로 둘러싸이고 많은 불순물로 가득한 것으로 보라"고 명하고 있다.

현재의 가르침을 쉽게 받아들이기 위해서, 단순화하면 좋을 것 같다. 이는 「확신 경(Sampasādanīya Sutta)」과 이에 대응하는 경전에 기초하고 있다. 여기서는 해부학적으로 다양한 부분을 관조하는 것에서 피부와

---

4   MN.10 at MN.I.57.20(translated Ñāṇamoli 1995/2005: 147) 그리고 대응 경전 MĀ.98 at T.1.583b9. Anālayo 2013b: 67f를 보라.

살은 빼고 뼈만 관조하는 것으로, 점진적으로 수행이 진행되는 것을 기술하고 있다.[5] 「확신 경」에서 거론하고 있는 해부학적 부분들은 「사띠빳타나경」에서 제시하고 있는 부분들과 대응하는데, 이를 다음의 세 가지로 크게 포괄할 수 있다.

- 피부
- 살
- 뼈

이 세 부분에 일단 익숙해지면, 위 경전에서 설한 해부학적 부분 전체를 다루기 위해서 이 방식의 관조법을 확장할 수 있다.

단순한 모델을 보완하고 가능하면 직접적으로 경험하기 위해서는 바디스캔을 제안한다. 실제 수행은 좌선하면서 피부를 알아차리는 바디스캔을 몸 전체를 알아차리는 출발점으로 삼을 수 있다. 두피를 시작으로 목, 어깨로 해서 발까지 내려가면서 모든 부분을 알아차리면서 진행한다. 우선 팔, 다리 등을 하나하나씩 하는 것이 좋지만, 나중에는 이들을 함께 알아차릴 수 있다.

머리에서 발까지 피부를 알아차리는 바디스캔을 마치고 나서, 몸의 살 쪽과 장기 쪽을 알아차리면서 지속하기 위해서는, 발에서 시작해서 점점 머리 쪽으로 나아간다. 이는 머리에서 발까지 뼈를 알아차리는 세 번째 스캔으로 나아간다.

---

5   DN.28 at DN.III.105.12(Walshe 1987: 420번역은 원래의 의도를 완전히 드러내지는 못한다.) 대응 경전 DĀ.18 at T.1.77b17, T,18 at T.1.256a12. Anālayo 2013b: 72f를 보라.

실제로 스캔을 하면서 간단하게는 피부, 살, 또는 뼈의 위치를 알아차린다. 때때로 어떤 사람은 이러한 몸의 부분을 직접적으로 감각하거나 느낄 수 있을 것이다. 그러나 그렇게 직접적으로 느끼는 것이 반드시 필요한 것은 아니다. 왜냐하면 몸 전체에서 피부, 살, 뼈를 구분해서 느낄 만큼 예리한 감각을 계발하는 것이 이 수행의 목표가 아니기 때문이다. 각각의 몸의 부분을 일반적으로 알아차리는 것만으로도 이 수행의 목표를 충족시키기에 충분하다. 이 목표는 몸이 피부, 살, 뼈 등으로 구성되어 있다는 것을 분명하게 알아차림으로써 몸에 대한 알아차림을 확립하는 것이다. 그러한 알아차림은 피부, 살, 뼈가 우리 몸을 살리는 데 아무리 유용할지라도 그 자체는 성적으로 매력적이지 않다고 아는 것을 수반한다.

세 부분을 이렇게 바디스캔하면 명상은 앉아 있는 자세의 전체 몸을 알아차리는 것으로 나아갈 수 있다. 이때의 몸 전체도 그 자체로는 아무 매력이 없는 피부, 살, 뼈로 구성된 어떤 것이다. 성적인 관심이 기본적으로 저장고에 다양한 곡식이 담겨 있는 것에 마음을 투사한 산물이라는 것을 완전하게 알고서, 성적인 집착으로부터 자유로워지는 느낌이 점점 들면, 이는 수행을 올바르게 진행하고 있다는 증거이다.

4) 위험의 인식

티벳 경전에서 위험의 인식에 대한 가르침은 '이 몸은 많은 고통과 많은 장애를 가지고 있다. 이 몸에는 많은 병이 생긴다'라는 언급과 함께 병의 이름을 길게 나열하고 있다. 빠알리 경전도 비슷하지만 '장애'라는 말 대신 '위험'이라는 말로 바꾸고 있다.

이전의 가르침과 유사하게 현재의 가르침도 단순화해볼 수 있을 것이다. 「기리마난다경」과 이에 대응하는 티벳 경전에서 다양한 병명을 소개하는 것에 기초하여 단순화를 제안한다. 병명을 소개하면서 물질적인 몸은 많은 고통과 병에 걸리기 쉽다는 언급을 강조한다. 이 경전에서 열거하는 다양한 병을 개별적으로 다루지 않고 기본적으로 이해하기를 추천한다. 일단 단순화에 어느 정도 익숙해지면, 이 위험의 인식이라는 가르침에서 분명하게 언급하고 있는 각각의 병과 고통을 관조하는 방식으로 나아갈 수 있다.

단순화된 접근법은 다른 바디스캔과 연결될 수 있다. 부정의 인식이 세 가지 종류의 바디스캔을 포함한다면, 발에서 끝나는 바디스캔은 연속적으로 발에서 시작해서 점점 머리로 나아가게 될 것이다. 이 바디스캔을 하면서 이 부분은 각각 아플 수 있고 고통의 원천이 될 수 있다는 것을 분명하게 이해하면서 각각의 몸의 부분을 알아차린다. 이 바디스캔을 마무리하면서 병과 고통의 먹이감이 될 수 있다는 것을 통해서 몸이 취약하다는 것을, '장애'가 됨으로써 '위험'이 되는 것을 분명하게 인지하면서 몸 전체를 알아차리면서 머문다.

이러한 수행을 할 때 어떤 병이 지금 수행자의 몸 어떤 부분에 영향을 끼치는지, 또는 병이 어떤 방식으로 나머지 부분에 고통을 주고 영향을 끼치는지에 대해 자세하게 나아갈 필요는 없다. 때때로 이러한 것은 자연스럽게 발생하고 위험의 인식을 강화할 수 있다. 그러나 이 수행의 주요 목적은 몸의 각 부분이 잠재적으로 아플 수 있다는 것, 그것이 외부적인 영향에 의해서든 내부적인 원인에 의해서든 아플 수 있다는 것을 분명하게 알아차리는 것이다.

몸이 걸릴 수 있는 병 가운데는 치명적인 병이 포함될 수 있다. 12장에서 번역한 경전에서 열거한 것을 보면 예를 들어 암이나 너무 심하여 죽음으로 나아갈 수 있는 병을 가리키고 있다. 몸에 내재하는 '위험'을 직접적으로 알아차리는 것은 현재 수행의 통합적인 부분으로서 죽음을 떠올리게 하는 문을 여는 것이다. 실제 수행에서 바디스캔을 마치고 전체 몸을 알아차리면서 앉아 있을 때, 일반적으로 몸의 취약성이라는 측면 때문에 죽을 수밖에 없는 몸을 인정할 수 있다. 특히 바로 다음 순간에도 살아 있을 수 있다는 것을 확신할 수 없다는 것을 인식한다. 그러한 알아차림은 24장에서 언급한 호흡과 연관될 수 있다. 이러한 방식으로 몸이 괴로울 수 있는 다양한 질병에 주의하면서 바디스캔 이후에 전체 몸이나 호흡을 알아차리면서 앉아 있는다. 내가 들이쉬는 이 숨이 마지막 호흡이 될 수 있고, 내가 내쉬는 이 숨은 내려놓는 태도를 기른다는 것을 알아차리면서 말이다.

이전의 많은 가르침처럼 현재의 명상 수행은 균형이라는 관점에서도 실행할 수 있다. 몸이 병에 약하다는 것을 알아차리는 것이 힘들다면, 원칙적으로 몸에서 생길 수 있는 다양한 병의 대부분을 현재는 가지고 있지 않다는 사실에 주의를 기울일 수 있다. 몸이 병들 수 있다는 잠재적 가능성을 알아차리는 것은, 병에 걸릴 수 있는 모든 가능성에 아직 굴복하지 않는다는 사실에 의해서 보완할 수 있다. 어떤 이는 이러한 방식으로 내적인 균형을 유지할 수 있다.

위험을 적절하게 인식하는 것은 몸을 대하는 태도를 변화시키는 놀라운 잠재력을 가지고 있다. 자기 몸이 병에 걸릴 수 있다는 것을 분명하게 공감하는 것은 단순히 개인적인 즐거움을 위하여 위험한 활동을 할 가능성을 많이 줄인다. 특히 병에 걸린 경우 위험의 인식은 매우 가치가 있다. 병에 걸렸을 때의 주요한 어려움은 자신도 모르게 건강할 권리가 있다고 전제하는 것이나, 병이 없는 것이 기본이라고 전제하는 것이다. 위험의 인식을 주기적으로 떠올리는 것은 그러한 전제가 실제에 부합하지 않는 투사된 마음이라는 것을 분명하게 한다. 사람이 아플 수 있다는 것은 결코 놀라운 일이 아니다. 잘 생각해보면 종종, 그리고 심하게 아프지 않다는 것이 오히려 놀라운 일이다.

아프고 고통을 경험하는 것이 너무나 자연스럽다는 인식은 상당 부분 병에 걸린다는 마음의 스트레스를 줄여줄 수 있다. 게다가 위험의 인식에 친숙해지는 것은 관점을 바꿀 수 있는 도구를 제공한다. 어떤 병에 걸릴 때 현재 다른 병에 걸리지 않았다는 점에서는 자유롭다는 식으로 관점을 바꿀 수 있다. 몸의 특정 부분에 있는 병을 알아차림과 동시에 아프지 않은 몸의 부분들에 주의를 기울이는 것으로 확장할 수 있다. 그렇게 주의를 기울이는 것은 관점이 좁아지는 것을 방지하고, 아픈 경험에 대해서 더 열리고 수용적인 태도를 확립하게 한다. 기리마난다에게 행한 다양한 가르침 가운데 위험의 인식은 병에 대한 실제 경험과 직접적으로 연관되어 있다.

위험의 인식에 대한 다른 측면은, 몸과 이전 주제의 특징에 대한 통찰에서 느낌의 알아차림까지를 연결하는 다리를 제공한다는 것이다. 위험의 인식에 대한 가르침을 소개하는 문장에 따르면 몸은 고통받기 쉽고 병에 걸리기 쉽다. 따라서 다양한 형태와 다양한 정도로 병을 경험하는 것은 이 명상의 통합적 측면이다.

실은 이 경전에 나오는 병의 리스트는 위험의 인식이 의학적 관점에서 병을 생각하는 것뿐만 아니라 온냉, 굶주림과 배고픔, 대소변이 불편한 경험을 포함한다는 것을 보여준다. 병과 마찬가지로 이러한 불편함은, 만약 주의를 기울이지 않으면 점점 더 몸의 고통을 낳을 수 있고, 심각한 병의 원천이 될 수 있다.

수행의 측면에서 보면, 외부적인 환경의 영향에서 몸이 항상 보호받을 필요가 있는 것으로 알아차림을 돌릴 수 있다. 몸을 유지하기 위해서는 음식과 물을 정기적으로 공급해주어야 한다. 결과적으로 생기는 노폐물도 주기적으로 처리해주어야 한다. 명상을 하면서 앉아 있다는 것 자체도 결국에는 다양한 고통을 일으키므로 자세를 바꾸게 된다.

몸을 가진다는 것이 함축하는 기본적인 불편함을 알아차리는 것은 바디스캔과 결합한 공식적인 수행에서 이루어지거나, 매일매일의 활동 가운데 이루어질 수 있다. 가려움이나 자세나 활동으로 인해서 몸이 불편할 때, 배고프거나 목마를 때, 너무 덥거나 너무 추울 때, 화장실에 가야할 때 알아차리면서 인식하는 것이 요구되는 전부이다. 한순간 몸의 요구를 단지 알아차리면서 머문다. 이 알아차림은 자기 몸의 본래적인 성질의 관점에서 의미하는 바를 분명하게 인식하는 것으로 나아간다. 이 모든 측면들은 인간의 몸이 내재적으로 가지고 있는 '장애' 또는 '위험'을 통찰하도록 돕는 고속도로이다. 위험의 인식을 적절하게 이행하는 것은 몸과 관련해서 점점 더 집착적이지 않고 균형잡힌 태도로 나아간다.

5) 버림의 인식

명상이 진행되는 이 시점에서 통찰을 위한 준비작업은 네 가지 전도에 반대되는 네 가지 인식을 함양함으로써 마무리된다. 무상한 것, 둣카, 무아, 매혹적이지 않은 것을 잘못 인식하는 것이 전도(perversion)이다. 전체적인 경험을 포괄하는 두 가지 가르침, 즉 몸에 초점을 맞춘 가르침과 느낌에 대한 전망을 열어주는 가르침을 지금까지 함양해왔다. 네 가지 알아차림의 확립에 따르면, 현재의 시점에서는 마음의 상태가 다음 주제이다. 극복해야 할 네 가지 종류의 생각 또는 마음의 상태는 다음과 같다.

- 감각적 욕망
- 악의
- 해끼침
- 악과 불선법

각각과 연관해서 티벳 경전에서는 이 가르침을 이미 일어난 감각적 욕망 또는 악의, 해끼침, 악과 불선법에 '머물지 않는 것'이 아니라, 그것을 '제거하고, 없애고, 습관들이지 않고, 계발하지 않는다'라고 한다. 빠알리 경전에서도 유사하게 이러한 생각을 '허용하는 것'이 아니라, '포기하고, 제거하고, 끝장내고, 없애라'고 한다.

감각적 욕망이라는 주제는 자연스럽게 이전의 가르침과 연결된다. 몸이 부정하는 인식은 성적인 욕망을 제거하고, 반대되는 태도 넥캄마

(nekkhamma), 즉 성적인 즐거움에 대한 관심을 놓아버리는 것을 잘 확립하는 데 주요한 역할을 한다. 이것은 적어도 감각적 욕망이 일시적이라도 중지될 때의 마음 상태이다. 게다가 이러한 무욕을 기르는 데 위험의 인식이 도움이 된다. 성적 탐닉을 통한 육체적 즐거움을 놓아버리면 놓아버릴수록, 아플 때 몸의 고통의 영향을 덜 받을 것이다. 반대로 아프고 고통으로 나아가는 몸의 자연스러운 경향성을 인지하면 할수록 성적인 즐거움과 희열에 대한 요구를 놓아버리기 쉬울 것이다.

해로운 마음의 상태와 유익한 마음의 상태를 기본적으로 구분하는 것은 「사띠빳타나경」과 그에 대응하는 경에서 마음을 관조하는 가르침의 근저에 놓여 있다. 이러한 수행에서 중요하지만 쉽게 간과하는 것이, 알아차림은 해로운 것을 인지하는 것뿐만 아니라 유익한 것도 인지해야 한다는 것이다.[6]

버림의 인식을 함양하기 위해서 버림의 인식을 유해한 생각이 마음에 드러나는 그 순간에만 한정할 필요가 없다. 수행은 문제가 되는 그 생각이 마음 속에 현재 있는지를 조사하는 것에서부터 시작한다. 있다면, 그것을 제거하고 포기하도록 노력한다. 「기리마난다경」과 그에 대응하는 티벳 경전의 가르침도 이와 궤를 같이 한다. 문제가 되고 있는 생각이 이 마음에 없다면, 그것에 반대되는 상태에서 머물도록 한다.

감각적 욕망의 경우를 적용해보자면, 마음을 처음 조사했을 때 그러한 것이 현재의 마음에 없다면, 수행은 감각적 욕망을 포기하는 태도 안

---

6   자세한 것은 다음을 보라. Anālayo 2013b: 159-62.

에 머물면서 유지할 수 있다. 마음은 포기의 길로 나아간다. 이때 경험하는 평화롭고 즐거운 마음의 상태는 유익하고 즐거운 마음의 상태에 감각적 욕망이 갑작스럽게 침입하는 것에 대한 방비를 오랫동안 강화할 것이다.

이러한 무욕의 상태에서 머물면서, 다음으로 현재의 마음에 악의가 있는지를 조사한다. 악의가 있다면 그것을 제거한다. 마음이 최소한 악의로부터 일시적으로라도 자유롭다면, 악의와 화에서 벗어난 상태에 머물기를 지속한다. 그러한 마음 상태는 자연스럽게 멧따와 연결된다.[7] 멧따에 머무는 것은 다른 곳에서 논의한 것처럼[8] 무한한 방사에 의해서 행해질 수 있다. 신의 영역에 머물면서 악의와 분노로부터 완전히 자유로운 마음의 상태로서 멧따를 특별히 강조한다.

해로움의 사유에 대해서도 동일한 과정이 적용될 수 있다. 해로움에 반대되는 것이 연민이다. 연민에 머물면서 마음은 해를 끼치고자 하는 의도로부터 자유로워진다. 동시에 그렇게 머무는 것은 해로움이 다시 마음속에서 일어날 가능성을 줄일 것이다. 여기서 또한 신적인 영역에 머무는 것[梵住]은 해치려는 의도에서 완전히 자유로운 연민의 상태를 가장 잘 강조하고 있다.

마음에서 악과 해로운 성질이 없음과 관련해서도, 버림의 인식에 대해서 언급한 것처럼 평정[捨]이라는 신의 영역을 함양할 수 있다. 유해한

---

7   Gunaratana 2014: 71 각주에서는 다음과 같이 이야기하고 있다. "증오에 대한 생각을 포기할 때, 메타가 자연스럽게 그 빈 공간을 채우기 위해서 생겨난다."

8   Anālayo 2015b: 159f.

영향으로부터 자유로운 마음에 계속 머물고자 확고히 결심하는 것은 평
정에 머무는 것이 될 수 있다. 평정은 모든 해로운 것과 비집착을 밀고
당기는 것을 볼 준비가 되어 있다.

버림의 인식을 수행하는 데 사범주 전체를 통합하고 싶다면, 함께 기
뻐함[喜]은 연민[悲]에서 평정으로 나아가는 전환과정에서 함양될 수 있
다. 함께 기뻐함은 마음이 유해한 것으로부터 자유로운 사람, 이러한 상
태로 나아가는 중인 사람의 마음 상태를 기뻐하는 것이다.

요약하자면 여기서 주장하는 것은 포기해야 할 생각에 반대되는 마음
의 상태를 의도적으로 함양함으로써 버림의 인식을 강화하는 것이다. 이
로 인해서 신의 영역을 명상하는 것과 통합할 기회를 활용하는 것이다.

마음 속에 유해한 사유가 일어나는 것을 점점 더 빨리 알아차리고,
유해한 사유로부터 자유로운 즐겁고 평화로운 상태를 의식적으로 자주
경험할수록 이 수행을 잘 하고 있다는 것이 드러난다.

6) 이욕의 인식

「기리마난다경」에서 이욕의 인식은 다음과 같은 관조에 기초하고
있다.

> 이것은 평화롭다. 이것은 담담하다. 말하자면 모든 형성을 쉬는
> 것, 모든 지원을 놓아버리는 것, 갈애를 끄는 것, 열반이다.

이욕의 인식에 대해서 티벳 경전은 '모든 지원을 놓아버리고'를 '생
겨난 것을 변화시키고'로 달리하고 있다. 이것의 주요한 포인트는 이러

한 관조가 마음을 열반으로 기울게 한다는 것이다. 지금까지 수행의 진행 상황에 따르면 버림의 인식이 감각적 욕망의 사고를 제거하는 세트를 이루고 있지만, 욕망으로부터 자유로워지는 것은 자연스럽게 현재의 가르침, 즉 이욕의 인식에서 앞자리에 오게 된다. 수행의 차원에서 보면 이는 모든 욕망으로부터 자유로워지는 것인 열반으로 마음이 기우는 것이라고 할 수 있다. 욕망과 감각적 갈애로부터 자유로운 것을 평화롭고 담담하게 바라보는 것이라고 할 수 있다.

7) 소멸의 인식

이번 가르침은 이욕이 소멸로 대체된 것 말고는 직전의 가르침과 거의 같다.

> 이것은 평화롭다. 이것은 담담하다. 말하자면 모든 형성을 쉬는 것, 모든 지원을 놓아버리는 것, 갈애를 끄는 것, 열반이다.

이 가르침을 함양하는 것은 유해한 모든 것을 가장 잘 소멸하는 것인 열반을 보완하는 측면으로 제시할 수 있을 것이다. 현재 명상이 진행되는 것을 보면, 5장에서 버림과 관련해서 언급한 악의와 해끼침의 사유의 소멸을 특별히 강조하는 것을 볼 수 있다. 이것은 감각적 욕망을 버리는 가르침과 연관해서 보완할 수 있을 것이다.

악의와 감각적 욕망으로 인한 해끼침의 마지막 제거는 불환과를 성취할 때 일어난다. 마음의 자유를 보완하는 측면에서 사라짐과 제거를 정기적으로 수행하는 것은 높은 목표로 나아가도록 고무시키는 원천이 될 수 있다.

8) 온 세상에 기쁨이 없다는 인식

「기리마난다경」은 '집착, 마음의 관점, 고수, 경향성'을 놓고 버린다는 측면에서 온 세상에 기쁨이 없다는 인식을 보여준다. 이에 상응하는 티벳 경전에 따르면 동일한 버림이 '세속적인 앎, 사유, 지위, 경향성'에도 해당한다. 이러한 가르침은 앞의 두 가르침에서 인용한 경구인 '모든 지원을 놓아버리는 것'과 관련된 함축을 더 자세히 말하는 것이라고 생각된다.

수행의 차원에서 이 인식을 계발하는 것은 집착하는 것, 특히 개인적인 견해, 성향, 판단, 관점 등 익숙한 것은 무엇이든지 기꺼이 놓고 포기하는 것을 통해서 행할 수 있을 것이며, 이러한 방식으로 앞의 두 가지 가르침과 비교해서 개선할 수 있을 것이다. 그 두 가르침은 더 분명하고 더 큰 유해함에서 벗어나는 것, 말하자면 버림을 통해서 감각적 욕망으로부터 자유로워지는 것과 소멸을 통해서 악의와 해를 끼는 것으로부터 자유로워지는 것과 연관된다.

9) 모든 형성된 것은 무상하다는 인식

티벳 경전은 '모든 형성된 것에 집착하지 않고, 포기하고 혐오하라'고 가르친다. 혐오와 비슷한 세 가지 빠알리어 용어를 사용하면서 「기리마난다경」은 좀 더 강하게 말하고 있다. 이러한 가르침을 성취하기 위한 유일한 방식으로 혐오를 제시하는 대신, 점진적인 비집착과 놓아버림이라는 부드러운 의미를 사용하고 있다는 점에서 티벳 경전이 더 그럴듯해 보인다. (6) 이욕의 인식과 (7) 소멸의 인식의 가르침과 연관해서, 현재의 가르침은 열반의 측면으로 '모든 형성된 것을 고요하게 하는 것'의 함의를 완전히 드러내고 있다고 이해할 수 있다.

모든 형성된 것은 무상하다는 인식이라는 현재 가르침은 실제 가르침을 보완하는 것으로 생각할 수 있다. 현재 가르침은 모든 형성된 것의 무상성을 알아차리는 것은 모든 형성된 것들에 대한 실제 가르침을 보여준다고 할 수 있다.[9] 무상성은 고(苦)와 무아(無我)로 이끄는 통찰의 토대가 될 수 있다는 것은 이를 넘어서는 지점이다. 통찰을 삼법인까지 성장시키는 것은, 모든 조건화되고 변화하는 것과 연관해서 모든 형성된 것에 대한 집착에서 자유로워지고 그것을 놓아버리는 계기를 제공할 수 있다.

이전의 세 가지 가르침이 점점 미세해짐에 따라서, 현재의 수행은 마음이 조건화되지 않은 것으로 더 나아감으로써 더 섬세해진다. 조건화된 모든 것은 필연적으로 무상하다. 이를 분명하게 보면, 마음은 조건화되지 않은 것으로 나아가는 계기를 챙기면서, 그 모든 것에 대한 집착으로부터 자유로워지고, 놓아버리게 되고, 충분히 혐오하게 된다.

요약하자면 모든 해로운 것을 포기하고 모든 조건화되고 변하기 쉬운 것을 전적으로 버림으로써, 모든 악의와 유해한 것에 대한 최고의 버림, 완전한 소멸로서의 열반으로 마음이 나아가는 것을 통해서 (6)에서

---

9   12장의 각주 15번을 참조하라.

(9)까지의 가르침을 함양하자는 것이다.

삶에서 이에 대한 우선성이 더 분명해질수록 (6)에서 (9)까지의 가르침을 잘 수행하고 있다는 증거이다. 이러한 명상을 하면 할수록 깨달음은 자신의 활동, 사유, 소통에서 더 중심적인 역할을 하게 된다. 대양에 소금맛이 배이듯이, 모든 행위와 타인과의 상호작용에 해탈의 맛이 배일 것이다.[10]

10) 호흡의 알아차림

마음이 조건없는 것으로 향할수록 명상은 조건화된 것으로부터 되돌아 나오기를 계속한다. 실제 수행은 몸을 지속하는 데 절대적으로 중요한 하나의 조건, 즉 호흡의 과정으로 나아간다. 호흡에 대한 알아차림은 「기리마난다경」에서 열거한 것 가운데 마지막 열 번째 '가르침'이다. 열 번째 가르침은 그 자체로 16단계로 진행되는 전체적인 수행프로그램이 된다. 이 전체 명상 프로그램이 하나의 '가르침'으로 여겨지는 것은 하나의 대상이 가지는 특징을 관조하기 때문인 것으로 보인다. 이것은 호흡의 변화하는 성질을 알아차리는 것이고, 호흡의 과정과 연관해서 일어나는 모든 경험의 변화하는 성질을 알아차리는 것이다.

---

10 AN.8.19 at AN.IV.203.6(translated Bodhi 2012: 1144)에서 보이는 비유는 가르침과 계에 배어 있는 해탈의 맛을 대양에 베어 있는 소금의 맛에 비유하고 있다. 대양에 배어 있는 소금의 비유는 대응 경전인 MĀ.35 at T.1.476c11에서도 보인다. 여기서는 또한 버림, 깨달음, 고요, 도과의 맛이 배이는 것을 비유하고 있다. 다른 대응 경전인 EĀ.42.4 at T.2.753a28에서도 팔정도의 맛이 배어 있는 비유를 사용하고 있다.

현재 맥락에서 호흡을 알아차리는 것의 기능은, 이전의 아홉 가지 가르침이 가지고 있던 다른 측면들을 호흡이라는 하나의 대상으로 통합한 수행으로 가져가는 것처럼 보인다. 지금까지 함양한 통찰의 범위를 이렇게 묶는 것은 공식적인 수행이 일상의 활동으로 변화하는 예를 보여 준다. 이는 어떤 환경에서든 생각, 말, 행동을 수렴하는 방식으로 다양한 통찰을 모으기를 요구한다.

호흡에 대한 알아차림에 관해서 비교할 만한 경전으로 「마하라훌로와다경(Mahārāhulovāda sutta)」을 볼 수 있다. 호흡에 대한 알아차림을 가르치기 이전에 땅, 물, 불, 바람, 공간이라는 다섯 가지 요소의 무아적 성질에 대한 관조를 먼저 설한다. 그리고 다섯 가지 요소는 인내와 균형이라는 마음의 태도를 고양하도록 한다. 이러한 태도는 신의 영역, 즉 사범주(四梵住)로 이끈다. 이는 (3) 부정의 인식과 (1) 무상의 인식으로 인해서 따라 나온다.[11] 이 다음에 「마하라훌로와다경」에서 호흡에 대해서 알아차리는 16단계의 수행이 나온다. 「마하라훌로와다경」의 수행이 진행되면서 「기리마난다경」과 연관되는 몇 가지 주제를 다룬다. 이러한 유사성은 두 경전 모두 호흡에 대한 알아차림이 수행의 정점으로 기능한다는 인상을 준다.

---

11 MN.62 at MN.I.421.27(translated Ñāṇamoli 1995/2005: 528) 대응 경전인 EĀ.17.1 at T.2.581c16에서는 아름답지 않다는 것과 사범주를 함양할 것을 언급한다. 그리고 호흡을 알아차리는 것에 관한 자세한 가르침을 주고 있다. 여기에서 이것은 오취온의 무상한 본성에 대한 숙고의 가르침을 기반으로 하고 있다. 마음의 태도를 격려하는 것을 요소로 언급하지 않는 것은 다른 경전에서 일어나는 가르침인 것처럼, 텍스트의 위치를 옮긴 경우일 것이다. EĀ.43.5 at T.2.760a6에서는 문맥이 맞지 않다. 자세한 것은 다음을 보라. Anālayo 2014/2015: 75f.

수행의 정점은 네 가지 알아차림의 확립 안에서 기능한다. 네 가지 패턴과 그 안에 네 가지 단계가 있는 16가지 호흡에 대한 알아차림은 하나의 알아차림의 확립에 대응한다.[12] 들숨과 날숨에 따라 알아차림을 기르는 전체 과정은 다음과 같다.

몸에 대한 관조
- 호흡이 길다고 알다
- 호흡이 짧다고 알다
- 몸 전체를 경험하다
- 몸의 활동을 고요히 하다

느낌에 대한 관조
- 기쁨을 경험하다
- 즐거움을 경험하다
- 마음의 활동을 경험하다
- 마음의 활동을 고요히 하다

마음에 대한 관조
- 마음을 경험하다
- 마음을 기쁘게 하다

---

12 다른 전통에서 전승되는 16단계에 대해서는 다음을 보라. Anālayo 2013b: 228-33. 그리고 본서의 부록을 보라.

- 마음에 집중하다
- 마음을 자유롭게 하다

법에 대한 관조
- 무상을 관조하다
- 탐욕의 사라짐을 관조하다
- 소멸을 관조하다
- 놓아버림을 관조하다

16가지 단계는 고요한 곳에서 가부좌를 하고 앉아서 들숨과 날숨을 알아차리면서 진행된다. 실제 수행의 측면에서는 자신이 선호하는 방식으로 호흡을 관찰하라고 조언한다. 공기가 코에 닿을 수도 있고, 몸에서 공기를 경험하는 다른 어떤 곳, 예를 들어 배에 닿을 수도 있다. 어떤 특정 장소에 집중하지 않고서도 일어날 수 있다. 중요한 것은 들고 나는 호흡을 알아차리는 것이다. 개인의 관점에서 가장 적합하고 자연스러운 방식으로 행할 수 있다.

「기리마난다경」에 따르면 호흡을 알아차리는 첫 번째 네 단계는 자신의 호흡이 들고 나는 것을 알아차릴 것을 요구한다. 그리고 동시에 다음의 네 측면을 알아차린다.

- 호흡이 길다고 알다
- 호흡이 짧다고 알다
- 몸 전체를 경험하다

• 몸의 활동을 고요히 하다

수행적인 차원에서 이것은 호흡이 들고 나는 것을 알아차린 후에 명상가가 호흡의 길이를 알아차리는 것을 의미한다. 호흡의 길이는 길 수도, 짧을 수도 있다. 「기리마난다경」에서 첫 번째 두 단계는 '또는(vā)'으로 표기되어 있다. 이는 이 가르침이 긴 호흡을 먼저하고 짧은 호흡을 뒤에 하라고 요구하는 것이 아니라, 긴지 짧은지를 알아차리라는 것이다. 그럼에도 불구하고 경전에서 이야기하는 이러한 단계를 순차적으로 하기 위해서는 길고 깊은 호흡으로 시작해서 이후의 호흡이 어떻게 자연스레 짧아지는지를 알아차리면서 관찰하여야 한다.

처음 두 가지 가운데 어떤 접근법을 선호하든지, 세 번째 단계는 몸 전체를 경험하기를 요구한다. 세 번째 단계에 대한 가르침이 물질적인 몸 전체를 가리킨다면, 도움이 되는 몇 가지 상응하는 경전을 찾을 수 있을 것이다.[13] 이 시점에서 호흡을 알아차리는 것은 앉은 자세에서 몸 전체를 알아차리는 것과 연결될 수 있다. 네 번째 단계로 몸의 활동을 고요히 하는 것은 몸과 호흡이 자연스럽게 안정될 때까지 호흡을 고요히 하고 몸을 이완시킴으로써 생길 수 있다.

호흡에 대한 알아차림을 기르는 것은 몸에 대한 관조로부터 시작해서 느낌에 대한 관조로 네 가지 단계를 거쳐서 나아간다.

---

13   더 자세한 것은 다음을 보라. Anālayo 2003: 131f, 2013b: 231. 또한 부록의 번역을 보라.

- 기쁨을 경험하다
- 즐거움을 경험하다
- 마음의 활동을 경험하다
- 마음의 활동을 고요히 하다

마음이 아직 선정에 이르지 않았을 때도 유익한 기쁨과 즐거움을 경험할 수 있다.[14] 기쁨을 일으키기 전 단계에 몸과 호흡이 단지 고요하고 안정된 것에 이른 것만을 허용한다. 이 기쁨은 고요함에서 만들어지는 결과이고, 현재 순간을 알아차림으로써 주어진다. 이러한 기쁨은 처음에는 순수하게 뚜렷해진다. 기쁨이 생기는 것은 가장 섬세하게 드러나는 것을 알아차리도록 용기를 북돋아주고, 지금까지 도달한 고요함의 즐거움을 다시 돌아보도록 용기를 북돋아준다.

고요한 이 상태는 또한 기쁨이 즐거움을 더 섬세하고 평온하게 경험하도록 이끌 것이라는 것을 확실하게 보여준다. 앞의 네 단계에서 몸을 알아차리는 것에서 지금의 네 단계에서 즐거움과 기쁨을 경험하는 것으로 진행하는 것은, 마음의 측면을 알아차리면서 주의를 기울임으로써 어느 정도 섬세해지는 것을 포함한다. 이것이 다음 단계의 대상이다. 다음 단계에서 목표는 어떤 마음 활동이 현재 드러나더라도, 어떤 지각이나 느낌이 있더라도 그것을 경험하는 것이다. 다음 단계는 그러한 마음의 활동을 고요히 하는 것이다. 이는 기쁨에서 즐거움으로 이미 옮겨가

---

14   Anālayo 2003: 133-6.

기 시작한 것을 계속한다. 여기에서 더 황홀한 기쁨의 경험을 내려놓고
자 할수록 더 큰 고요가 생긴다. 동일한 원리로 어떤 형태의 마음의 활
동이라도 놓고자 하면, 더 깊은 마음의 고요가 생긴다.

호흡을 알아차리는 것은 마음을 네 가지 단계로 알아차리는 것으로
나아간다.

- 마음을 경험하다
- 마음을 기쁘게 하다
- 마음에 집중하다
- 마음을 자유롭게 하다

마음 활동을 고요히 하는 것은 자연스럽게 마음을 경험하도록 이끈
다. 이때 마음은 아는 것을 알아차림으로써, 마음 자체를 알아차림으로
써 더 섬세해진 주의를 포함한다. 수행적으로 말하면 세 번째 네 가지로
옮겨가는 것은 호흡을 알아차리고, 몸을 알아차리고, 즐거움 등을 알아
차리는 마음으로 알아차릴 것을 요구한다. 이것은 보다 섬세하고 자연
스럽게 기쁨의 감각으로 나아간다. 이것을 단순히 알아차리는 것은 기
쁨으로 마음을 충만하게 할 것이다. 이러한 마음의 기쁨은 마음이 모이
고 집중되도록 한다. 정확하게는 깊은 고요 때문에 경험이 즐거워지고
산만해질 수 있는 매혹적인 것은 사그라든다. 현재의 변화는 마음이 집
중으로 서서히 기울어지는 것을 여전히 포함하고 있다. 이는 마음의 성
향의 마지막 잔재를 놓아버리는 것으로 나아간다. 어떤 간섭으로부터도

자유로워진다. 그리고 동시에 산만한 것으로부터 해방된다.

이러한 상태의 명상은 통찰을 기르기 위한 이상적인 마음의 조건을 계발한다. 「기리마난다경」은 네 가지 연관된 주제를 요구한다.

- 무상을 관조하다
- 탐욕의 사라짐을 관조하다
- 소멸을 관조하다
- 놓아버림을 관조하다

첫 번째는 이전 단계에서 이미 다룬 주제이다. 현재의 시점에서 무상은 현재의 모든 경험적 측면이 단지 과정이고 흐름이라는 분명한 인식을 알아차리는 것을 제일 우선으로 하는 것으로 나아간다. 모든 경험의 측면은 변화하고자 하는 본성을 가지고 있다. 호흡은 지속적으로 변화한다. 마치 마음이 항상 변화하는 것처럼, 호흡에 의존해서 몸은 변화를 지속한다.

두 번째로 탐욕의 사라짐은 변화하는 경험의 과정을 통해서 길러진다. 미몽에서 깨어나 정서적인 측면을 일으키고 변화시킴으로써, 집착과 열정은 점점 줄어들게 된다. 집착과 열정의 반대가 생겨나면서 비집착과 비열정이 이들을 대신한다. 비열정에서 소멸로 나아가고, 경험의 과정이 사라지는 것을 알아차리게 된다. 현재의 호흡을 순수하게 알아차리고, 그다음 순간 이미 사라진다. 현재의 경험을 순수하게 알아차리고, 그다음 순간 이미 사라진다.

이런 방식으로 주의를 기울이는 것은 무상에 대한 통찰을 예리하게 하고, 모든 것은 사라진다는 가장 위협적인 측면이 바로 주의를 기울일 가장 중요한 점이 된다. 이러한 이해가 성숙할수록, 더 쉽게 놓을 수 있다. 집착, 열정, 애착, 움켜쥠을 놓는 것이 어떤 형태로든 드러나게 된다. 이것을 현재의 경험과 동일시하는 것을 놓아버리게 된다. 그러한 놓아버림은 바로 (6)에서 (9)번까지 가르침, 즉 (6) 이욕의 인식, (7) 소멸의 인식, (8) 온 세상에 기쁨이 없다는 인식, (9) 모든 형성된 것은 무상하다는 인식을 모으는 것이다. 말하자면 불사의 성취를 통한 완전한 마음의 건강을 실현하는 것이다.

부록에서 번역하여 싣고 있는 근본설일체유부의 율장과 같이, 16단계의 마지막 네 가지를 다음과 같이 달리 설명할 수 있다.

- 무상
- 제거/버림
- 이욕
- 소멸

이는 무상을 관조하는 것에서 어떤 집착과 고정된 것을 근절하고 소멸하는 것으로 나아감으로 이루어진다. 위의 탐욕의 사라짐과 소멸로 나아간다.

「기리마난다경」에서 상술한 전체 명상 프로그램은 16단계 가운데 호흡을 알아차리는 마지막 단계에서 완성된다. 나머지 명상 과정 동안 비구조화된 형태의 수행을 지속할 수 있다. 좌선에서 몸을 지속적으로 알아차리는 것을 기본으로 삼아서 알아차림이 체화될 정도로 잘 이루어지면, 무엇이 펼쳐지든 지금 이 순간 변화하는 과정을 경험하는 것에 단지 열려 있으면 된다. 마음은 열려 있는 채로 머문다. 호흡의 과정을 알아차리는 것을 포함해서 체화된 알아차림에 토대를 두고, 지금 여기에서 경험의 흐름에 닻을 내린다. 마음이 산만해지면, 몸 전체를 알아차리면서 좀 더 호흡에 초점을 맞추는 것이 현재 순간에 머물면서 안정되는 것에 도움이 될 것이다. 일단 수행에 가속도가 붙으면 체화된 알아차림이 더 이완되고 열려 있을 여지가 생기므로 그러한 집중은 더 이상 필요 없을 수 있다.

전체 명상과정을 돌이켜보면, 10가지 가르침을 수행하는 것은 바닥에서부터 꼭대기까지 꽈배기처럼 나선형 구조로 진행된다고 볼 수 있을 것이다. 「기리마난다경」의 처음 두 가지 가르침, 즉 (1) 무상의 인식과 (2) 무아의 인식은 꽈배기를 만들 때 축이 생기는 것과 같이 통찰의 기본 토대를 형성한다. 전체 수행의 중심점은 모든 경험의 측면이 공하다는 성질을 가지고 있는 것을 포괄적으로 이해하는 것이다.

세 번째에서 아홉 번째로 진행되는 명상과정은 꽈배기 밑의 원주를 따라서 꼭대기로 서서히 나선형 모양으로 움직이는 것이라고 볼 수 있다. 나선형 운동은 네 가지 알아차림의 확립에 대응하는 네 가지 중요한 방향으로 두 개의 원에서 진행된다.

여기서 (3) 부정의 인식, 즉 첫 번째 알아차림의 확립과 (4) 위험의 인식은 느낌의 명상, 즉 두 번째 알아차림의 확립으로 나아간다. (5) 버림의 인식에서 마음의 명상, 즉 세 번째 알아차림의 확립에서 마음의 유익한 상태와 유해한 상태를 구분하는 것을 보게 한다. (6)에서 (9)까지의 가르침은 마음을 깨달음으로 나아가게 한다. 이는 다르마의 명상, 즉 네 번째 알아차림의 확립을 통하여 비교하면서 탐구함으로써 생긴다.

네 가지 알아차림의 확립을 통해서 첫 번째 회전을 마치면, 호흡을 알아차리는 10번째 가르침은 꽈배기의 정점에 더 가까이 있는 나선형 원을 포함한다. 이 두 번째 회전은 다시 네 개가 한 벌인 네 가지 알아차림이 동일한 네 가지 주요한 방향으로 진행된다. 호흡을 알아차리는 마지막 16가지 단계에서 꽈배기의 꼭대기에 도달한다. 이 꼭대기는 놓아버림의 태도를 가지고 현상의 변화하는 공한 성질을 현재 순간에 단지 알아차리는 것이 체화된 것이다.

놓아버림의 태도로 변화를 알아차리는 것은 특히 집착이나 애착을 놓아버리는 것으로 근원적인 통찰을 무상과 무아로 연결시킨다. 마치 전체 꽈배기가 꼭대기로 모이듯이, 그래서 전체 명상 프로그램이 더 깊은 놓아버림의 차원으로 모이고 이동하는 것처럼 보일 수 있다.

결론의 앞부분에서 언급했듯이, 네 가지씩 모으는 기본 패턴은 「기리마난다경」에서 설명한 전체 명상 프로그램에 기반하고 있다. 첫 번째 두 가르침을 통해서 바닥을 형성한 뒤, 바닥에서 꼭대기까지 나선형 운동은 가르침 (1), (2)에 강세를 넣어 음악의 주요 주제에서 벗어나 두 번의 크레센도와 네 마디의 리듬을 가진 음악과 비교할 수 있을 것이다.

앞에서 제안한 수행에 따르면, (3) 부정의 인식, (4) 위험의 인식의 가르침은 네 가지 바디스캔을 통해서 이루어질 수 있다. 이 바디스캔은 몸의 바깥 부분에서 점점 안쪽으로 나아가고, 고통과 괴로움을 일으키는 부분으로 나아간다. 네 가지 생각의 유형, 즉 (5) 버림의 인식이 다음으로 나온다. 그다음에 마음이 열반으로 나아가는 (6)번에서 (9)번까지의 네 가지 가르침이 나온다. 이 네 가지 가르침들은 점점 더 세밀하고 근원적으로 나아가고, 첫 번째 크레센도에서 가장 높이 올라가는 부분이 (9) 모든 형성된 것은 무상하다는 인식이다.

9번째 가르침과 함께 열반으로 마음이 기우는 근원적인 형태로부터 상대적으로 일반적인 긴 호흡 현상으로 옮겨가는 것은 두 번째 크레센도의 시작점이 된다. 두 번째 크레센도는 네 마디의 리듬을 가지고 있고, 호흡에 대한 알아차림은 네 단계씩 네 개로 진행된다. 기본적으로 네 마디의 박자를 기본으로 두 번째 크레센도와 함께, 나선형 운동의 원주는 꼭대기의 정점으로 점점 더 가까이 나아간다. 이 정점은 마지막 가르침의 마지막 단계와 함께 간다. 변화하고 공한 성질을 경험하는 것에 대한 통찰의 결과, 즉 놓아버림과 함께 한다.

두 번째 크레센도는 첫 번째 크레센도가 기반으로 하고 있는 네 가지 알아차림의 확립의 기본적인 선율을 터치하고 있다. 다른 가르침의 오케스트라 대신 하나의 악기, 즉 호흡을 사용하고 있다. 첫 번째 크레센도의 피날레로써 열반으로 마음을 기울이는 것을 돕는 모드 다음에, 호흡에 대한 알아차림을 통해서 솔로연주로 나아가는 것은 짐을 땅에 내려놓는 것이다. 고원한 네 가지 가르침과 자신의 덜 고원한 조건을 비교하면서 괴로워하는 수행자를 내버려 두는 대신, 다음으로 이동은 동일한 가속을 유지하면서도 매우 일상적인 호흡의 과정과 연관되어 있다.

아무리 괴롭거나 죽음에 가까이 있다고 할지라도, 이는 현재 순간을 경험하는 것과 연결하도록 돕는다.

네 가지 알아차림의 확립의 기본적인 음조는 두 가지 크레센도가 진행되는 동안 보완적인 연주로 표현되는 것을 볼 수 있다. (3)의 가르침과 호흡을 알아차리는 첫 번째 네 가지는 기능성, 즉 해부학적 측면과 호흡과 연관된 몸의 측면과 밀접하게 연관되어 있다. (3)의 가르침은 부정의 인식을 강조하며 매력적이지 않고 때로는 혐오스러운 측면을 강조하는 반면, 첫 번째 네 가지는 몸의 활동을 고요하게 하는 평화로운 경험으로 나아가게 함으로써 짝을 맞추고 있다. 유사하게 (4)에서 몸에 내재하고 있는 위험이 병을 일으켜 괴로운 느낌을 일으키지 않을까 하는 관심은 호흡을 알아차리는 두 번째 네 가지에서 기쁨과 즐거움으로 경험하는 느낌과 짝을 이루고 있다. (5)의 가르침은 유해한 생각을 버림, 호흡을 알아차리는 세 번째 네 가지와 연관된 버림과 연관되어 있다. 여기서 어떤 유형의 생각을 남겨두는 것은 마음을 그렇게 경험하는 것으로 이끈다. 열반으로 나아가는 다른 형태의 (6)에서 (9)까지의 가르침은 호흡을 알아차리는 마지막 네 가지에서 각각 자기 짝이 있다. 우선 무상에 대한 주의를 가장 앞에 둔 이후에, 이 마지막 네 가지는 (6) 이욕의 인식, (7) 소멸의 인식의 주제를 가진다. 내려놓음의 마지막 단계는 (8) 온 세상에 기쁨이 없다는 인식, (9) 모든 형성된 것은 무상하다는 인식과 대응하는 것을 볼 수 있다.

「사띠빳타나경」에서 기술한 모든 명상과 연관한 주요 주제는 각각의 수행과 연관해서 생멸을 관조하는 반복된 가르침임이 분명하다. 기리마난다경」과 그에 대응하는 티벳 경전에서 무상이라는 음악적 주제는 다섯 무더기와 연관된 첫 번째 가르침에서 바로 강세가 된다. 동일한 주제가 (9) 모든 형성된 것은 무상하다는 인식의 가르침에서 반복되고 있다. 이는 마음을 모든 형성된 것의 소멸로 나아가도록 한다. 이는 호흡을 알아차리는 16단계를 거쳐 솔로 연주로 나아간다. 모든 호흡은 지속적으로 신체의 모든 형성된 것이나 호흡이 무상하다는 음악주제를 연주하고 있다.[15] 호흡의 무상은 들숨과 날숨의 변화에서 분명해진다. (9)와 (10)의 가르침은 열반이라는 출구로 이끄는, 무상을 지속적으로 알아차리는 가능성을 보여주고 현실화시킨다. 이는 특별히 호흡을 알아차릴 때 마지막 네 가지에서 잘 드러난다. 호흡을 알아차릴 때 첫 번째 단계에서 주의를 기울일 유일한 대상은 무상이다. 나머지 네 가지는 무상을 완전히 자각한 결과, 즉 말하자면 이욕, 소멸, 놓아버림을 통해서 열반으로 마음이 기울도록 한다.

명상의 정점과 전체 콘서트 무대의 피날레, 즉 놓아버림의 태도로 변화하는 것을 알아차리는 것은 전체 명상 프로그램을 통해서 지금까지 수행한 것이 모이는 지점이면서, 공식명상을 할 수 없는 상황에 있는 사람들을 위한 출발점 역할을 그 자체로 한다. 이는 많이 아프거나 죽음의 언저리에 있을 때 특별히 연관이 있다. 비록 아직 건강할 때 가능한 한 그러한 상황을 준비하는 것의 중요성을 강조했지만, 현재는 그러한 상황이 되지 않는 사람들을 수행으로 이끌지 못한다면 그러한 목적을 완

---

15   SN.41.6 at SN.IV.293.15(translated Bodhi 2000: 1322) 대응 경전 SĀ.568 at T.2.150a24
      는 호흡을 '몸적인 형성'으로 보고 있다.

전히 채우지 못할 것이다.

갑자기 심한 병에 걸리거나, 아프거나, 명상할 때 앉을 수가 없거나, 거의 죽을 정도가 되었다고 생각해보자. 무엇을 할 수 있을까? 이러한 상황에서 의지할 것은 알아차림이다. 초기불교 명상에서 현대적인 임상적 고통 완화에 이르기까지, 알아차림은 이러한 병이나 죽음에 직면하도록 힘을 준다. 그래서 변화하는 현상을 있는 그대로 현재의 순간에 알아차리는 것이 할 일이다. 많을수록 좋다. 알아차림을 놓칠 때, 이는 자연스러운 일인데, 고통이 허락한다면 웃으면서 다시 알아차림으로 돌아간다.

경험의 흐름을 현재 순간에 알아차리기를 지속하려면 호흡과 함께 하든, 몸 전체를 알아차리는 일반적인 방식에 의지하든, 둘 중 어떤 것이든 알아차림을 체화하는 것이 도움이 된다. 호흡을 알아차리는 것의 이점은 항상 변화하는 경험의 성질을 알아차리도록 자연스럽게 독려하는 것이다. 몸 전체를 알아차리는 것은 육체적 괴로움으로 인해서 산만해질 때 쉽게 놓치지 않는 폭넓은 범위의 알아차림을 독려한다.

두 가지 체화된 형태의 알아차림 가운데 하나, 또는 둘을 결합한 것 가운데 하나를 고를지라도, 일어난 흐름을 있는 그대로, 선택하거나 거부하는 것 없이, 내려놓음의 태도를 기르면서 알아차리면서 머문다. 기대를 내려놓는 것이고, 일이 어떻게 되었으면 좋겠다는 생각을 내려놓는 것이고, 건강한 육체를 부여받았다는 전제를 내려놓는 것이고, 몸은 아프거나 무너질 수 있는 본성을 내재적으로 가지고 있는 것이 명백하다는 사실에 대해서 저항하기를 내려놓는 것이고, 집착이 어떤 방식으로 드러나든 그 집착을 내려놓는 것이다.

이러한 방식으로 현재 순간을 변화하는 과정으로 알아차리고, 집착하거나 반응하는 경향성에 굴복하지 않는 태도는 병과 죽음을 직면하는 강력한 방식이 될 수 있다. 이는 병과 죽음에 대한 실제경험을 다루는 유용한 방식을 제공하며, 이 경험은 병과 죽음이 집착으로부터 자유를 깊게 할 수 있는 기회를 제공한다는 의미에서 유용한 경험이 될 수 있다.

집착으로부터 자유와 내려놓음을 똑같이 강조하는 것은 위에서 설명한 전체 명상 프로그램을 정기적으로 수행함으로써 병과 죽음을 준비하는 기회를 가진 사람들과도 관련이 있기 때문이다. 명상이 바닥에서부터 정점까지 나선형으로 진행되는 것은 지금 여기에서 경험의 흐름에 대하여 알아차림을 체화하도록 이끈다. 내려놓음의 정점으로 이끄는 이전의 수행을 통해서 함양된 통찰에 영향을 받는다. 지금 이 순간의 흐름의 경험을 체험적으로 알아차리고 열린 채로 수용하는 것은 내려놓음의 태도를 유지한다. 산만과 산란을 내려놓음, 선택과 거부를 내려놓음, 기대와 평가를 내려놓음, 과거와 미래를 내려놓음이다. 내려놓음을 훈련하는 것은 결국 최고의 내려놓음, 즉 죽음 없음, 열반의 전체적인 건강의 실현에서 정점에 이른다.

부록 _ 호흡을 알아차림 ─────────────────────────

「기리마난다경」과 그에 대응하는 티벳 경전에서 기술한 마지막 수행인 호흡에 대한 알아차림의 16단계에 관한 두 가지 율장을 번역하였다. 12장에서 티벳 경전을 번역하면서, 원본이 잘 보존되지 않아서 가르침에 대한 번역을 제공할 수 없었고, 대응하는 빠알리 경전과 비교할 수도 없었다. 따라서 부록에서는 16단계의 수행에 관해서 비교할 수 있는 경전을 좀 더 제시하고자 한다.

이전의 알아차림의 확립 명상과 비교하면서, 『잡아함경』과 대중부의 율장으로부터 16단계의 호흡에 대한 알아차림에 관한 가르침을 번역하였다.[1] 이 경전과 빠알리 경전에서는 '훈련하라'는 가르침이 발견되지 않는다. 다른 점은 대중부의 율장은 3단계에서 '몸에 스며든다'는 말을 한다는 것이다. 몸 전체를 알아차리는 것을 포함하는 것으로 이 단계를 이해한다. 이 두 가지 버전에서 14, 15, 16단계는 제거, 이욕, 소멸의 명상을 요구한다.

앞으로 번역할 두 종류의 율장에서도 똑같은 논점이 나올 수 있다. 근본설일체유부 율장의 마지막 3단계에는 버림, 이욕, 소멸이 있다. 그 대신 설일체유부 율장은 제거, 이욕, 소멸이라는 빠알리 문헌의 순서를

─────

1   Anālayo 2013b: 228-30.

따른다. 호흡을 알아차리는 세 번째 단계와 연관해서, 근본설일체유부와 설일체유부의 율장은 둘 다 몸에 스며드는 것에 대해서 언급하고 있다. 둘 중 어느 것도 훈련에 대해서는 언급하지 않는다. 근본설일체유부의 율장에 대응하는 『상윳따니까야』에서도 훈련에 대해서 언급하지 않는다. 이 이야기가 붓다 자신의 수행과 연관될 때 그러한 것처럼 보인다. 빠알리 주석 문헌에서도 설명하듯이, 붓다는 호흡을 알아차리는 수행을 할 때 훈련을 할 필요가 없다.[2]

첫 번째 번역은 근본설일체유부 율장과 그에 상응하는 『상윳따니까야』에서 유래한다.[3] 두 버전은 붓다가 긴 수행에 들어갔고 그 기간 동안 호흡에 대한 알아차림 수행을 했다는 것에 대해서 일치하고 있다.

두 번째 번역은 설일체유부 율장에서 유래한다. 설일체유부 율장에서 수행승들을 자살로 나아가게 했던, 부정하다고 생각하는 불균형한 수행 이후에 붓다는 호흡에 대해서 알아차리는 수행에 대한 가르침을 준다. 율장, 『상윳따니까야』, 그에 대응하는 『잡아함경』에서 같은 내용을 기술하고 있다.[4] 이러한 사건을 보고서 붓다는 수행승들이 호흡에 대한 알아차림을 기르기를 추천한다고 공식적으로 이야기한다.

두 번역이 뚜렷하게 차이가 나는 것은 명상 수행으로써 호흡을 알아차리는 것의 성격을 평가하는 데 도움이 된다. 혐오의 경우에, 호흡을 알

---

2   Spk.III.273.31.

3   SN.54.11 at SN.V.326.1(translated Bodhi 2000: 1778). SĀ.807 at T.2.207a12를 보라.

4   SN.54.9 at SN.V.321.21(translated Bodhi 2000: 1774). 그리고 대응 경전 SĀ.809 at T.2.208a3. 이것에 대한 비교연구는 Anālayo 2014f를 참조할 수 있다.

아차리는 것은 큰 문제가 생길 수도 있는 불균형한 수행을 대신하는 효과가 있다. 『상윳따니까야』와 이에 대응하는 『잡아함경』은 붓다가 유해한 상태를 빨리 극복하는 최고의 수행법으로 호흡을 알아차리는 16단계를 명확히 제시한다는 점에 동의한다. 『잡아함경』은 폭우가 어떤 먼지라도 사라지게 한다는 예를 통해서 호흡에 대한 알아차림의 가능성을 보여준다.[5]

탁월한 해탈의 잠재력을 가진 균형잡힌 최고의 수행이라는 뉘앙스는 붓다 자신의 수행과 연관되어 있다. 비록 이 경우는 좀 더 살펴볼 필요가 있지만 말이다.

16단계의 호흡에 대한 알아차림 수행에 대해서 붓다가 분명하게 언급하였다는 것은 붓다가 깨달음을 얻기 전에 호흡과 연관된 수행을 했다는 것과 연결지을 수 있을 것이다. 「마하사짜까경(Mahāsaccaka sutta)」과 그에 대응하는 경전은 힘과 단식으로 마음을 조절하려는 시도 이외에 붓다가 보여준 몇 가지 호흡조절법을 보여준다.[6] 마음을 강제로 조절하려는 시도가 성공하지 못했을 때, 붓다는 다양한 방법으로 호흡을 강제로 멈추고, '호흡 없는 명상'을 훈련하려고 하였다. 이러한 수행을 반복했지만 성공하지 못하자 붓다는 음식을 조절하려고 하였다.

이러한 모든 시도는 강제로 조절하려고 했다는 공통점이 있다. 어떤

---

5 SĀ.809 at T.2.207c28(translated Anālayo 2014f: 14).

6 MN.36 at MN.1.243.4(translated Ñāṇamoli 1995/2005: 337). 산스크리트 단편 333r3, Liu 2010: 171, EĀ.31.8 at T.2.671a12. 또한 Lalitavistara를 보라. Lefmann 1902:251.14. Mahāvastu, Senart 1890: 124.9(translated Jones 1952/1976: 120). Saṅghabhedavastu, Gnoli 1977: 100.16.

것도 붓다를 깨달음으로 이끌지 못했다. 대신 붓다가 궁극적으로 발견해서 남에게 가르친 깨달음의 방법은 알아차리면서 관찰하는 것을 통해서 통찰을 함양하는 것이었다.

16단계로 호흡 과정을 알아차리면서 관찰하는 수행은 붓다가 깨닫기 이전에 호흡에 관심을 가졌다는 것에서 찾아볼 수 있다. 그러나 전적으로 다른 방식으로 수행했다. 호흡을 제어하는 대신 알아차림을 통해서 수용적으로 간섭하지 않고 관찰하는 것으로 나아갔다. 네 가지 알아차림의 확립은 들숨과 날숨에서 지속적으로 변화하는 것을 다루는 방식으로 이루어진다. 이러한 방식으로 16단계의 호흡에 대한 알아차림은 붓다를 깨달음으로 이끄는 태도의 변화가 수행적으로 표현된 것이라고 할 수 있다.

이러한 관점에서 붓다가 전체 수행 기간을 이 수행에 할애할 정도로 호흡을 알아차리는 수행을 선호한 것은 불균형적인 방식으로 수행하는 승단에 이러한 수행을 추천한다는 것에서 볼 수 있다. 두 상황에서 모두, 호흡에 대한 알아차림은 네 가지 알아차림의 확립을 함양함으로써 무상에 대한 통찰을 심어주는 균형잡힌 명상을 대표한다. 알아차림의 확립은 해탈로 나아가는 길을 보여준다. 그리고 해탈한 이가 알아차림의 확립에 적절하게 머물 수 있도록 한다.

번역 1

『근본설일체유부위나야약사(根本說一切有部毘奈耶藥事)』第七卷[7]

두 달이 되고 나자[8] 세존께서는 선정에서 나오셔서 수행승들 앞에 자리를 펴고 앉으시고는 여러 수행승들에게 말씀하셨다. "만약 어떤 외도가 너희들에게 와선 사문 고타마께서는 어떤 행을 하시기에 두 달 동안 적정에 들어계시는가?"라고 물으면 너희들은 마땅히 대답하여야 한다. '수식삼매(數息三昧)에 드셨습니다.' 무슨 까닭인가? 나는 두 달 동안 수식관을 하면서 좌선을 하면서 머물렀다.

내가 이런 관을 할 때 들이쉬는 숨에서 일찍이 산란함이 없음을 여실하게 알았고, 내쉬는 숨에서도 산란함이 없음을 여실하게 알았다.[9]

길게 [쉬는 숨에서도 산란함이 없음을 여실하게 알았고], 짧게 [쉬는 숨에서도 산란함이 없음을 여실하게 알았고], 일어나는 [숨에서도 산란함이 없음을 여실하게 알았고], 사라지는 [숨에서도 산란함이 없음을 여실하게 알았다.][10] 온몸으로 <들이쉬는> 숨을 모두 여실하게 알면서,[11] 온

---

7   T.1448 at T.24.32c7-32c21. 근본설일체유부 율장 D1 *kha* 62b6 또는 Q 1030 *ge* 58a6의 티베트어 번역에 나오는 16단계에 대한 가르침은 축약되어 있고, 4단계까지 비교할 수 있도록 자료를 제공하고 있다.

8   SN.54.11 at SN.V.326.1에 따르면 붓다는 3개월 동안 안거하고 계셨다.

9   SN.54.11에는 산람함이 없이 여실하게 알았다는 언급이 없다.

10 일어나고 사라짐에 관한 이러한 언급은 SN.54.11에는 대응 구절이 없다. 그러므로 텍스트상의 오류로 보인다.

11 이하의 번역은 텍스트 교정에 기반하고 있다. T.1448 at T.24.32c13은 3단계와 4단계에서 먼저 숨을 내쉬는 것을 말하고 다음에 숨을 들이쉬는 것을 말한다. D 1 *kha* 62b7 또는 Q 1030 *ge* 58a7 근본설일체유부 율장의 티베트어 번역은 2단계에서

몸으로 <내쉬는> 숨을 또한 여실하게 알았다. 몸의 활동을 고요히 하면서 숨을 들이쉴 때 이를 여실하게 알았고,[12] 몸의 활동을 고요히 하면서 숨을 내쉴 때 이를 여실하게 알았다.

숨을 들이쉬면서 [기쁨을] 느낄 때 여실하게 알았고, 숨을 내쉬면서 [기쁨을] 느낄 때 여실하게 알았다. 숨을 들이쉬면서 [행복을] 느낄 때 여실하게 알았고, 숨을 내쉬면서 [행복을] 느낄 때 여실하게 알았다. 숨을 들이쉬면서 마음이 움직일 때 여실하게 알았고, 숨을 내쉬면서 마음이 움직일 때 여실하게 알았다.[13] 숨을 들이면서 마음의 움직임을 고요히 할 때 여실하게 알았고, 숨을 내쉬면서 마음의 움직임을 고요히 할 때 여실하게 알았다.

숨을 들이쉬면서 마음을 알 때 여실하게 알았고, 숨을 내쉬면서 마음을 알 때 여실하게 알았다. 숨을 들이쉬면서 마음이 기쁠 때 여실하게

숨을 들이쉬는 것으로 시작한다. 근본설일체유부에서도 똑같다. SĀ.810 at T.2.208a25 (translated Anālayo 2007a: 139)를 보라. T.1448 자체에서도 예비단계뿐만 아니라 나머지에 대해서도 숨을 들이쉬는 것을 먼저 언급하므로, 3단계와 4단계는 텍스트가 오류를 겪고 있다고 결론내리는 것이 안전할 것이다.

12 '활동'을 추가한 것은 대응하는 티벳 경전인 D 1 *kha* 63a1 또는 Q 1030 *ge* 58a8에서 지지를 받는다. '활동'은 현재 맥락에서 상카라(saṅkhāra)에 해당하는 번역어로 12장 각주 18을 보라.

13 이 번역은 텍스트 교정에 근거한다. T.1448 at T.24.32c15는 마음을 아는 것을 단지 6단계라고 언급하고 있다. 행복을 7단계라고 언급하고 8단계 전에 활동을 의미하는 행이 뜬금없이 나온다. 이는 분명히 텍스트상의 오류이다. 『잡아함경』의 이 부분은 이 네 가지, 즉 기쁨, 행복, 마음의 활동, 마음의 활동을 고요히 하는 것이 쌍을 이루어 진행된다는 점에서 다른 경전과 동일하다. SĀ.810 at T.2.208b1을 보라. 나의 교정은 마음과 아는 것에 대한 언급으로 나아가므로 7단계 이전에 온다. 그러므로 여기서 활동을 보충한다.

알았고, 숨을 내쉬면서 마음이 기쁠 때 여실하게 알았다. 숨을 들이쉬면서 마음을 집중할 때 여실하게 알았고, 숨을 내쉬면서 마음을 집중할 때 여실하게 알았다. 숨을 들이쉬면서 마음이 해탈할 때 여실하게 알았고, 숨을 내쉬면서 마음이 해탈할 때 여실하게 알았다.

숨을 들이쉬면서 무상을 볼 때 여실하게 알았고, 숨을 내쉬면서 무상을 볼 때 여실하게 알았다. 숨을 들이쉬면서 버림을 볼 때 여실하게 알았고, 숨을 내쉬면서 버림을 볼 때 여실하게 알았다. 숨을 들이쉬면서 떠남을 볼 때 여실하게 알았고, 숨을 내쉬면서 떠남을 볼 때 여실하게 알았다. 숨을 들이쉬면서 소멸을 볼 때 여실하게 알았고, 지금까지 숨을 내쉬면서[14] 소멸을 볼 때 여실하게 알았다.

『십송율(十誦律)』 명사바라이법(明四波羅夷法) 第二卷[15]

부처님께서 아난에게 말씀하셨다. "만약 어떤 수행승이 살고 있는 성읍의 마을에 머물면서, 이른 아침 때가 되면 옷을 입고 발우를 들고 몸의 감각기관을 단속하고 마음을 한곳에 모으고 마을에 들어가 걸식하고, 걸식을 마치면 빈 곳이나 나무 아래나 빈집에 니사단을 깔고 바르게 앉아 몸을 단정히 하고 전면을 알아차린다.

세속의 탐욕과 질투를 제거하고 다른 재물에도 탐욕과 집착을 여의

---

14 '지금까지'라는 표현은 일반적으로 생략되었음을 가리킨다. 여기서는 위치가 맞지 않아 보인다. 숨을 내쉬면서 소멸을 관찰하는 16단계 이전을 생략한 티벳버전에 오히려 어울릴 것이다.

15 T.1435 at T.24.8a17-8b2.

어야 한다. 이와 같이 수행하는 이는 진애, 수면, 조희(調戲), 의심과 후회를 버릴 수 있다. 이러한 장애의 무리들[陰蓋]이 마음을 번뇌롭게 하고, 지혜의 힘을 약하게 하고, 열반에 이르지 못하게 한다. 그러므로 마땅히 제거해야 한다.

숨이 들어올 때 마음을 모아 들어오는 것을 알고, 숨이 나갈 때 마음을 모아 나가는 것을 안다.

숨을 길게 들이쉬면 마음을 모아 길게 들이쉰다고 알고, 숨을 길게 내쉬면 마음을 모아 길게 내쉰다고 안다. 숨을 짧게 들이쉬면 마음을 모아 짧게 들이쉰다고 알고, 숨을 짧게 내쉬면 마음을 모아 짧게 내쉰다고 안다. 숨이 온몸으로 들어오면, 마음을 모아 온몸으로 들이쉬는 줄 알고, 숨이 온몸으로 나아가면, 마음을 모아 온몸으로 나아가는 줄 알아야 한다. 몸의 활동을 버릴 때 마음을 모아 들이쉬는 숨을 알아차려야 하고, 몸의 활동을 버릴 때 마음을 모아 내쉬는 숨을 알아차려야 한다.

기쁨을 느낄 때 마음을 모아 들이쉬는 숨을 알아차려야 하고, 기쁨을 느낄 때 마음을 모아 내쉬는 숨을 알아차려야 한다. 행복을 느낄 때 마음을 모아 들이쉬는 숨을 알아차려야 하고, 행복을 느낄 때 마음을 모아 내쉬는 숨을 알아차려야 한다. 마음이 움직이는 것을 느낄 때 마음을 모아 들이쉬는 숨을 알아차려야 하고, 마음이 움직이는 것을 느낄 때 마음을 모아 내쉬는 숨을 알아차려야 한다. 마음의 움직임을 버릴 때 마음을 모아 들이쉬는 숨을 알아차려야 하고, 마음의 움직임을 버릴 때 마음을 모아 내쉬는 숨을 알아차려야 한다.

마음을 알 때 마음을 모아 들이쉬는 숨을 알아차려야 하고, 마음을 알 때 마음을 모아 내쉬는 숨을 알아차려야 한다. 마음을 기쁘게 할 때 마음을 모아 들이쉬는 숨을 알아차려야 하고, 마음을 기쁘게 할 때 마음을 모아 내쉬는 숨을 알아차려야 한다. 마음을 모을 때 마음을 모아 들이쉬는 숨을 알아차려야 하고, 마음을 모을 때 마음을 모아 내쉬는 숨을 알아차려야 한다. 마음을 해탈하게 할 때 마음을 모아 들이쉬는 숨을 알아차려야 하고, 마음을 해탈하게 할 때 마음을 모아 내쉬는 숨을 알아차려야 한다.

변화를 관찰하면서 무상을 관찰할 때 마음을 모아 들이쉬는 숨을 알아차려야 하고, 변화를 관찰하면서 무상을 관찰할 때 마음을 모아 내쉬는 숨을 알아차려야 한다.[16] 떠남을 관찰할 때 마음을 모아 들이쉬는 숨을 알아차려야 하고, 떠남을 관찰할 때 마음을 모아 내쉬는 숨을 알아차려야 한다. 소멸을 관찰할 때 마음을 모아 들이쉬는 숨을 알아차려야 하고, 소멸을 관찰할 때 마음을 모아 내쉬는 숨을 알아차려야 한다. 놓아버림을 관찰할 때 마음을 모아 들이쉬는 숨을 알아차려야 하고, 놓아버림을 관찰할 때 마음을 모아 내쉬는 숨을 알아차려야 한다."

---

16 '무상'과 '변화'를 이중으로 사용하고 있다. 이는 텍스트의 오류이다. 다른 텍스트에도 영향을 끼친 것으로 보인다. 다음을 보라. T.614 at T.15.275c26, T.1509 at T.25.138a14(translated Lamotte 1949/1981: 642). Dhammajoti 2008: 263은 T.614와 T.1509는 설일체유부 율장 T.1435를 번역한 구마라집이 번역한 것이라고 각주에 기록하고 있다. T.1435에 영향을 끼친 원래의 텍스트 오류는 T.614와 T.1509가 현재처럼 번역되는 데도 적용되었을 것이다. 이 오류의 의미를 통하게 하기 위해서 '하면서'를 보충하고 있다.

아밍뚜의 후기 ──────────────────

암 진단을 받고 입원했을 때, 수천 권의 책을 소장하고 있지만 이 상황에 맞는 책이 단 한 권도 없다는 것에 충격을 받았다. 수많은 책을 읽었지만 나의 마지막 여행을 함께해줄 책이 단 한 권도 없었다.[1]

뜻밖의 선물

2005년 연말에 어머니와 함께 건강검진을 하기 위해서 병원을 방문했다. 시간이 오래 걸리기 때문에 나도 건강검진을 함께 받았다. 초음파 검사를 하자마자 간에 이상이 있다는 것을 발견하였다. 의사는 엠알아이(MRI) 스케줄을 잡았고 입원수속을 하였다. 양밍산을 등산하면서 늘 그랬듯이 꽃을 즐기면서 야채도 먹었다. 그날 나는 암 선고를 받았다. 그렇게 많이 당황하지 않고 고요하게 오후를 보냈다. 그 이후에 유서를 썼고 입원하기 10일 전까지 가능한 한 많은 약속을 마무리했다.

입원하는 것은 수행처로 떠나는 것과 유사하다. 하나는 자신을 대면하는 것이고, 다른 하나는 삶과 죽음을 대면하는 것이다. 나는 몸과 마음으로 10일 동안의 여행을 떠났다. 작은 가방을 가지고 입원동으로 들어가 내 삶과 내 병을 만나기 시작했다. 어떤 관점에서 보면 이것은 참으

─────

1   아밍뚜는 이 후기에서 이 책을 저술하게 된 동기를 설명한다. 본서의 서론을 보라.

로 귀중한 기회이다. 나는 더 이상 스케줄이 바쁘다고 양해를 구할 수 없다. 이 10일간의 수행은 나를 고요하게 하고, 나의 몸과 마음을 연결할 수 있는 엄청난 가치가 있는 기회였다.

입원수행 텐데이코스 동안의 몸과 마음

처음 하는 입원이어서 모든 것이 새로웠다. 이 경험은 일상과는 완전히 다르다. 보는 것은 병과 관련된 사람과 일뿐이다. 들리는 것은 신음과 한숨 소리이다. 약과 병 냄새로만 가득 차 있다. 맛없고 쓴 것만 맛본다. 의료기기의 차가움과 바늘의 느낌만 경험한다. 형태, 느낌, 지각, 형성, 의식의 다섯 무더기의 경험은 모두 낯설고 즐겁지 않다.

이 기간 동안 많은 고뇌를 경험했다. 그러나 가장 견디기 어려운 시련은 육체적인 고통이었다. 이러한 괴로움은 앉아 있지도, 누워 있지도, 자지도 못하게 한다. 때로는 숨쉬기도 어렵다. 한바탕 괴로움이 심할 때 호흡을 하는 느낌은 말로 표현할 수 없고, 의사에게 설명조차 할 수 없을 정도였다. 말로 표현할 수 없는 고통은 『잡아함경』에서 케마까 스님의 표현대로이다. "또 비유하면 예리한 칼로 살아 있는 소의 배를 가르고 내장을 끄집어낸다면 그 소의 고통이 어떻겠습니까? 지금 내 배의 고통은 그 소보다 더합니다."[2] 내가 처음 이 구절을 읽었을 때 깊은 감동을 받았다. 이 대화가 나의 상태를 이렇게 생생하고 정확하게 그리고 있는 것에 놀랐다.

---

2   11장을 보라.

고통의 화두

이처럼 참을 수 없는 고통은 나 자신에게 질문을 던지게 한다. 어떤 가르침이 내가 이 어마어마한 괴로움을 극복하는 데 도움이 될까? 육체적인 고통을 떠나서 내 병이 가져다준 불확실한 느낌을 대면하는 방법을 찾는 것은 또한 나를 더 괴롭게 만드는 질문이었다. 신문과 저널에서 암은 필연적으로 죽음으로 나아간다고 말한다. 그 때문에 죽음의 문제는 내 마음을 불편하고 걱정스럽게 만들었다. 아마 이러한 고통이나 어쩔 수 없다는 느낌은 단순히 공감할 뿐인 관찰자가 완전하게 알 수 없다고 말하는 것이 적절할 것이다.

이러한 상황에서 고통과 죽음을 직면하는 방법을 찾기 시작할 때, 나는 또한 보다 깊은 반성도 시작하였다. 어떤 가르침을 남아 있는 삶 동안의 피난처와 가이드로 삼을 것인가? 붓다는 어떻게 병과 죽음을 지도하였는가? 붓다는 수행자에게 어떻게 죽음을 직면하라고 가르쳤는가? 이러한 질문은 내 마음속에서 선불교에서 공안이라고 불리는 짧은 화두처럼 소용돌이치고 있었다.

경전에서 찾은 위로

병원에서 퇴원한 뒤 나는 질병과 죽음을 맞이하기에 적절한 수행 방법을 찾기 위해서 경전을 탐구하기 시작하였다. 마침내 나는 붓다가 제자들에게 병과 죽음을 맞이하는 수행을 상세하게 가르치는 경전들을 『잡아함경』에서 찾을 수 있었다. 이 경전은 병에 걸린 제자들을 젊든 나이들든, 젊은 재가자든 나이든 재가자든 어떻게 가르쳤는지를 기록하고 있다.

내가 이 경전을 정독하기 시작했을 때, 놀랍게도 이 경전들이 개별적인 상황에 맞추어 설해졌다고 할지라도 깔끔하게 정돈되어 있고, 간략하고 단순한 경전은 수행과 개념적 틀에서 체계적이고 심오한 설명을 보여주었다. 이 경전의 내용을 읽고 분석할수록 기쁨은 점점 커졌다.

그에 대응하는 빠알리 경전을 함께 읽으면서 하나하나 비교하며 읽는 것이 가르침을 이해하는 데 도움이 되고 붓다의 핵심적인 메시지를 파악하는 데 도움이 된다는 것 또한 발견하였다. 나의 이 작업은 마침내 그 가르침의 전체적인 틀을 기술하도록 하였고, 수행의 값진 원천을 드러내면서 수행의 단계를 보여주었다.

나중에 여러 번 병원을 드나들면서 이 경전은 나의 병을 대면하는 소중한 친구가 되었고, 교실에서 학생들과의 대화이든, 친구와의 대화이든 주위의 사람들과 경전을 나누게 되었다. 그것은 주위 사람들의 호기심을 불러일으켰다. 아마도 우리 대부분은 죽음을 멀리 있는 것으로 느끼기 때문에 내가 만난 사람들은 이 경전을 면밀히 살펴볼 시간이 없었다. 이러한 가르침의 중요성을 이해시키는 데 실패한 것처럼 느껴졌다. 그래서 이 내용을 분석하고 분류하려는 나의 예비적인 시도를 통해서 다른 이들과 이 가르침을 더 쉽게 공유했으면 하는 바람에서 이 경전을 책으로 묶기로 결심했다.

아나타삔디까 장자의 이야기

이 경전들 가운데 가장 감동적인 이야기는 아나타삔디까 장자의 이야기이다. 그가 몹시 아플 때 아난다와 사리뿟따가 방문했다. 아나타삔디까가 어떻게 느끼는지를 물었을 때, 장자는 "나의 괴로움은 극심하고 기댈 곳이 없습니다. 괴로움이 점점 더 증가하지 줄어들지 않습니다"[3]라고 대답했다. 그때 사리뿟따는 장자에게 고통과 죽음을 직면하는 데 도움이 되는 가르침을 주었다. 그때 아나타삔디까는 울음을 터트렸다. 사리뿟따가 놀라운 법을 설할 때 격렬한 감정적 반응이 일어났다. 아나타삔디까는 20년 이상 법을 수행했다. 결과적으로 고통이 커질수록 더 큰 용기로 직면할 수 있었다. 이 구절을 읽고 나는 무척 감동을 받았다. "나는 여러 해 동안 법을 공부해왔다. 나는 무엇을 배웠는가?"라는 생각이 들었다.

2~30년을 가르치는 동안 나의 주요 연구 분야는 불교 문헌의 디지털화와 텍스트연구에 머물렀다. 그러나 지금 이 병은 보다 근원적인 질문으로 주의를 기울이게 하였다. 붓다의 가르침의 핵심은 무엇인가? 싯다르타가 궁전을 떠나서 괴로움으로부터의 해방을 추구하기 시작한 것은 노인, 병자, 죽은 자를 만난 후가 아니었던가?

내가 다음의 두 구절을 참으로 이해한 것은 바로 그때였다. "전체 세계가 생각하기 싫어하는 것 세 가지가 있다. 무엇이 셋인가? 늙음, 병, 죽음이다." "누구도 생각하기 싫어하는 세 가지는 늙음, 병, 죽음이기 때문에, 붓다, 즉 여래는 세상에 나셨고 세계는 붓다, 즉 여래가 실현한 가르침을 알 수 있게 되었다."[4] 이러한 수행과 증득이 붓다의 메시지의 핵심이라는 것을 이해했다. 한편으로 병은 내가 붓다의 가르침을 재발견하도록 이끌었다.

---

3   16장을 보라.
4   13장을 보라.

의료기록으로서 경전

　질병에 관한 경전을 처음 읽었을 때, 각각의 작은 경전이 가르침을
받는 사람이 겪은 '처치'와 관련된 요약적 의료기록과 유사하다는 느낌
을 받았다. 입원해 있는 동안 나는 내 의료기록지를 이해하기 위해서 의
사들이 환자의 정보를 어떻게 채우는지를 조금 배웠다. 때로는 의사가
환자의 의료기록을 작성할 때 SOAP(주관(Subjective), 객관(Objective), 조
사(Assessment), 계획(Plan))[5]라고 부르는 형태를 사용한다는 것을 알게 되
었다.

　나중에 나는 이 SOAP 모델을 사용하여 '환자 정보지'"를 만들었다.
각 환자의 병에 대한 정보와 함께 의사가 문진한 시간과 장소, 환자의
병에 대한 주관적 기술, 객관적인 증상, 처방, 예후 등을 기록한다. 이 방
법을 사용하여 경전을 분석하는 것은 전체 수행을 이해하는 데 도움이
되었다.

　내 경험상 이 SOAP 모델은 현대적인 사람들에게 특히 잘 맞는다.
SOAP 모델은 의사로서의 붓다가 경전에서 기술한 사성제의 구조와 유
사하다.[6] 이러한 방식으로 이 경전의 내용을 제시하는 것은 환자, 의사,
특히 간병인이 다른 관점으로 이 경전을 볼 수 있게 하고, 이들에게 질
병과 죽음에 대한 새로운 관점을 제시한다. 이 경전의 내용을 정렬하고
비교하고 분석하고 나서 나는 이러한 가르침으로부터 다음과 같은 사람

5　'주관'은 병에 대한 환자의 주관적인 기술을 언급한다. '객관'은 의학적인 객관적
　인 자료를 말한다. '조사'는 의사의 진단에 해당한다. '계획'은 처방을 말한다.
6　1장을 보라.

들이 도움을 받을 수 있을 것이라는 결론에 도달하였다.

- 환자들은 암송뿐만 아니라 수행의 방법으로 이 경전에 의지할 수 있다.
- 의사, 간병인 그리고 성직자는 환자와 교감하면서 보조적으로 이 경전을 사용할 수 있다.
- 건강한 사람들은 이 경전을 병과 죽음을 미리 준비하기 위한 매일의 수행에 사용할 가이드나 서론적인 설명으로 활용할 수 있다.

요약하자면 이 책에서 선별한 경전은 특별히 경전 전체를 공부할 시간이 없는 바쁜 사람들에게 매우 적합하다고 생각한다. 게다가 이 선집은 이 책에서 제시하고 있는 명상 수행을 위한 값진 가이드를 서론적인 설명에서 기술하고 있다.

마지막 생각

"오늘은 내 삶의 마지막 날이다." 내 병이 시작되면서 이 구절을 내 삶의 원리로 사용하였다. 모든 수업, 모든 모임, 모든 파티 그리고 모든 대화를 작별의 모임으로 보았다.[7] 이러한 태도로 인해서 내 마음은 매 순간 감사로 채워졌다. 매일 아침은 새로운 삶을 시작하는 것 같았다. "오늘은 내 삶의 첫 날이다."

---

7   24장을 보라.

죽음과 새롭게 좀 더 가까이 만난 이후에 경전을 읽으면서, 나는 이 보물이 그렇게 오랫동안 광대한 불교 문헌 속에 묻혀 있었다는 것이 참으로 부끄럽게 여겨졌다. 아무도 이것을 알아차리지 못하고 이를 수행의 가이드로 사용하는 경우는 더욱 적었다. 나는 아날라요 스님이 이 선집을 번역하고 그에 따른 설명을 해주신 것에 대해서 매우 감사하게 생각한다. 나는 마침내 이 책을 내 손에 쥐고 있다는 것, 나의 마지막 여행을 이 책과 함께 한다는 것에 대해서 깊은 감동을 느낀다.

참고문헌 ────────────────────

[1]   Amore, R.C.(1974), "The Heterodox Philosophical Systems", in *Death and Eastern Thought: Understanding Death in Eastern Religions and Philosophies*, F. Holck (ed.), Nashville: Abingdon Press, pp.114-163.

[2]   Anālayo(2003), *Satipaṭṭhāna, the Direct Path to Realization*, Birmingham: Windhorse Publications.

[3]   Anālayo(2007a), "Mindfulness of Breathing in the Saṃyukta-āgama", *Buddhist Studies Review*, 24/2, pp.137-150.

[4]   Anālayo(2007b), "Sukha", in *Encyclopaedia of Buddhism*, W.G. Weeraratne (ed.), 8/1, pp.164-8, Sri Lanka: Department of Buddhist Affairs.

[5]   Anālayo(2008a), "Uttarimanussadhamma", in *Encyclopaedia of Buddhism*, W.G. Weeraratne (ed.), Sri Lanka: Department of Buddhist Affairs, 8/2, pp.462-465.

[6]   Anālayo(2008b), "Tathāgata", in *Encyclopaedia of Buddhism*, W.G. Weeraratne (ed.), Sri Lanka: Department of Buddhist Affairs, 8/2, pp.277-283.

[7]   Anālayo(2009a), "The Development of the pāli Udāna Collection", *Bukkyō Kenkyū*, 37, pp.39-72.

[8]   Anālayo(2009b), "The Lion's Roar in Early Buddhism - A Study Based on the Ekottarika-āgama Parallel to the Cūḷasīhanāda-sutta", *Chung-Hwa Buddhist Journal*, 22, pp.3-23.

[9]   Anālayo(2009c), "Waxing Syllables", in *Encyclopaedia of Buddhism*, W.G. Weeraratne (ed.), Sri Lanka: Department of Buddhist Affairs, 8/3, pp.740-1.

[10]   Anālayo(2010a), "paccekabuddhas in the Isigili-sutta and Its Ekottarika-āgama Parallel", *Canadian Journal of Buddhist Studies*, 6, pp.5-36.

[11]   Anālayo(2010b), "Teachings to Lay Disciples-The Saṃyukta-āgama Parallel to the Anāthapiṇḍikovāda-sutta", *Buddhist Studies Review*, 27/1, pp.3-14.

[12]   Anālayo(2011a), *A Comparative Study of the Majjhima-nikāya*, Taipei: Dharma

[13]   Anālayo(2011b), "Right View and the Scheme of the Four Truths in Early Buddhism, The Saṃyukta-āgama Parallel to the Sammādiṭṭhi-sutta and the Simile of the Four Skills of a Physician", *Canadian Journal of Buddhist Studies*, 7, pp.1-44.

[14]   Anālayo(2011c), "The Tale of King Ma(k)hādeva in Ekottarika-āgama and the Cakravartin Motif", *Journal of the Centre for Buddhist Studies, Sri Lanka*, 9, pp.3-77.

[15]   Anālayo(2011d), "Vakkali's Suicide in the Chinese Āgamas", *Buddhist Studies Review*, 28/2, pp.55-70.

[16]   Anālayo(2012a), "The Chinese Parallels to the Dhammacakkappavattana-sutta (1)", *Journal of the Oxford Centre for Buddhist Studies*, 3, pp.2-46.

[17]   Anālayo(2012b), "The Case of Sudinna: On the Function of Vinaya Narrative, Based on a Comparative Study of the Background Narration to the First Pārājika Rule", *Journal of Buddhist Ethics*, 19, pp.96-438.

[18]   Anālayo(2012c), "The Dynamics of Theravāda Insight Meditation", in 佛教禪坐傳統國際學術研討會論文集 [*Buddhist Meditation Traditions: An International Symposium*], Kuo-pin Chuang (ed.), pp.23-56, Taiwan: Dharma Drum Publishing Corporation.

[19]   Anālayo(2012d), "On the Five Aggregates (1) - A Translation of Saṃyukta-āgama Discourses 1 to 32", *Dharma Drum Journal of Buddhist Studies*, 11, pp.1-61.

[20]   Anālayo(2012e), "Purification in Early Buddhist Discourse and Buddhist Ethics", *Bukkyō Kenkyū*, 40, pp.67-97.

[21]   Anālayo(2012f), "The Tale of King Nimi in the Ekottarika-āgama", *Journal of the Centre for Buddhist Studies, Sri Lanka*, 10, pp.69-94.

[22]   Anālayo(2013a), "The Chinese Parallels to the Dhammacakkappavattana-sutta (2)", *Journal of the Oxford Centre for Buddhist Studies*, 5, pp.9-41.

[23]   Anālayo(2013b), *Perspectives on Satipaṭṭhāna*, Cambridge: Windhorse Publications.

[24]   Anālayo(2014a), "The Buddha's Last Meditation in the Dīrgha-āgama", *Indian International Journal of Buddhist Studies*, 15, pp.1-43.

[25]   Anālayo(2014b), "Defying Māra - Bhikkhunīs in the Saṃyukta-āgama", in *Women in Early Indian Buddhism: Comparative Textual Studies*, A. Collett (ed.), pp.116-39, New York: Oxford University Press.

[26]   Anālayo(2014c), "Exploring the Four Satipaṭṭhānas in Study and Practice", *Canadian Journal of Buddhist Studies*, 10, pp.73-95.

[27]   Anālayo(2014d), "The First Absorption (Dhyāna) in Early Indian Buddhism- A Study of Source Material from the Madhyama-āgama", in *Hindu, Buddhist and Daoist Meditation Cultural Histories*, H. Eifring (ed.), pp.69-90, Oslo: Hermes Publishing.

[28]   Anālayo(2014e), "Maitreya and the Wheel-turning king", *Asian Literature and Translation: A Journal of Religion and Culture*, 2/7, pp.1-29.

[29]   Anālayo(2014f), "The Mass Suicide of Monks in Discourse and Vinaya Literature", *Journal of the Oxford Centre for Buddhist Studies*, 7, pp.11-55.

[30]   Anālayo(2014g), "On the Five Aggregates (4) - A Translation of Saṃyukta-āgama Discourses 33 to 58", *Dharma Drum Journal of Buddhist Studies*, 14, pp.1-71.

[31]   Anālayo(2014h), "On the Five Aggregates (5) - A Translation of Saṃyukta-āgama Discourses 103 to 110", *Dharma Drum Journal of Buddhist Studies*, 15, pp.1-64.

[32]   Anālayo(2014/2015), "Discourse Merger in the Ekottarika-āgama (2), The Parallels to the kakacūpama-sutta and the Alagaddūpama-sutta", *Journal of the Centre for Buddhist Studies, Sri Lanka*, 12, pp.63-90.

[33]   Anālayo(2015a), "The Buddha's Fire Miracles", *Journal of the Oxford Centre for Buddhist Studies*, 9, pp.9-42.

[34]   Anālayo(2015b), *Compassion and Emptiness in Early Buddhist Meditation*, Cambridge: Windhorse publications.

[35] Anālayo(2015c), "Healing in Early Buddhism", *Buddhist Studies Review*, 32/1, pp.19-33.

[36] Anālayo(2015d), "Pratyekabuddhas in the Ekottarika-āgama", *Journal of the Oxford Centre for Buddhist Studies*, 8, pp.10-27.

[37] Anālayo(2016), "The Second Absorption in Early Buddhist Discourse", in *Buddhist Meditative Traditions: A comparison and Dialogue*, Chuang Kuo-pin (ed.), Taiwan: Dharma Drum Publishing Corporation, pp.25-28.

[38] Bareau, André(1991), "Les agissements de Devadatta selon les chapitres relatifs au schisme dans les divers Vinayapiṭaka", *Bulletin de l'École Francaise d'Extrême-Orient*, 78, pp.87-132.

[39] Bechert, Heinz and K. Wille(1989), *Sanskrithandschriften aus den Turfanfunden*, Teil 6, Stuttgart: Franz Steiner.

[40] Becker, Ernest(1973), *The Denial of Death*, New York: Simon & Schuster.

[41] Bernhard, Franz(1965), *Udānavarga vol. 1*, Göttingen: Vandenhoeck & Ruprecht.

[42] Bingenheimer, Marcus (forthcoming), "Three Saṃyuktāgama-type Sutras on Healing and Healers form the Chinese Canon", in *Buddhism & Healing in East Asia*, C.P. Salguero (ed.).

[43] Bingenheimer, Marcus, Bh. Anālayo, and R. Bucknell(2013), *The Madhyama Āgama (Middle Length Discourses) vol. 1*, Berkeley: Numata Center for Buddhist Translation and Research.

[44] Bodhi, Bhikkhu(2000), *The Connected Discourses of the Buddha: A New Translation of the Saṃyutta Nikāya*, Boston: Wisdom Publications.

[45] Bodhi, Bhikkhu(2012), *The Numerical Discourses of the Buddha: A Translation of the Aṅguttara Nikāya*, Boston: Wisdom Publications.

[46] Boisvert, Mathieu(1996), "Death as a Meditation Subject in the Theravāda Tradition", *Buddhist Studies Review*, 13/1, pp.37-54.

[47] Bowker, John(1991), *The Meanings of Death*, Cambridge: Cambridge University Press.

[48] Brough, John(1962/2001), *The Gāndhārī Dharmapada, Edited with an Introduction and Commentary*, Delhi: Motilal Banarsidass.

[49] Burke, Brian L., A. Martens, and E.H. Faucher(2010), "Two Decades of Terror Management Theory: A Meta-Analysis of Mortality Salience Research", *Personality and Social Psychology Review*, 14/2, pp.155-195.

[50] Catherine, Shaila(2008), *Focused and Fearless: A Meditator's Guide to States of Deep Joy, Calm, and Clarity*, Boston: Wisdom Publications.

[51] Chokyi Nyima Rinpoche(2002), *Present Fresh Wakefulness: A Meditation Manual on Nonconceptual Wisdom*, Boudhanath: Rangjung Yeshe.

[52] Collett, Alice and Anālayo(2014), "Bhikkhave and Bhikkhu as Gender-inclusive Terminology in Early Buddhist Texts", *Journal of Buddhist Ethics*, 21, pp.760-797.

[53] Cone, Margaret(1989), "Patna Dharmapada", *Journal of the Pali Text Society*, 13, pp.101-217.

[54] Cowell, E.B. and R.A. Neil(1886), *The Divyāvadāna: A Collection of Early Buddhist Legends, Now First Edited from the Nepalese Sanskrit Mss. in Cambridge and paris*, Cambridge: Cambridge University Press.

[55] Deeg, Max(1999), "The Saṅgha of Devadatta: Fiction and History of a Heresy in the Buddhist Tradition", *Journal of the International College for Advanced Buddhist Studies*, 2, pp.183-218.

[56] Demiéville, Paul(1974), "Byō", in *Hôbôgirin, dictionnaire encyclopédigue du bouddhisme d' après les sources chinoises et japonaises*, Paris: Adrien Maisonneuve, 3, pp.224-265.

[57] de Silva, Lily(1993), "Ministering to the Sick and Counselling the Terminally Ill", in *Studies on Buddhism in Honour of Professor A.K. Warder*, N.K. Wagle et al. (ed.), Toronto: University of Toronto, Centre for South Asian Studies, pp.29-39.

[58] Dhammajoti, Bhikkhu K.L.(2008), "The Sixteen-mode Mindfulness of Breathing", *Journal of the Centre for Buddhist Studies, Sri Lanka*, 6, pp.251-288.

[59]   Feer, Léon(1883), *Fragments extraits du Kandjour, traduits du tibétain*, Paris: Ernest Leroux.

[60]   Filliozat, Jean(1934), "La médecine indienne et l'expansion bouddhique en Extrême-Orient", *Journal Asiatique*, 224, pp.301-7.

[61]   Frauwallner, Erich(1956), *The Earliest Vinaya and the Beginnings of Buddhist Literature*, Rome: Istituto Italiano per il Medio ed Estremo Oriente.

[62]   Geng, Shimin and H.-J. Klimkeit(1988), *Das Zusammentreffen mit Maitreya: Die ersten fünf Kapitel der Hami-Version der Maitrisimit*, Wiesbaden: Otto Harrassowitz.

[63]   Gethin, Rupert(1992), *The Buddhist Path to Awakening: A Study of the Bodhi-Pakkhiyā Dhammā*, Leiden: E.J. Brill.

[64]   Gethin, Rupert(1997), "Cosmology and Meditation: From the Aggañña-sutta to the Mahāyāna", *History of Religions*, 36, pp.183-217.

[65]   Glass, Andrew(2007), *Four Gāndhārī Saṃyuktāgama Sūtras: Senior Kharoṣṭhī Fragment 5*, Seattle: University of Washington Press.

[66]   Gnoli, Raniero(1977), *The Gilgit Manuscript of the Saṅghabhedavastu, Being the 17th and Last Section of the Vinaya of the Mūlasarvāstivādin part 1*, Rome: Istituto Italiano per il Medio ed Estremo Oriente.

[67]   Greenberg, Jeff, T. Pyszczynski, and S. Solomon(1986), "The Causes and Consequences of a Need for Self-esteem: A Terror Management Theory", in *Public Self and Private Self*, R.F. Baumeister (ed.), New York: Springer-Verlag, pp.189-212.

[68]   Griffiths, Paul J.(1986/1991), *On Being Mindless: Buddhist Meditation and the Mind-Body Problem*, La Salle: Open Court.

[69]   Gunaratana, Bhante(2014), *Meditation on Perception: Ten Healing Practices to Cultivate Mindfulness*, Boston: Wisdom Publications.

[70]   Gunaratne, V.F.(1982), *Buddhist Reflections on Death*, Kandy: Buddhist Publication Society.

[71]   Har Dayal(1932/1970), *The Bodhisattva Doctrine in Buddhist Sanskrit Literature*,

Delhi: Motilal Banarsidass.

[72]   Harmon-Jones, Eddie, L. Simon, J. Greenberg, T. Pyszczynski, S. Solomon, and H. McGregor(1997), "Terror Management Theory and Self-esteem: Evidence that Increased Self-esteem Reduces Mortality Salience Effects", *Journal of Personality and Social Psychology*, 72/1, pp.24-36.

[73]   Horner, I.B.(1951/1982), *The Book of the Discipline (Vinaya-piṭaka) vol. 4*, London: Pali Text Society.

[74]   Horner, I.B.(1952/1975), *The Book of the Discipline (Vinaya-piṭaka) vol. 5*, London: Pali Text Society.

[75]   Ichimura Shohei(2015), *The Canonical Book of the Buddha's Lengthy Discourses vol. 1*, Berkeley: Nukkyo Dendo Kyokai America.

[76]   Ireland, John D.(1990), *The Udāna: Inspired Utterances of the Buddha*, Kandy: Buddhist Publication Society.

[77]   Jin Siyan(2013), 遊行經 *Soutra de l'ultime voyage ou le dernier discours du Buuddha, Mahā-Parinibbāna-sutta, traduit et annoté*, Paris: Éditions You-Feng Libraire & Éditeur.

[78]   Ji Xianlin, W. Winter, and G.-J. Pinault(1998), *Fragments of the Tocharian A Maitreyasamiti-Nāṭaka of the Xinjiang Museum, China, Transliterated, Translated and Annotated*, Berlin: Mouton de Gruyter.

[79]   Jones, J.J.(1949/1973), *The Mahāvastu, Translated from the Buddhist Sanskrit vol. 1*, London: Pali Text Society.

[80]   Jones, J.J.(1952/1976), *The Mahāvastu, Translated from the Buddhist Sanskrit vol. 2*, London: Pali Text Society.

[81]   Jones, J.J.(1956/1978), *The Mahāvastu, Translated from the Buddhist Sanskrit vol. 3*, London: Pali Text Society.

[82]   Kabat-Zinn, Jon(1982), "An Out-patient Program in Behavioral Medicine for Chronic Pain Patients Based on the Practice of Mindfulness Meditation: Theoretical Considerations and Preliminary Results", *General Hospital Psychiatry*, 4, pp.33-47.

[83] Kabat-Zinn, Jon(1990/2013), *Full Catastrophe Living, Using the Wisdom of Your Body and Mind to Face Stress, Pain, and Illness*, New York: Bantam Books.

[84] Kabat-Zinn, Jon(2005), *Coming to Our Senses*, New York: Hachette Books.

[85] Kabat-Zinn, Jon(2010), "Foreword", in *Teaching Mindfulness*, D. McCown, D. Reibel, and M.S. Micozzi (ed.), New York: Springer, pp.ix-xxii.

[86] Kabat-Zinn, Jon(2013), "Some Reflections on the Origins of MBSR, Skillful Means, and the Trouble with Maps", in *Mindfulness: Diverse Perspectives on Its Meaning, Origins, and Applications*, J.M.G. Williams and J.Kabat-Zinn (ed.), Abingdon: Routledge, pp.281-306.

[87] Kabat-Zinn, J.L. Lipworth, and R. Burney(1985), "The Clinical Use of Mindfulness Meditation for the Self-regulation of Chronic Pain", *Journal of Behavioural Medicine*, 8, pp.163-90.

[88] Kabat-Zinn, J., L. Lipworth, R. Burney, and W. Sellers(1986), "Four Year Follow-up of a Meditation-based Program for the Self-regulation of Chronic Pain: Treatment Outcomes and Compliance", *Clinical Journal of Pain*, 2, pp.159-73.

[89] Kapleau, Philip(1967), *The Three Pillars of Zen: Teaching, Practice, Enlightenment*, Boston: Beacon Press.

[90] Karunaratne, Suvimalee(2002), "Maraṇānussati", in *Encyclopaedia of Buddhism*, W.G. Weeraratne (ed.), 6/4, Sri Lanka: Department of Buddhist Affairs, pp.636-639.

[91] Klima, Alan(2002), *The Funeral Casino, Meditation, Massacre, and Exchange with the Dead in Thailand*, Princeton: Princeton University Press.

[92] Kübler-Ross, Elisabeth(1969/1982), *On Death and Dying*, London: Tavistock Publications.

[93] Kudara Kōgi and P. Zieme(1995), "Uigurische Āgama-Fragmente (3)", *Bukkyō Bunka Kenkyūū sho Kiyō*, 34, pp.23-84.

[94] Lamotte, Étienne(1949/1981), *Le traité de la grande vertu de sagesse de Nāgārjuna (Mahāprajñāpāramitāśāstra) vol. 2*, Louvain-Ia-Neuve: Institut Orientaliste.

[95] Lamotte, Étienne(1970), *Le traité de la grande vertu de sagesse de Nāgārjuna*

(Mahāprajñāpāramitāśāstra) vol. 3, Louvain-Ia-Neuve: Institut Orientaliste.

[96]   Lefmann, S.(1902), *Lalita Vistara, Leben und Lehre des Câkya-Buddha, Textausgabe mit Varianten-, Metren- und Wörterverzeichnis*, Halle: Verlag der Buchhandlung des Waisenhauses.

[97]   Leslie, Julia and D. Wujastyk(1991), "The Doctor's Assistant, Nursing in Ancient Indian Medical Texts", in *Anthropology and Nursing*, P. Holden and J. Littlewood (ed.), London: Routledge, pp.25-30.

[98]   Liu Zhen(2010), Dhyānāni tapaś ca, 禅定与苦修, Shanghai: 古籍出版社.

[99]   Malalasekera, G.P.(1937/1995), *Dictionary of Pāli Proper Names vol. 1*, Delhi: Munshiram Manoharlal.

[100] Malalasekera, G.P.(1938/1998), *Dictionary of Pāli Proper Names vol. 2*, Delhi: Munshiram Manoharlal.

[101] Martini, Giuliana(2011), "Meditative Dynamics of the Early Buddhist Appamāṇas", *Canadian Journal of Buddhist Studies*, 7, pp.137-180.

[102] Minh Chau, Thich(1964/1991), *The Chinese Madhyama Āgama and Pāli Majjhima Nikāya*, Delhi: Motilal Banarsidass.

[103] Mukherjee, Biswadeb(1966), *Die Überlieferung von Devadatta dem Widersacher des Buddha in den Kanonischen Schriften*, Munich: Kitzinger.

[104] Mu Soeng(2004), *Trust in Mind: The Rebellion of Chinese Zen*, Boston: Wisdom Publications.

[105] Ñāṇamoli, Bhikkhu(1995/2005), *The Middle Length Discourses of the Buddha: A Translation of the Majjhima Nikāya*, Bhikkhu Bodhi (ed.), Boston: Wisdom Publications.

[106] Nattier, Jan(2003), "The Ten Epithets of the Buddha in the Translations of Zhi Qian 支謙", *Annual Report of the International Research Institute for Advanced Buddhology at Soka University*, 6, pp.207-250.

[107] Niemic, Christopher P., K.W. Brown, T.B. Kashdan, P.J. Cozzolino, W.E. Breen, C. Levesque-Bristol, and R.M. Ryan(2010), "Being Present in the Face of Existential Threat: The Role of Trait Mindfuledd in Reducing

Defensive Responses to Mortality Salience", *Journal of Personal and Social Psychology*, 99/2, pp.344-365.

[108] Norman, K.R.(1969), *The Elder's Verses I, Translated with an Introduction and Notes*, London: Pali Text Society.

[109] Norman, K.R.(1997/2004), *The Word of the Doctrine (Dhammapada)*, Oxford: Pali Text Society.

[110] Nyanaponika Thera(1962), *The Heart of Buddhist Meditation*, Kandy: Buddhist Publication Society.

[111] Nyanaponika Thera(1967/1981), *The Four Nutriments of Life*, Kandy: Buddhist Publication Society.

[112] Nyanaponika Thera(1968/1986), *The Power of Mindfulness*, Kandy: Buddhist Publication Society.

[113] Nyanaponika Thera and H. Hecker(1997), *Great Disciples of the Buddha: Their Lives, Their Works, Their Legacy*, Bhikkhu Bodhi (ed.), Kandy: Buddhist Publication Society.

[114] Pāsādika, Bhikkhu(1972), "Some Notes on the Vimalakīrtinirdeśa Sūtra", *Jagajjyoti: A Buddha Jayanti Annual*, pp.22-26.

[115] Pruitt, William(1998/1999), *The Commentary on the Verses of the Therīs (Therīgāthā-aṭṭhakathā, Paramatthadīpanī VI) by Ācariya Dhammapāla*, Oxford: Pali Text Society.

[116] Pyszczynski, Tom, J. Greenberg, S. Solomon, J. Arndt, and J. Schimel(2004), "Why Do People Need Self-esteem? A Theoretical and Empirical Review", *Psychological Bulletin*, 130/3, pp.435-468.

[117] Ray, Reginald A.(1994), *Buddhist Saints in India: A Study in Buddhist Values & Orientations*, New York: Oxford University Press.

[118] Reynolds, Frank E.(1992), "Death as Threat, Death as Achievement: Buddhist Perspectives with Particular Reference to the Theravada Tradition", in *Death and Afterlife: Perspectives of World Religions*, Hiroshi Obayashi (de.), New York: Greenwood Press, pp.157-167.

[119]   Rotman, Andy(2008), *Divine Stories, Divyāvadāna, Part 1*, Boston: Wisdom Publications.

[120]   Samtani, N.H.(1971), *The Arthaviniścaya-sūtra & Its Commentary (Nibandhana) (Written by Bhikṣu Vīryaśrīdatta of Śrī-Nālandāvihāra), Critically Edited and Annotated for the First Time with Introduction and Several Indices*, Patna: K.P. Jayaswal Research Institute.

[121]   Saunders, Cicely and M. Baines(1983/1989), *Living with Dying: The Management of Terminal Disease*, New York: Oxford University Press.

[122]   Schmidt-Leukel, Perry(1984), *Die Bedeutung des Todes für das menschliche Selbstverständnis im Pali-Buddhismus*, Munich: Missio Verlags-und Vertriebsgesellschaft.

[123]   Senart, Émile(1882), *Le Mahāvastu, texte sanscrit publié pour la premiére fois et accompagné d'introductions et d'un commentaire vol. 1*, Paris: Imprimerie Nationale.

[124]   Senart, Émile(1890), *Le Mahāvastu, texte sanscrit publié pour la premiére fois et accompagné d'introductions et d'un commentaire vol. 2*, Paris: Imprimerie Nationale.

[125]   Senart, Émile(1897), *Le Mahāvastu, texte sanscrit publié pour la premiére fois et accompagné d'introductions et d'un commentaire vol. 3*, Paris: Imprimerie Nationale.

[126]   Sheng Yen(2012), *The Method of No-method: The Chan Practice of Silent Illuminnation*, Boston: Shambhala.

[127]   Silk, Jonathan A.(2006), *Body Language, Indic Śarīra and Chinese Shèlì in the Mahāparinirvāṇa-sūtra and Saddharmapuṇḍarīka*, Tokyo: International Institute for Buddhist Studies.

[128]   Skilling, Peter(1993), "Theravādin Literature in Tibetan Translation", *Journal of the Pali Text Society*, 19, pp.69-201.

[129]   Spellman, John W.(1962), "The Symbolic Significance of the Number Twelve in Ancient India", *Journal of Asian Studies*, 22, pp.79-88.

[130]   Śrāvakabhūmi Study Group(1998), *Śrāvakabhūmi, Revised Sanskrit Text and Japanese Translation, the First Chapter*, Tokyo: Sankibo.

[131]   Suvimalee, Bhikkhunī W.(2012), "Anusārani Pātihāri: The Miracle of Instruction in the Bojjhaṅga-sutta and the Girimānanda-sutta", *Sri Lanka International Journal of Buddhist Studies*, 2, pp.171-186.

[132]   Tanahashi K.(2014), *The Heart Sutra: A Comprehensive Guide to the Classic of Mahayana Buddhism*, Boston: Shambhala.

[133]   Thurman, R.A.F.(1976), *The Holy Teaching of Vimalakirti*, University Park, PA: Pennsylvania State University Press.

[134]   Tripāṭhī, Chandrabhāl(1962), *Fünfundzwanzig Sūtras des Nidānasaṃyukta*, Berlin: Akademie Verlag.

[135]   von Gabain, Annemarie(1954), *Türkische Turfan-Texte VIII*, Berlin: Akademie Verlag.

[136]   Waldschmidt, Ernst(1944), *Die Überlieferung vom Lebensende des Buddha, Eine vergleichende Analyse des Mahā-Parinirvāṇasūtra und seiner Textentsprechungen vol. 1*, Göttingen: Vandenhoeck & Ruprecht.

[137]   Waldschmidt, Ernst(1948), *Die Überlieferung vom Lebensende des Buddha, Eine vergleichende Analyse des Mahā-Parinirvāṇasūtra und seiner Textentsprechungen vol. 2*, Göttingen: Vandenhoeck & Ruprecht.

[138]   Waldschmidt, Ernst(1951), *Das Mahāparinirvāṇasūtra, Text in Sanskrit und Tibetisch, verglichen mit dem Pāli nebst einer Übersetzung der chinesischen Entsprechung im Vinaya der Mūlasarvāstivādins, auf Grund von Turfan-Handschriften herausgegeben und bearbeitet vol. 2*, Berlin: Akademie Verlag.

[139]   Waldschmidt, Ernst(1967), "Zu einigen Bilinguen aus den Turfan-Funden", in *Von Ceylon bis Turfan, Schriften zur Geschichte, Literatur, Religion und Kunst des indischen Kulturraums, Festgabe zum 70. Geburtstag am 15. Juli 1967 von Ernst Waldschmidt*, Göttingen: Vandenhoeck & Ruprecht, pp.238-257.

[140]   Walshe, M. O'C.(1978), *Buddhism and Death*, Kandy: Buddhist Publication Society.

[141]   Walshe, Maurice(1987), *Thus Have I Heard: The Long Discourses of the*

Buddha, London: Wisdom Publications.

[142] Wayman, Alex(1982), "The Religious Meaning of Concrete Death in Buddhism", in *Sens de la mort, dans le christianisme et les autres religions*, M. Dhavamony et al. (ed.), Rome: Gregorian University, pp.273-295.

[143] Weller, Friedrich(1939 and 1940), "Buddhas letzte Wanderung, Aus dem Chinesischen", *Monumenta Serica*, 4, pp.40-84 and pp.406-440, 5, pp.141-207.

[144] Wezler, A.(1984), "On the Quadruple Division of the Yogaśāstra: The Caturvyūhatva of the Cikitsāśāstra and the 'Four Noble Truths' of the Buddha". *Indologica Taurinensia* 12, pp.289-337.

[145] Wilson, Jeff(2014), *Mindful America: The Mutual Transformation of Buddhist Meditation and American Culture*, Oxford: Oxford University Press.

[146] Wogihara, Unrai(1936), *Sphuṭārthā Abhidharmakośavyākhyā by Yaśomitra, Part II*, Tokyo: The Publishing Association of Abhidha-rmakośavyākhyā.

[147] Yamada, Isshi(1972), "Anityatāsūtra", *Indogaku Bukkyōgaku Kenkyū*, 20/2, pp.30-35.

[148] Yìnshùn 印順法師(1983a), 『雜阿含經 vol. 1』, 雜阿含經論會編, Tapei: 正聞出版社.

[149] Yìnshùn 印順法師(1983b), 『雜阿含經 vol. 2』, 雜阿含經論會編, Tapei: 正聞出版社.

[150] Yìnshùn 印順法師(1983c), 『雜阿含經 vol. 3』, 雜阿含經論會編, Tapei: 正聞出版社.

[151] Zeidan, F., N.M. Emerson, S.R. Farris, et al.(2015), "Mindfulness- based Pain Relief Employs Different Neural Mechanisms than Placebo and Sham Mindfulness Meditation-induced Analgesia", *Journal of Neuroscience*, 35/46, pp.15307-25.

[152] Zeidan, F., A.L. Adler-Neal, R.E. Wells, et al.(2016), "Mindfulness-meditation-based Pain Relief Is Not Mediated by Endogenous Opiods", *Journal of Neuroscience*, 36/11, pp.3391-7.

약어표

AN	*Aṅguttara-nikāya*	『앙굿따라 니까야』
CBETA	Chinese Buddhist Electronic Text Association	씨베타, 중화전자불전협회
D	Derge edition	데게판 티벳대장경
DĀ	*Dīrgha-āgama*(T 1)	『장아함경』
Dhp	*Dhammapada*	『법구경』
DN	*Dīgha-nikāya*	『디가 니까야』
EĀ	*Ekottarika-āgama*(T 125)	『증일아함경』
EĀ²	*Ekottarika-āgama*(T 150A)	『칠처삼관경』
MĀ	*Madhyma-āgama*(T 26)	『중아함경』
MN	*Majjhima-nikāya*	『맛지마 니까야』
Mp	*Manorathapūraṇī*	『앙굿따라 니까야 주석서』
Nett	*Nettipakaraṇa*	『네띠빠까라나』
Ps	*Papañcasūdanī*	『맛지마 니까야 주석서』
PTS	Pali Text Society	빠알리 성전 협회
Q	Peking edition	북경판 티벳대장경
SĀ	*Saṃyukta-āgama*(T 99)	『잡아함경』
SĀ²	*Saṃyukta-āgama*(T 100)	『별역잡아함경』
SHT	Sanskrithandschriften aus den Turfanfunden	투르판본 산스크리트 필사본
SN	*Saṃyutta-nikāya*	『상윳따 니까야』
Sn	*Sutta-nipāta*	『숫따니빠따』
Spk	*Sāratthappakāsinī*	『상윳따 니까야 주석서』
T	Taishō edition(CBETA)	『대정신수대장경』
Th	*Theragāthā*	『테라가타』
Th-a	*Theragāthā-aṭṭhakathā*	『테라가타 주석서』
Thī-a	*Therīgāthā-aṭṭhakathā*(1998 edition)	『테리가타 주석서』
Ud	*Udāna*	『우다나』
Vin	*Vinaya*	『위나야』
< >	교정	
[ ]	보충	

찾아보기

저자 및 역자 소개 ────────────────

저자 **무착비쿠 아날라요** Bhikkhu Anālayo

1962년 독일에서 태어나 1995년 스리랑카에서 비구계를 받았다. 2000년 스리랑카의 페라데니야대학에서 『알아차림의 확립 경(Satipaṭṭhāna-sutta)』을 주제로 박사학위를 받았다. 박사학위논문은 2003년 영국의 윈드호스 출판사(Windhorse Publications)에서 『염처경: 열반에 이르는 길(Satipaṭṭhāna: the Direct Path to Realization)』이라는 이름으로 출간되었다.

현재 함부르크대학의 누마타 불교연구센터(Numata Center for Buddhist Studies)의 교수, 대만의 다르마 드럼 인문과학연구소(Dharma Drum Institute of Liberal Arts)의 연구원으로 재직 중이다. 주된 연구 분야는 초기불교이며, 특히 한문 아함경, 명상, 불교의 여성이라는 주제를 연구하고 있다. 학문 연구와 함께 시간의 반을 수행으로 보내고 있으며, 아시아와 서구에서 정기적으로 명상을 지도하고 있다.

역자   이성동

정신과 전문의로 명일엠의원 원장이다. 역서로《선과 뇌의 향연》《선과 뇌》《트라우마 사용설명서》《붓다와 아인슈타인》《불교와 과학, 진리를 논하다》《달라이 라마, 마음이 뇌에게 묻다》《스타벅스로 간 은둔형 외톨이》《정신분열병의 인지-행동 치료》《정신분열병을 어떻게 극복할것인가?》《카렌 호나이》《육체의 문화사》《호흡이 주는 선물》《공감하는 뇌-거울뉴런과 철학》《마인드풀니스》《자비와 공》《각성, 꿈 그리고 존재》 등이 있다.

윤희조

서울대학교 철학과 학부 및 석사 과정을 마치고, 서울불교대학원대학교 불교학과 석사 및 박사학위를 취득했다. 현재 서울불교대학원대학교 불교상담학전공 주임교수이다. 주요 저작으로는《불교의 언어관》《불교상담학개론》《불교심리학사전》《붓다와 프로이트》《심리치료와 행복추구-상담과 철학의 만남》《자비와 공》《만다라 미술치료》《불교심리학 연구》 등이 있다.

붓다의
영적
돌봄

Mindfully
Facing Disease
and Death

Compassionate
Advice from Early
Buddhist Texts

초판 인쇄 | 2021년 1월 5일
초판 발행 | 2021년 1월 11일

저자 | 무착비쿠 아날라요(Bhikkhu Anālayo)
옮긴이 | 이성동, 윤희조
펴낸이 | 김성배
펴낸곳 | 도서출판 씨아이알

책임편집 | 박영지, 최장미
디자인 | 쿠담디자인, 윤미경
제작책임 | 김문갑

등록번호 | 제2-3285호
등록일 | 2001년 3월 19일
주소 | (04626) 서울특별시 중구 필동로8길 43(예장동 1-151)
전화번호 | 02-2275-8603(대표)
팩스번호 | 02-2265-9394
홈페이지 | www.circom.co.kr

ISBN | 979-11-5610-851-1 (93220)
정가 | 24,000원